JN135271

アニメ研究入門【応用編】

Study of Animation

アニメを究める11のコツ

小山昌宏 Masahiro KOYAMA
須川亜紀子 Akiko SUGAWA
……編著

アニメ研究入門〔応用編〕

アニメを究める11のコツ

まえがき

本書の目的

本書は『アニメ研究入門』(2013) 及び『アニメ研究入門　増補改訂版』(2014) の続編である。両著は「アニメ」について記された入門書のなかでも、とりわけ初学者が各学問領域に学びつつ、アニメ研究への多様なアプローチが可能になるオムニバスとして編まれたものである。それはまたアニメ研究に関する必要最小の知識とともに今後の研究を深めるための基礎となる各種方法を提示したものであった。本書は基本的にその前提を受け継ぎ、さらに以下4点の指標を踏まえ構成をおこなっている。

一つ目は紙幅の都合上、前著で割愛せざるを得なかった関連テーマを拾い上げ、新たな研究視座を示すこと、二つ目は、基礎研究をさらに具体的に掘り下げ、研究のための視野を拡張すること、三つ目は基礎研究の成果を応用し、発展させるために必要な枠組みを提示すること、四つ目は、前著で不足していた日本のアニメと海外のアニメーションに関する概要を補足として示すことである。

一つ目に該当するものが第3章：アニメソング論（石田)、第4章：声優論（藤津)、第5章：オーディエンス、ファン論（須川）であり、二つ目にあたるものが第1章：映像心理論（横田)、第2章：映像演出論（渡部)、第6章:ライツビジネス構想論（玉川)、第7章:文化政策論（須藤）である。また三つ目に該当するものが第8章：アニメ史研究原論（木村)、第9章：物語構造論（小池)、第10章：マルチモーダル情報論（小山）であり、四つ目にあたるものが補説:海外アニメーションと日本アニメ（中垣）となる。

また前著『アニメ研究入門　増補改訂版』(2014) との関係から本書の各章を位置付けると、映像論（須川）が映像演出論（渡部）に、ジェンダー論（村瀬・須川）／オーディエンス研究（池上）がオーディエンス、ファン論（須川）に発展し、またヒストリー研究（木村）がアニメ史研究原論（木村）、文学理論（中垣）が物語構造論（小池）に引き継がれ、さらにコンテンツ研究（玉川）がライツビジネス構想論（玉川）／文化政策論（須藤）、サウンド/ヴォイス研究（鈴木）がアニメソング論（石田）／声優論（藤津）／マルチモーダル情報論（小山）に受け継がれている。そして最後にアート研究（小池）／オーディオ・ビジュアル研究（小山）が映像心理論（横田）／マルチモーダル情報論（小山）に接続している。

このような意図の下、目論まれた本書は読者が前著とあわせて読まれることにより、アニメ研究に対する視野がさらに広がり、その視座を得てレポート、論文執筆のためのアイデアを発想してゆくための一助になることを目標としている。

本書の構成

本書の構成は目次のとおりである。全10章に補説を加え、11本の論述からなる。

まず第1章の映像心理論（横田）は、東映動画の長編アニメーションを題材に、心理学的なアニメーション研究のアプローチから「アニメ」を再考する。それは映像を心理学から読み解くにあたり、感覚心理学、認知心理学などの手法を用いて映像に表れる世界観を概観しつつ解析する。そのための指標となるキータームが衣食住である。果たして50年代から70年代にわたる東映動画の長編アニメーションに表された衣食住はどのように変化しているだろうか？　それは最近作の新海誠監督『君の名は。』との比較から映像の制作者、また映像を読み取る聴衆の心理も時代とともに大きく変化していることに気づかされるだろう。

第2章の映像演出論（渡部）は、アニメーターとしての数々の演出経験から、アニメ制作に際して大切な映像演出法の基礎を明快に記している。とりわけ視聴者は華やかなアニメ技法、演出の特殊性に目が惹かれがちであるが、アニメ演出も基本的に映画の演出を踏襲していることが本文から理解される。そのうえで映画とアニメの演出法の違い、アニメにおける演出と監督の違い、映画の手法がアニメにおいてどのように用いられているのかが記述されてゆく。映画の基礎教本には映像演出の記述が多数あるものの、アニメ演出の基礎を記す文献が少ないなか、本章の解説は貴重なものになっている。

第3章のアニメソング論（石田）は、アニソンに関する研究があまり進んでいない現状において、アニソンの意義、ここではOPとEDに関する歴史的評価をおこない、その演出効果、機能について説明をおこなっている。映像を音楽に一致させるために必要な作業である「スポッティング」を通して、アニソンはその世界観と魅力を拡張する。それは国内ファンの共同性を強化するとともに、作品の無国籍性による効果も手伝い、諸外国での新たな文化的アイデンティティとナショナリズムを喚起する役割も果たしている。アニソンは音楽映像の範囲を超えたグローバル・カルチャーとしてアニメ文化のエッジを形成しているといえよう。

第4章の声優論（藤津）は、戦後日本のアニメ声優史を振り返りつつ、「アフレコ」と「プレスコ」の声の当て方の違いなど基本的な役割について述べたのち、アニメ声優の演技の在りかについて掘り下げをおこなっている。いわゆる声優のよい演技とは、「その俳優がイメージを明確にもち、体にフィードバックするところまでもっていけたかどうか」になるが、声優はその身体感覚をイメージのなかに残留させ、適宜再生する技術力をもつ。またアニメの場合、それは、単に声の演技の問題だけでなく、図像との一体感、またそれから生み出されるキャラクター性と作品の世界観との一致、その実在性とも関係することが指摘されている。

第5章のオーディエンス、ファン論（須川）は、ポピュラー文化におけるファン研究の現状を明らかにしながら、メディアミックス展開による「2.5次元」領域の出現を、マンガ、アニメ、ゲーム作品など2次元作品の舞台化（3次元）とファンとの関係において考察している。その前提としてファンもまた「2.5次元」化している現状が確認される。それは情報端末、機器の浸透による日常生活における虚実の複合現実化によりもたらされたものである。ファンはすでにそのような現実身体を一つのジャンルにしばられることもなく、自身の「2.5次元」化（仮想身体）を通して「2.5次元舞台」と結び、「嗜好の共同体」を自由に横断することが可能になったのである。

第6章のライツビジネス構想論（玉川）は、アニメ産業の構造変化にともない、従来の産業図式そのものの見方に限界があることを指摘する。そのうえで、制作中心の構造図をライツビジネス中心のそれへと書き換える。従来の「製作」・「制作」・「流通」の図は、最終的にアニメ産業とアニメ関連産業を縦断する権利者の製作活動（ライツビジネス）として変更されることになる。これにより、事実として、映像、音楽CD、玩具やグッズのみならず、ライブステージ、観光など、従来は副次的要素と思われていたその消費が、アニメ産業そのものを再規定することになる。産業概念図の転換は、デジタル化とグローバル化著しいメディア産業の研究にとっても有意義なものとなるだろう。

第7章の文化政策論（須藤）は、「メディア芸術」に続いて「クールジャパン」政策の一環として国家がアニメ文化を推奨、振興する現状に鑑み、文化の政治性についてアニメ作品と自衛隊、地域社会、製作者とのつながりを検証する。それは経済効果の成果を第一義的に賞賛し、オタクと地域社会とのつながり（絆）の深まりを検証する「観光学」が見落とした要素を露見する試みになっている。またそれは、昨今の「聖地巡礼」ブーム、町おこしと連動した地域協力に現れるアニメ製作と国家権力の協力関係の暴露でもある。ブームの陰で、純粋に美少女アニメを楽しむオタク層の「軍事」に対する心理的ハードルの低下を危惧する理由は、この国家イデオロギーのポップカルチャーへの浸潤にあるといえよう。

第8章のアニメ史研究原論（木村）は、アニメ研究の方法論について歴史研究者の立場から批評家、評論家的「実証」をベースにおこなわれてきた「アニメ史」なるものを検証する。まず作家史、作品史的なトリビアリズムからの脱却がアニメにおける歴史的アプローチの第一である。次に産業の発展、作家の成功史からの脱却が第二である。そのうえで資料、史料批判、オーラルヒストリーへのアプローチの方法を明示する。ここには複雑な史実を、書き手の恣意的、単線的発想のなかに組み替える非学術的な「アニメ史」（読み物）を、少なくとも学問として再出発させようとする意志をくみ取ることができる。

第9章の物語構造論（小池）は、アニメにおける物語構造と表層構造について、文学理論を援用しながら基礎づけをおこなっている。但し、単純にその枠組みを利用することは困難であり、「小説において言語が物語構造を規定する単位」になるように、アニメにおいては、「映像表象が物語構造を規定する単位として考察される」ことを前提に、それは語りの表象（映像・キャプション・音声）、物語内容（叙述：プロットの連鎖）、物語様態（映像構成：要素の運動・変化）に分別されている。とりわけ物語様態における「シネマ」（個々の要素の運動）、「アニマ」（画面全体の様態）、「ドラマ」（物語世界の構造）の分類は、今後のアニメ映像、物語研究において、一つの指標になるべき指摘となっている。

第10章のマルチモーダル情報論（小山）は、アニメ映像に対する音声、音楽の役割について、単純な映像の視覚優位性に疑問を抱き、音声、音楽がいかに映像に影響を与えているのか、アニメ映像は、実は音声、音楽によりそのイマジネーションが保たれているのではないか、との関心から検証を試みたものである。結論として音声、音楽の映像への影響は共鳴現象（音声と映像の組み合わせによる単純な相乗効果）、通様相性（映像のコントラストと楽曲のトーンの組み合わせによる複雑な相乗効果）、競合現象（聴覚的ラウドネスと視覚的ブライトネスの連動による高次の相乗効果）からなるが、論述は「まどか☆マギカ」の映像を対象につぶさに解明をおこなっている。

補説の海外アニメーションと日本アニメ（中垣）は、海外のアニメーションと日本のアニメについて解説されたものである。日本のアニメに馴染んではいるが、海外のアニメーションについては関心が低い読者を想定し、海外アニメーションにも親しむことで日本アニメの再発見にいたる導入口として、その道筋を解説している。

さて、前書『アニメ研究入門』（2013）、『アニメ研究入門　増補改訂版』（2014）が刊行されて以降、メディアをはじめとして、マンガ、アニメを題材にレポート、卒論を書くために編まれた著作の発刊が相次いでいる。またあらたな視点にたつ「アニメーション学（アニメ学）」を再考する本も再販されている。それぞれの役割が書物にはあり、読者はその時々の課題にあわせ、本を手に取るのだとすれば、本書は前著同様、アニメを研究対象に論述を試みようとする読者のために、様々な切り口を提供する役割を担うものである。またそれは、一気呵成には成るはずもないアニメーション領域の研究において、「アニメ分野」を担う執筆者の現在の問題関心を示したものである。読者のみなさまには、前著同様、様々な読み方をしていただければ幸いである。

編者

第1章　映像心理論（アニメサイコロジー）
——アニメーション研究による「アニメ」の相対化

横田　正夫

1．はじめに

映像は、独立した単語として意味をもっている。「心理」も日常的によく使われる。「論」もなんとなく納得する。しかしこれらが一緒になると「？」となる。副題の「アニメーション研究による『アニメ』の相対化」もなんだろうと思う。

しかし、読者は、あまり違和感を持たないのかもしれない。

とはいうものの私なりに解題してみたい。

「映像」は、基本的には物理的な媒体を通して存在する。アニメーションの研究の参考書として本書を手に取る読者にとっては、映像はアニメーションと同義であるかもしれない。とりあえず、それでも問題はないので、アニメーションとして考えると、アニメーションはいろいろな媒体を通して享受される。そこには媒体とする物理的な「もの」が存在する。「心理」は、通常は心の状態ということで理解されることが多いであろう。私の専門は心理学なので、「心理学」として捉えるとすると、心理はさまざまな機能によって捉えられ、感覚、知覚、認知、記憶、思考、学習などといった機能に分けられる。そのため「心理」と一括するのは、かなり大胆な概括化である。「論」に相当するものが「理論」であるとするならば、映像と心理学を結びつけた「理論」が存在するということなのだろうが、心理が機能によって分けられるものであるから、それらを概括して理論化するのには多大な困難がある。しかし、これをもう少し平凡に、アニメーションというものに接している観客が、それを享受し感動しているとするならば、観客の享受と感動には心理学がかかわり、こうした映像と心理学のかかわりを特定の機能から論ずることは可能である。そのようにして「映像心理」を「論」ずることは可能となる。そして、副題にある「アニメーション研究による『アニメ』の相対化」は、心理学的なアニメーション研究を通して「アニメ」を再考すると読み替えれば、これも可能である。

さて「映像心理」は「映像」＋「心理」という並び順であるが、研究からすれば「心理」＋「映像」の並び順も可能であるかもしれない。例えば、心理学の分野には「言語心理学」と「心理言語学」がある。心理学から言語を考えるか、言語から心理学を考えるか、主軸がどちらにあるかによって先に来るものが決まる。そうした考え方からすれば、映像を心理学的に考えるか、心理学を映像的に考えるかの違いともいえる。ここでは「映像」＋「心理」であるので映像が主であり、それを心理学的に検討するというのが「映像心理」の意味であろう（こうした流れからすると映像心理を英語にするとAnime-psychology（アニメサイコロジー）という造語が成り立つ）。とすれば映像を心理学からどのように読み解くのか、ということになり、中間にある心理学のところに感覚心理学、知覚心理学、認知心理学といった何々心理学を持ってくれば、それぞれの機能から映像を解析することができる。そうした解析は、さまざまに行うことが可能である[注1]（横田、2006a、2008、2009a）。

ところでアニメーションでは世界観が大切にされる。世界観があるというのはどういうことであろうか。もし主人公が異界に行ってしまうとすると、その異界の有様が、統一が取れているということがあれば、世界観があるということであろう。とすると、そこには現実世界と異なったシステムが存在する。例えば、人物の髪型、衣服、持ち物などが異世界のものとなり、生活ルールも独自のものがあり、食べ物も違うし、家の構造も違う。すなわち衣食住は、世界観を構成する重要な構成要素ということになる。衣食住の表現が完成しているならば、世界観は読み取れる。衣に対応しては被服心理学（横田、1996、2006b）、食に対応して食行動の心理学（今田、1997；横田、2007、2009c）、住に対しては住まいの心理学（横田ら、1989；横田、1992、1993、2008）といったような応用心理学に対応するものがある。(注2) そこでここではアニメーションの世界観を構成する衣食住について、心理学の方面から論じてみたい。

2．アニメーションと衣服

最近のアニメーションを見ていると、キャラクターの顔はほとんど同じで、ただ髪型、髪の色、そして衣服が違うだけのように思えてしまうことがよくある。それほどキャラクターの造形が、類似していている。グループで歌って踊る少女たちが主人公となるアニメーションにおいては、個性は衣服によって表される。例えば、東映アニメーション創立60周年の節目に作られた『ポッピンQ』(2016)では、それぞれが異なる悩みを抱え、異なる地域に住んでいた5人の少女が時のカケラを拾い、時の谷に入り込む。彼女たちが心をひとつにしてダンスを踊ることで時の谷を救い、元の世界に戻ることができた。彼女たちがダンスを踊るシーンで身に着ける衣服は、色は異なるが類似性のあるコスチュームとなっていた。衣服はキャラクターを表現する手段となっている。心理学では、衣服は、自我の拡張されたものと考えることができる（横田、1996）。

では、日本のアニメーションでは、衣服の表現にはどのような特徴が見られるのであろうか。ここでは東映動画（現東映アニメーション）の初期の長編アニメーションを主に検討してみたい。

2.1　初期の東映動画作品における衣服の表現

『白蛇伝』（1958）は東映動画の長編第1作である。物語を簡単に見てみよう。主人公の青年シュウセンは娘パイニャンに恋をする。パイニャンは、幼き頃シュウセンが助けた白蛇の精が人間に化身したものであった。シュウセンは国宝を盗んだと補らえられ、牢に入れられる。そして、彼は蘇州に追放になり、日雇い労働に従事する。そんな中、シュウセンはパイニャンの幻を見、それを追いかけ崖下に転落死してしまう。パイニャンは、自身の妖術と引き換えに、命の花を手に入れ、シュウセンを助けようとする。シュウセンの胸に命の花が置かれると、彼は息を吹き返す。シュウセンと人間になったパイニャンは幸せそうに、二人で、船出する。

こうした物語の中で衣服はどのように変化するのであろうか。シュウセンの最初の衣服は、袖はゆったりとし、丈は長く足首まで届いていた。牢の中のシュウセンの衣服は、袖は腕にぴったりし、丈は腰のあたりまでと短い。日雇い労働に従事するシュウセンの服は、袖口と丈の端は千切れ、ずたずたである。転落死したシュウセンの服装は、袖口と丈の端の千切れ具合はよりひどくなっている。そして生き返ったシュウセンの衣服は、はじめに登場した時のものに戻る。

このようにシュウセンの衣服は、最初はゆったりしたものであったが、次いで身体に密着し、さらに衣服が千切れ、千切れ具合がより大きくなり、そしてラストシーンで元のゆったりしたものへ戻っていた。こうした衣服の変化は、主人公の置かれた状況の変化に対応し、同時に心理的余裕、切迫、そして充足といった心理状態の変化にも対応している。

長編第2作『少年猿飛佐助』(1959) の主人公の佐助の衣服はどうなっていたのであろうか。佐助は、最初一重の着物を身に着けている。袖はぼろぼろに破れ、丈は短く、腰を覆う程度である。佐助の日常での衣服は粗末なものである。そんな佐助は強くなりたいと思い、戸沢白雲斎のもとに弟子入りし、そこで忍術の修行を重ねる。この佐助が白雲斎のもとを去る時には、上半身には袖がぼろぼろの同じ着物を身に着けているにしても、下半身には袴をはいている。

佐助の着衣の変化をみると、当初は袴をはいていないが、白雲斎のもとで修行を重ね、巣立って行く時には袴をはく。子ども時代には袴をはかないが、一人前になった時には袴をはくということであり、着衣の変化は社会に出る準備が整ったことを示していた。もともと袴には一人前になったことを意味するような着用の仕方があったというより常に身に着けるものであったが、現代では七五三、成人式、卒業式といった特別な節目の時に身に着けられることから、成長といった含意が生じ、佐助の着衣の変化にはそうしたことの反映があると思われる。

長編第3作の『西遊記』(1960) においても『少年猿飛佐助』におけるのと同様な変化が認められる。主人公の孫悟空は、最初、猿の姿で、何も衣服を身に着けていない。仙人になるための旅に出て、仙人に会い、そこで修行する。修行し術を使えるようになった彼は、赤い色の衣服を着、長靴をはいている。つまり一人前の印として衣服を身に着けた。

長編第4作目は『安寿と厨子王丸』(1961) であるが、ここでは厨子王丸に注目してみてみたい。厨子王丸は、少年として登場する。彼は貴族の息子らしく、狩衣を着ている。その彼が鬼倉陸奥守の陰謀によって家を追われ、騙されて山椒太夫の家に買われてゆく。そこでの彼はもはや狩衣を身に着けていない。姉の安寿の援助により、山椒太夫のもとから逃亡し、追っ手を逃れて国分寺に匿われる。この逃亡の最中も彼は狩衣を着ていない。しかし国分寺の住職に京へ送り出される時には、不思議なことに、厨子王丸は狩衣を身に着けている。その後、彼は狩衣を脱ぐことはない。ここでの衣服の変化は、上記の修行の終わりを示すというものと異なっている。しかしひとつの時期の終わりを示しているという意味では同様である。つまり厨子王丸が奴隷の身分から脱した時に着衣が変化したのである。

しかし次の長編第5作『アラビアンナイト シンドバッドの冒険』(1962) では、主人公シンドバッドに衣服の変化はない。主人公が青年で、彼は自身の意志で、旅に出るのであり、すでに修行時代を終えているからである。同じ旅に出る物語の長編第6作『わんぱく王子の大蛇退治』(1963) のスサノオは紫色の胴衣を着けた裸足の少年として登場する。その彼が、母の国を訪ねて海へ船出する時、薄い黄色の胴衣に袴をはき、靴をはく。袴をはいているスサノオは、東映動画の伝統に従えば、一人前の大人として旅立つ。

『長靴をはいた猫』(1969) の主人公のピエールの衣服は、当初はみすぼらしく、ズボンの両膝は継ぎ当てがある。長靴をはいた猫の助けを得てピエールは、二人の兄の立派な衣服を身に着け、タバラ公爵を名乗る。しかし兄たちにピエールは衣服を剝ぎ取られてしまう。猫は一計を案じ、ピエールに川の真ん中に裸でいるように指図する。見回り中の王様は、そのピエールを発見し、気の毒がり、新しい衣服をプレゼントする。こうしてピエールはまんまと公爵らしい衣服を手に入れてしまう。一方、ローザ姫は、魔王にさらわれ、追跡してきたピエールに助けられるが、その間に衣服に綻(ほころ)びが生ずる。すなわち魔王から逃れる途中でローザ姫の大きな襟が、取れてしまう。魔王が退治された時のローザ姫の衣服は、胸のところが綻びている。このようにピエールが農夫のみすぼらしい服装から貴族の衣服に変化するのと対照的にローザ姫の方は高貴な衣服が徐々に綻び破れて粗末なものになってゆく。ローザ姫の衣服は、彼女が庶民の衣服を身に着けるようになったことを暗示する。

以上のようにピエールとローザ姫の衣服の変化は、彼らの心理的な成長過程ないしは心理的な意識の変化に対応していた。このことはこの作品の前に作られた『太陽の王子 ホルスの大冒険』(1968) においてすでに認められていた。すなわち主人公のホルスは、当初動物の毛皮を着ている。仲間もなく孤立して生活してきた象徴として毛皮があった。その毛皮は、お化けカマスとの戦いで、両肩が綻び、しかも長靴も壊れてしまう。破れた毛皮の代わりに、村のチャハルは亡き夫の衣服をホルスに与える。ホルスが村に受け入れられたことがこの衣服の変化によって暗示される。後半、村を追放されたホルスは、ヒルダの手によって迷いの森に突き落とされるが、その中で自身の心の迷いに直面し、そして集団で戦えば悪魔を倒すことができると悟る。こうして村に戻ったホルスは、それまでの衣服の上に風防のついた上着を身に着ける。この服装はお化けカマスとの戦いで村人たちが身に着けていたものと同様のものであった。ということは村の仲間としてホルスが再度受け入れられ、その一員として一緒に戦う仲間になったことを示している。こうしてみると、ホルスが村人たちに受け入れられる過程には2段階あったことを、衣服の2段階の変化が暗示する。最初はチャハルによって与えられた亡き夫の衣服であり、次のものは風防つきの他の仲間と同じ衣服である。衣服は仲間との一体化を示すものであった。

以上のように東映動画のキャラクターでは、成長過程に従って衣服に変化が現れ、一人前になったことを、新たな衣服を身に着けることで示していた。一人前の証しとして、大人の衣服を身に着ける。キャラクターは子どもの姿のまま、例えば佐助は子どものままであり、孫悟空は同じ姿のまま、佐助であれば袴をはき、孫悟空であれば上着と長靴を身に着け、厨子王丸では子どもの姿のまま狩衣を身に着ける。この一方で衣服の別の使い方もあった。それはキャラクターの心理状態を反映したもので、シュウセンのように落ちぶれてゆくと衣服は綻び、そしてその綻びはひどくなると、その時には心理的に追い詰められて極限状態にあった。ローザ姫の衣服はお姫様の装いが徐々に飾りつけがそぎ落とされ、しかも綻びも生じる。彼女の庶民化の様相がそこに反映していたとみることができる。そしてホルスにみたように衣服によって仲間との一体化も示されていた。

2.2 東映動画のロボット・アニメとその後

東映動画の中で、徐々に絶対悪と戦う戦士が描かれるようになった。『太陽の王子 ホルスの大冒険』にその萌芽がみられる。より明瞭な絶対悪はロボット·アニメに登場する。例えば『マジンガーZ』

（1972－1974）がある。

マジンガーZは、巨大ロボットであるが、その動きは、操縦士の主人公の青年兜甲児が操縦席を合体させた上で操作される。ロボットの頭の部分に操縦席が合体するのであり、操縦席は人間の脳に当たる位置にある。したがってこの巨大ロボットを衣服と考えるのは乱暴かもしれないが、身体の代わりに脳を保護するものとしてロボットの外皮があるように機能する。操縦者は、自身の身体であるかのようにロボットの身体を操作し、外敵と戦う。戦うための道具がロボットなのである。ここで考えたいのが上記の『少年猿飛佐助』と『西遊記』における衣服の扱いである。佐助も孫悟空も少年の姿のまま大人と戦うために、成人したことの象徴として袴や新たな衣服を身に着けた。同じことがマジンガーZにおいても起こっている。すなわち主人公の青年は、普通の青年であるが、マジンガーZに乗り込むことによって敵のロボットと戦う戦士となった。袴や新しい衣服を身に着けた佐助や孫悟空が、大人と戦うようになったのと同様に、ロボットに乗り込むことで、青年の姿のまま敵と戦う戦士となった。『太陽の王子 ホルスの大冒険』のホルスも、少年の姿のまま、風防のついた衣服を身に着けることで、大人の仲間に入り、戦いに参加した。衣服が、身体は子どものままであっても、戦士であることを象徴したのである。マジンガーZも身体は青年のままではあるが、それでも戦士になり得るのは、ロボットの操縦者であるからであった。つまりロボットという戦う衣服を身に着けたがために青年の姿のまま戦うことができた。『マジンガーZ』以降の戦う少年たちの、戦う装置が、ロボットであったのは、子どもの姿のまま戦うための衣服としてロボットが機能してきていたのであり、それは東映動画の長編の伝統をそのまま引き継いでいるとみることができる。

ただ初期の作品と異なるのは『マジンガーZ』では修行して戦う訓練を終えたことの表れとして衣服を身に着ける（マジンガーZに

乗り込む）ということがあるわけではないことである。ほとんど修行せずに衣服を身に着けてしまう（マジンガーＺの操縦ができてしまう）のである。

2.3 肥大した自己

マジンガーＺの操縦者の兜甲児は、戦うことに全く躊躇（ためら）いがない。敵を倒すことができる超人的な力を手に入れた自分を疑いなく受け入れている。つまり、彼の自我は、巨大なロボットの力に一体化し、同期している。このことは心理的に考えれば巨大な力を持った自己を手に入れた、つまり自己が肥大したとみることができる。しかもその巨大な力に同期した自我は、ロボットの身体の破損によって傷つくことがない。初期の作品では衣服の破れはおちぶれ、また心理的に追い詰められることに対応していた。マジンガーＺでも世界征服をたくらむ機械獣軍団との戦いで体を破損することは起こってくるが、そのことで兜甲児が心理的に追い詰められることはない。なぜならば、その破損は、周囲の優秀な大人たちの力によってあっという間に修復されてしまうからである。この点では初期の作品の衣服とは根本的に異なっている。操縦者のロボットの巨大な力に同期した肥大した自我は、周囲の大人たちの手厚い保護のもとに、傷つくことがない。言い換えれば、巨大ロボットの力で巨大な力を発揮する自我の肥大は、大人たちへの無条件の依存によって支えられ、綻びることがない。生身の人間は小さく弱い存在であるにもかかわらず、巨大な敵に立ち向かうために巨大ロボットに乗り戦う。このことは現実自己（身体）に対し不釣合いなほど巨大な自己（理想的自己：巨大ロボット）を持つということである。(注3)

巨大ロボットの中に入って戦うアニメは、その後大きく展開し、人気のロボット・アニメのジャンルとして定着した。そうしたロボット・アニメの中でやがて巨大ロボットの搭乗者が、戦うことに躊躇（ためら）いを感じるようになり、現実自己と理想自己のギャップに悩むようになる作品が生まれた。そうしたスタイルの巨大ロボットものの代表は『機動戦士ガンダム』とその搭乗者アムロ・レイに見ることができよう。劇場版の『機動戦士ガンダム』（1981）を手掛かりにそれをみてみたい。

主人公は機械好きの15歳の少年アムロ・レイである。機械好きということが暗示するように、人と接するよりは、機械をいじっている方が好きな少年である。そうした機械好きであるということが彼をガンダムの操縦者にしてしまう。つまり、ガンダムの操作マニュアルを少し読んだだけで、彼はガンダムの操縦ができてしまう。簡単に操縦できるということは、アムロ・レイが自分に合ったスーツを身に着けたということに相当する。英語表記ではガンダムはMobile Suitであり、作中でもモビルスーツと呼ばれていることから、アムロ・レイがスーツをまさに身に着けたのである。そして、そのスーツを身に着けたアムロ・レイは、巨大な敵を倒す超絶的な力を手にしたのであり、心理的には全能感を持つこととなった。しかしアムロ・レイの面白いところは、この全能感に躊躇いを感じることである。つまり、ガンダムの操縦を拒否する。このことは言い換えれば、現実自己（機械好きの少年のアムロ）と理想自己（ガンダムの操縦者としての巨大な力を発揮するアムロ・レイ）の不一致に悩むことを示しており、こうした悩みは思春期における典型的なものである。そして機械好きの少年の現実自己が、ガンダムといった理想自己に合致してゆく過程が映画では描かれる。この過程は、青年期のアイデンティティ確立の過程に相当する。[注4]

こうしたロボットものは、その後も発展し続けている。そのバリエーションはさまざまであるが、ロボットに同化して巨大な力を発揮するといったように肥大化した自己を手に入れるということは変化していない。

3．アニメーションと食

次に食について考えてみたい。まずは、藪下泰司、森康二が東映動画以前に作った教育用アニメーション『黒いきこりと白いきこり』（1956）についてみてみたい。

この作品では、食についての考え方がよくわかる。それは黒いきこりと白いきこりの二人の人物の食についての扱いの違いによって示される。冬山で食の乏しくなった動物たち、熊、狐、リスの３匹が、黒いきこりのところに食を求めてやってくる。黒いきこりは彼らを猟銃で撃ち殺し、皮を剥いでしまう。彼らの魂が、黒いきこりの家から外へ出ていく。そして彼らは山の神によって元の生身の体を与えられる。元に戻った彼らはおずおずと白いきこりの住む家に訪ねていく。黒いきこりと違って白いきこりは彼らを気持ちよく家に招き入れ、彼らに食を振る舞う。食器の大きさはすべて不揃いであり、白いきこりはありあわせの食器で彼らをもてなした。白いきこりは貧しいながら、食を共にすることに喜びを見出していたのである。その夜、吹雪を引き起こし、川の流れを凍らせながら雪女が、黒いきこりのところへやってくる。黒いきこりは毛皮を体に巻きつけ、火を絶やさないようにするが、雪女の威力に負けて凍りつく。次に、雪女は白いきこりのところへやってくる。同様に凍らそうとするが、動物たちが協力して一生懸命火を絶やさないようにするので、火の勢いに押され、雪女は去ってゆく。

このようにこの作品では、動物と食を共にしなかった黒いきこりは死に、食を共にした白いきこりは命を永らえた。つまり、共に仲良く食を分け合うのを良しとする共食の思想がある。しかしこうした作品が意味を持つのは、むしろ食を共にすることが難しいほど食そのものが乏しく、そのために分け合うのが美徳とされるような状況があったからではないだろうか。[注5]

3.1　東映動画の流れ

(1) 飢えの表現

東映動画で描かれた作品群には、食べることがさまざまに描かれてきた。このことは、上記のように、食べることが庶民の大いなる関心であったことを反映していると思われる。例えば『白蛇伝』では、追放された主人公シュウセンは、労働者の列に並び、わずかの日当を手にするが、すぐに同僚に挨拶代わりとして巻き上げられてしまう。飢えの現実がそこには仄（ほの）見える。

『少年猿飛佐助』では、映画の出だしでおやつを食べるシーンが描かれる。佐助の姉おゆうが佐助と仲間の動物たちをおやつに呼ぶ。動物たちはテーブルについて、佐助の許可が出るまでは指をくわえてサツマイモの山を見ている。おやつがサツマイモの山なのである。許可が出ると、まずは両手にサツマイモを1本ずつ抱え込み、自分のものを確保して、さらに別のものに手を出す。食べるのが競争であり、まずは自分のものを確保しないと、安心できない。この競争は微笑ましくはあるが、しかしその背景を考えると切実である。競争しないと飢えが満されないという現実は、飢えがいかに切実であったかを暗示する。

(2) 食べ物を媒体とした対人交流

『西遊記』においては食のあり方が変化する。修行に出た孫悟空は仙人のもとで修行に明け暮れていた。そこへ恋人の燐々が悟空の好きだった木の実を持って訪れる。術を使えるようになっていた悟空は、木の実よりももっとうまい食べ物を食べさせてやると言って、天空へ上ってゆく。しかし天界で乱暴をおこなったために彼は五行山へ閉じ込められてしまう。ここでまた木の実が登場する。五行山の悟空のもとへ燐々が困難をものともせず木の実を持って訪れるのである。つまり木の実は、燐々と悟空の心を繋ぐ絆の象徴となっている。食べ物が飢えを満たすものから、対人関係を維持するための媒体となった。

『安寿と厨子王丸』には、媒体としての食が別の形で表現される。木の枝を刈る仕事を与えられ山に入った厨子王丸は、誤って手を傷つけてしまう。その彼に代わって、山の動物たちが木の枝をみるみる集めてくれた。その仕事の御礼として厨子王丸は、餅を千切って、動物たちに分け与える。報酬として食を分け与えるほどに食に余裕が生じ、食が豊かになったことが暗示される。

満腹への願望もアニメーションで描かれる。『ガリバーの宇宙旅行』（1965）で、満腹するほどの食事を空想するシーンでは、テーブルの上の大皿いっぱいに盛られた食物が描かれていた。同様なテーブルシーンとして思い出されるのは、『長靴をはいた猫』である。魔王ルシファーが、結婚の期待を込めてローザ姫を待つそのテーブルの上には山積みの食べ物で溢れている。食べきれないほどの食べ物をテーブルに並べるのがご馳走なのである[注6]。

しかし、やがて食べ物を使ったギャグが描かれる。それが見られるのは『どうぶつ宝島』（1971）においてである。

(3) 食べ物ギャグ　『どうぶつ宝島』（1971）

『どうぶつ宝島』は東映創立20周年記念作品として作られた。主人公の少年ジムは海賊船に拾われ、炊事の手伝いをする。ジムと友達のネズミ、グランはジャガイモの皮むきをしている。そのジャガイモには船長の顔が彫ってある。この時グランは「毎日毎日よく飽きもせずジャガイモばかり食べられるな」と言い、ジャガイモ以外のものを、手当たり次第に天婦羅に揚げ、船長たちの食卓に持ってゆく。男爵は靴の天婦羅をナイフで切り取り、フォークを使って食べる。このように食をギャグにするほどに、食に対する余裕が生じてきたとみなせよう[注7]。

さらに、海賊たちの島に、船長シルバーの船が入港する時に、港では船乗りたちがビールを飲んでいる。また宝島の地図を持っているヒロイン、キャッシーから地図を取り上げようとシルバーはカクテルに眠り薬を混ぜて、眠らせようと計略する。しかし、眠り薬の入った方のカクテルを飲んだのは、シルバーだった。眠気を覚ますために、濃いコーヒーがシルバーの口の中に流し込まれる。また別のシーンで、海賊たちの島から宝島の地図を追ってきた巨大な海賊船を、激闘の末沈めたシルバーたちは、グランの用意したビールを旨そうに飲み干す。そのビールには、グランが眠り薬を入れていたので、シルバーたちは眠りこけてしまう。この時、軍隊の就寝ラッパが流れる。

以上のように、『どうぶつ宝島』では、ビールやカクテルといった酒類が、そこここに描かれる。食が飢えを満たすためのものといった切実さはすでになく、むしろ酒類の日常的な嗜好が描き出されてきた。

(4) 食の流れの意味

以上のように東映動画における食べ物をめぐる表現をみてみると、そこには変化が認められる。最初は、『少年猿飛佐助』に見たようにできるだけたくさん食べようとするのであり、食べることは単に飢えを満たすためのものであった。やがて『安寿と厨子王丸』では仕事をしてもらった報酬として食が与えられ、『西遊記』では、食べ物が心の絆の表れとして、描かれるようになった。『どうぶつ宝島』では食べ物を使ったギャグが描かれ、食べ物は飢えを満たすためのものではなくなった。ここで思い浮かべるのは、『どうぶつ宝島』のジムである。彼は甲板でキャッシーに自分の夢を語るが、その際手にしていた齧(かじ)りかけのりんごを海に投げ捨ててしまう。残り物を粗末にしない、といった飢えの時代の精神はここにはない。あまりものは捨ててしまえばよいと言っているかのようである。『どうぶつ宝島』より少し前に公開された、『空飛ぶゆうれい船』(1969) では、食べ物ではないが飲み物が重要な役目を果たしていた。ボアジュースという飲み物が中毒を引き起こし、体を溶かしてしまう。人間の口にするものが、体を破壊する様が描かれており、それまでの食べ物を尊重した描き方が大きく変換した。(注8)

『空飛ぶゆうれい船』に登場したような巨大ロボットが、活躍する時代が東映動画に現出する。1970年代の中頃に入ると東映動画では巨大ロボットを登場させる作品を劇場公開するようになり、食をめぐる表現は、廃れてしまう。しかし、その食をめぐる表現は、東映動画出身者たちの中に流れてゆく。その代表的な一人が宮崎駿である。次に宮崎駿のアニメーションの中における食表現を探ってみよう。

3.2 宮崎駿と食表現

宮崎駿の劇場用長編の第1作は『ルパン三世 カリオストロの城』(1979)である。この作品では、カリオストロ伯爵が優雅に食事を取る場面に対しルパンや次元がインスタント食品で食をまかなう様が対比される。食の内容によって一目瞭然に登場人物を性格づけてしまった。インスタント食品に馴染みのルパンと次元は、パスタを食べる時、一つの皿に山盛りのパスタをフォークにいかにたくさん巻き取るかを競う。また傷ついたルパンが、意識不明の状態から回復して、血が足りないと食い物をと要求し、用意された食べ物をガツガツと口の中に放り込んで、落ち着くと「俺、寝る」と言ったきりさっと寝てしまうシーンがある。食べ物を摂取すると血肉化し、食べ物は争ってまでたくさん確保する、といった姿が描かれていた。しかし、競って食べるのは『少年猿飛佐助』の動物たちのように、飢えを満たすというよりは意地の張り合いといった意味合いが強くなっていた。

宮崎駿はその後の作品においても食べ物についての印象深い表現をしている。例えば、『千と千尋の神隠し』(2001)では、食べ物がいたるところに描かれている。千尋の両親は、迷い込んだ不思議の町並みで、食べ物の匂いに誘われて、屋台に並んだ食べ物を勝手に食べ始め、豚の姿に変えられてしまった。この時の両親の食べ方は大塊の食べ物をほとんど一飲みにしてしまうといったものである。同様な食べ方は、カオナシが食べ物を次々に大きな口の中に放り込んでしまうことに対応している。いくら食べても満腹感がないといったような食べ方である。食が、栄養を摂取する機能を失い、バランスを崩している。つまり食の崩壊がある。これは『長靴をはいた猫』にみられたように満腹するほどの食べ物をテーブルに並べるということと根本的に異なる表現である。

以上のように、宮崎は当初、血肉化する源泉として食べ物を描いていたのであったが、やがて満腹できずにあるだけ食べつくし、それでもまだ満足しないといった過食を描き、現代の食の崩壊を示していた。(注9)

4．アニメーションと住まい

人間の生活に食とともに重要なのは住まいである。どのように住まいに生活しているかの表現は、アニメーションを通して、その時代を読み解く鏡となる（横田、2008）。

終戦後作られたアニメーションの『魔法のペン』（1946）には、打ち壊された建物の瓦礫の山が、ペンの力によって、新しい住居に変貌するという孤児の復興への夢が描かれていた。それが、東映動画によって長編アニメーションが作られるようになると、そこに描かれる住まいは、徐々に変化してくる。『白蛇伝』では、シュウセンがパイニャンに会いに行く街の有様は、壁は剝がれ落ちていたり、一部破損していたりする。そしてパイニャンの住まいは廃屋が魔法で新居に変えられたものであった。パイニャンが去った後はまた元の廃屋に返ってしまう。追放されたシュウセンの流れ着いた町の住まいは雑居小屋であった。しかし、そこも追い出され、廃屋のパイニャンを追い求め、崖から落ちて死んでしまう。一方、シュウセンの飼っていたパンダと猫熊ミミィは、同じ町に流れてきて、動物の愚連隊に絡まれ、パンダは、ボス豚をやっつけ、そこの新たなボスにおさまる。この動物たちが住まいにしていたのは毀（こわ）れた船であった。以上のように、『白蛇伝』に描かれる住まいは、廃屋、雑居小屋、毀れた船、といったように、毀れたものであった。こうした住まいは、『魔法のペン』で描かれた全く毀れきった建物ではなく、辛うじて住める状態のものであった。その意味では、住まいらしきものが、不満足ながら、身の回りにあるといった状況が描かれていた。

『少年猿飛佐助』では、佐助は姉おゆうとともに山の中の一軒家に動物たちと一緒に住んでいる。ところが山賊に家を焼かれてしまう。城下町にも山賊の襲撃があり、ここにも家を焼かれ、孤児になってしまったおけいという少女がいる。家を焼かれ、孤児となるものが多かった、という戦中・戦後の世相の記憶が、作品の中に色濃く反映されているのであろう。

こうした一方で、東映動画では、土地獲得の物語も作っている。それは『わんぱく王子の大蛇退治』である。この作品では、スサノオノミコトがクシナダ姫を助けるために大蛇を滅ぼすが、大蛇の倒れた後の土地は、花が咲き乱れ、清流の小川が幾筋も流れている土地に変化する。スサノオはこの土地こそが捜し求めた母なる土地であることを悟り、ここに自分の国を作ることを決意する。言い換えれば、旅の果てに自分の土地を持ったことを意味している。自分の一戸建ての家を持つといった当時の人々の願望（荒川、2009）が、アニメーションの中では自分の土地を得たことによって暗示された。そして『太陽の王子 ホルスの大冒険』では、主人公のホルスがコミュニティに受け入れられ、自分らの村を侵略者から守ろうとする。アニメーションの中で、土地を得ること、さらにはコミュニティに加わることが描かれたことは特筆すべきことである。(注10)

4.1 『空飛ぶゆうれい船』(1969)

『空飛ぶゆうれい船』は、東映動画の作品の中で住まいを考える上で重要な作品である。主人公隼人は、3つの屋敷において異なる体験をする。最初は幽霊屋敷である。隼人たちは、黒汐物産の会長夫妻を危機から助けて雨宿りするが、そこではロウソクの火が光源である。そのため暗黒部分が、ロウソクの光とともに背後に移ってゆくといった表現となり、幽霊屋敷の夜の暗黒が示されていた。実は、この屋敷は、黒汐物産の悪事に気がついた科学者の住んでいた屋敷で、黒汐物産のためにその科学者夫妻は殺された(この科学者夫妻は隼人の実の両親であることが後で明らかになる)。次に、隼人は、街を破壊する巨大ロボットに対する戦車隊の攻撃に遭遇し、ビルが破壊され、父がその下敷きになる。隼人は、負傷した父を抱え、やっとのことで家に帰り着く。家のドアを開けて中へ入ると、そこにはドアを残して破壊しつくされた瓦礫の山があり、その下敷きになった母の姿があった。隼人はこうして父母(実は養父母)を失う。父母を失った隼人は黒汐邸に出かける。黒汐夫妻は隼人に同情し、自分らの子どもにしたいと言う。しかし偶然覗くことになった黒汐邸の地下は秘密工場で、上記の巨大ロボットばかりでなくさまざまな兵器が量産されていた。

以上みてきたように、隼人は、打ち捨てられた住まい、あるいは破壊された住まいを目の当たりにし、親切に両親になろうと言ってくれた黒汐夫婦の家は戦争兵器の生産工場であったという体験をする。この作品では家が住まうべき場所として描かれていない。

『わんぱく王子の大蛇退治』で自分の住まうべき土地を手に入れることが描かれたが、その数年後の『空飛ぶゆうれい船』では、家は、幽霊屋敷であり、破壊された家であり、兵器の生産工場となった。住まうべき家は、安住の地ではないといった住まいの表現は、その後の日本の住まいで現出する家族の崩壊を暗示して興味深い。さらには主人公の隼人はボアジュースを飲むことで知らぬ間に巨悪のボアを自分たちが育てていたと気づく。こうした認識は、目の前の利益に囚われ、社会全体的からみると矛盾が生じてしまうといった社会のありかたへの批判とも取れる。この作品のラストで、海底深くに存在したボアの本拠地が、巨大な貝の姿となって地底深く潜り込んでゆく。巨悪のボアが滅んだのか否かは分からないといった終わり方になっている。こうした終わり方は、高畑勲がアニメーションの結末を一義的に決定できないように提示する後年の作品に繋がる。巨悪のボアを育てるも滅ぼすも観客の意識次第といったように、作品の結末は観客の解釈に任されている。

巨悪の存在は、より抽象的に宇宙から飛来する破壊の権化としてアニメーションの中に描かれ続けてゆく。例えば、りんたろう監督の『幻魔大戦』（1983）では、全宇宙の破壊者幻魔が地球に攻撃を仕掛けてくる。それに対して地球のわずかな人数の超能力者が立ち向かう。人間の住まう空間である地球そのものが破壊されてしまう危機に遭遇する。あるいはほとんどは破壊しつくされているといった状況が描かれる。一戸建ての住まいを得るのが理想とされた時代の日本社会の中で、そうした願望が完全に無化されるアニメーションが、その後も描き続けられている。[注11]

5．終わりに

今までアニメーションにおける衣食住の表現について東映動画作品を中心にみてきた。この流れは現代にどのように引き継がれているのであろうか。そのことを考えるために大ヒットした『君の名は。』（2016）を取り上げてみたい。

『君の名は。』では、主人公の女子高生の三葉の心が、高校生の瀧の体の中に入り込んで、男子高校生の生活を満喫する。ここでは、心に対し、身体が衣服のように機能していることを示している。というのも三葉の心は瀧の身体に入り込んでも、パニックに陥らず、少しの戸惑いがあるとはいえ、即座に馴染んでいるからである。身体が衣服のように、着脱可能な「もの」として扱われている。この発想は巨大ロボットのマジンガーZやガンダムと、その搭乗者兜甲児やアムロ・レイの関係の延長に位置し、巨大ロボットを瀧の身体に、兜甲児やアムロを三葉の心に置き換えれば、そのまま成り立つ関係である。こうしてみてくると東映動画で起こってきた衣服の扱いの伝統が、ロボットというスーツに変化し、今や生の身体も衣服のように扱うようになるといったように続いてきていると理解できる。

ただ、東映動画の流れでは、衣服を身に着けることで成人に達したことを示していたが、『君の名は。』ではそうした成長のイメージは全く考慮されていない(注12)。

またこの作品では衣服以外の食住についても独特な表現がある。食についてみると、例えば、三葉の心が入り込んだ瀧は、弁当を持ってきていなかった。それを知った二人の友人は、即座に自分たちの弁当から一部を取り出して、瀧の弁当を作り上げてしまう。またこの三人が喫茶店に入り、ケーキを食べるシーンがある。ケーキを携帯で写真に撮った直後、携帯が取り去られるとそこには空になった皿が残される。このように食は、食べることが重要ではなく、むしろかろやかに誂(あつら)えられ、満腹になることとは全く異なる次元で、写真を撮るといった食文化が存在している(注13)ことを示している。

ただ『西遊記』の木の実のように食が心の絆の象徴となるという表現は、『君の名は。』にも引き継がれている。それは口噛み酒を飲むことで瀧が三葉の過去体験を一望し、三葉と心を一つにしてしまうことに現れている。ただここでは、心の絆という以上に心が一体になっていまっている点に注意すべきであろう。心の一体化こそが、現在では求められていた。

住についても独特に表現される。つまり、三葉の部屋は二階にあるらしいが、階段を上るシーンは描かれても、部屋間の空間的関係は、全く分からないままに置かれる。そうした三次元空間の構造については関心がないかのようである。

このように衣食住が、従来の東映動画の文脈からすると、『君の名は。』では全く新たなものとして捉えられている。その特徴は、断片的に、その瞬間を楽しむように示され、登場人物たちの生活する空間がどのような三次元的空間によって成り立っているかについての関心が乏しいということである。東映動画の流れの中で見てきた衣食住の表現は世界観を示すものとし機能し、また当時の人々の関心をそのまま反映しているものとして捉えられたが、現代の『君の名は。』にも同様に現代の観客の関心をそのまま反映しているものが描き込まれているということがあるのであろう。『君の名は。』を心理学的に読み解けば、身体が希薄化し、衣食住が身体とのかかわりから切り離されているといったことになるかもしれない(注14)（横田、2017）。

以上みてきたようにアニメにおける衣食住の表現を通して現代人の心理の分析は可能であり、さらには現代社会の特徴を考えることも可能である。現代では生活面の豊かさにもかかわらず、心理的には貧困さが示唆されているのではなかろうか。心が豊かであれば、心の内面に向かうこともなく、豊かな世界を楽しめばよい。しかし、上述の『君の名は。』のように、異性の身体の中に入り込むことまでして男女の繋がりを描く。そこには、外面的な接触だけでは心が繋がった実感が持てなくなっている心の絆の欠乏についての切迫感があるようにみえる。物質的な豊かさと心の絆の持てなさが並行しているように、今のアニメは描いているようにみえるのである。

注

(1) 映像の解析には2つの方向があろう。一つには映像を素材として映像の特徴を明らかにするもの、もう一つには映像を素材にするのは同じだが、それを使って心理的な機能を明らかにしようとするものである。前者は、例えば実際のアニメーションのキャラクターを素材に質問紙調査法などを使用し、その性格的特徴を明らかにできるし、後者は、例えば歩きのアニメーションを1コマ、2コマ、3コマ打ちでそれぞれ撮影し、それぞれの知覚的印象を評価するといった実験的方法を取るものである。

(2) 心理学の研究法の中には注(1)で紹介したように質問紙調査法や実験法などがあり、目的に応じて使い分けている。

(3) 兜甲児は敵をためらいなく殺す。このことはマジンガーZが壊れやすいことの裏返しと思われる。本文では「心理的に追い詰められることはない」と述べたが、しかしマジンガーZを操縦している時の兜甲児の心の奥底には違ったものがあるのかもしれない。なぜなら完全に兜甲児の身体を守れるような壊れないロボットであれば、余裕をもって敵に立ち向かうことができるのであり、相手を殺す必要もないであろう。壊れやすいロボットの中の兜甲児は、常に死の恐怖にさらされている。その恐怖に打ち勝つためには相手を滅ぼすしかないと考えるほどである。巨大ロボットの中にありながら死の切迫感に迫られているとしても物語の中では、すぐに修理されるロボットということであたかも「心理的に追い詰められることはない」かのように視聴者には示されていたということなのであろう。したがって巨大な自己は心理的にみるならば死の切迫感を解消するために肥大化した脆いものとみなすことができる。

(4)『マジンガーZ』(1972)と『機動戦士ガンダム』(1979)の間には7年の開きがある。例えば8歳で『マジンガーZ』を見ていた人が15歳で『機動戦士ガンダム』に出合う。つまりロボット・アニメを楽しんでいた子どもが成長し、思春期に入り、目にしたのが15歳のアムロ・レイであった。アムロ・レイに同世代の自身の悩みと同期するものを発見し、また仲間との繋がりを模索する思春期のテーマが、アニメを見続けた若者の心に同期したということもあろう。

(5) 現代において「飽食から"崩"食へ——食べることと社会・文化」(今田、2005、pp.155-174)というように安価で豊富な食を楽しめることの背景に食中毒などによってその安価で豊富な食がもろくも崩壊してしまう現実に出会うことが稀ならず起こる。食に対する不安がともすると出現する。それとともに共食する能力が失われてきているとも考えられている(外山、2008)。共食によって相手の心を思いやることもでき、子どもにとっては食事を共にする親を通して他者とのかかわり方を学んでゆくことができる。しかし共食がなくなってきている現代の個食は、心理的な発達の基本的な面での喪失に繋がっていると思われる。

(6) 食の乏しい時代においては食べきれないほどのたくさんの食べ物が机の上に並んでいることが、食への願望となり得たであろう。

(7) 1970年にケンタッキーフライドチキン、ミスタードーナツ、1971年に日本マクドナルドのそれぞれの1号店が開店し、その後外食産業が飛躍的に伸びて行った時期が1970年代であった（今田､2005）。ティーンエージャーにとってジャンクフードは一人で気楽に食べられることから家族から離れて独立していることの象徴となった（長谷川、2005）。こうしたジャンクフードの展開とゲームを楽しむライフスタイルが、共に、発展してきているのであろう。

(8) 最近でも食に対する安全性を脅かす出来事がニュースで報道されることがある。かつても環境汚染と健康被害の関係で水俣病が大きく注目された。環境汚染によって健康被害が起きるということは『空飛ぶゆうれい船』を監督した池田宏が強く意識していたことであった（横田、2009b）。

(9) 食べることの異常は摂食障害と呼ばれ、その中には過食症などがある。過食症は食べることがやめられない食行動の異常を伴う。過食症の人では、標準体重が維持されていることが多いが、太ることの恐怖があり、そのため食後には吐いたり、下剤や利尿剤などの乱用がみられる。

(10) 『太陽の王子 ホルスの大冒険』以前の作品は、基本的には主人公が戦う個人戦が中心に描かれたが､『太陽の王子 ホルスの大冒険』では戦う前にコミュニティが一つになることが描かれ、コミュニティがまとまることが戦いに勝つことに等しく、そのため戦闘そのものは比較的あっさり描かれていた。このコミュニティが大事ということがより進展した一つが『機動戦士ガンダム』のホワイトベースであろう。ホワイトベースは外敵に対し運命共同体として機能する。主人公のアムロ・レイはその運命共同体のために戦うことが明確に描かれる。

(11) 幻魔のような絶対的破壊者が描かれる背景にはそれに対抗するものの存在への信頼があると思われる。例えば、『幻魔大戦』で、幻魔と戦って敗れたと思い込んだ主人公の東丈は心の奥底に逃げ込むが、超能力者のプリンセスルナが東丈の心の奥底に入り込んで、彼の魂を現実に引き戻す。つまり感情の谷に落ち込んだ主人公を救い出す者があり、また感情の谷を抜け出ることで主人公は成長し、戦士になってゆく（横田、2017）。こうした他者に助けられて成長する主人公を描くために、感情の谷に主人公を落とし込む強い感情体験喚起の刺激として絶対的破壊者が繰り返し描かれていると思われる。そしてその感情体験が強ければ強いほど主人公を感情の谷から助け出す者への信頼感（心の絆）がより強調されることになる。

（12）ユング派の分析家であった河合（2009）は、かつては、子どもから大人になるためのイニシエーションの儀式があり、その儀式を通過することで子どもは周囲から大人と認められ独り立ちしたという。それが現代社会ではなくなり、各個人が自分なりに大人になるためのイニシエーションを必要としている。この節目には心理的に大きな変化が起こると考えられている。アニメに描かれる心の混乱の多くは、この節目に体験されるものに相当すると考えられる。『君の名は。』の全体が、そうした子どもから大人へのイニシエーションの心理的な体験の象徴とみることもできる。

（13）インスタ映えを、共食が失われつつある現代において、言語を媒介にして場を共有するのではなく、写真を使って体験の共有を図っている新たな共食の形態とみることもできるのではなかろうか。

（14）『君の名は。』では、男性と女性の心がそれぞれ異性の身体の中に入り込む。通常、馴染みのない体験には慣れるのに時間がかかり、その間には多くの探索行動が起こる。少し想像してみたい。まずは入り込んでいる異性の身体に強い関心を示すであろう。ついで、自分のいる場所を知るための探索行動が起こるだろう。部屋の中のこまごましたものの置き場所（例えば下着などがどこにあるか）、家の中の部屋の配置、トイレの位置、食卓での座る位置、食べ物の味付けなど生活を基礎づける衣食住にかかわる全てのことが未知なので、それらを必死に知ろうとするのではなかろうか。こうした周囲への探索がおこなわれ、その環境に慣れて、居場所の安全が確保されてから、さらに広がった探索行動が起こるだろう。しかし映画では身体がそうした未知の衣食住に慣れる必要がないかのように、それらよりはるかに適応が難しいと思われる高校生活やアルバイト環境に速やかに適応する。その意味では高校生活やアルバイト環境を過ごす身体が、基本となる衣食住にかかわる身体から切り離されて、成り立っているかのようであり、身体を支える衣食住への関心が乏しいといえよう。この点については衣食住を詳細に描いた「この世界の片隅に」の対極に位置する。

引用文献

荒川章二『全集　日本の歴史第16巻　豊かさへの渇望』小学館、2009年。

今田純雄（編）『食行動の心理学』培風館、1997年。

今田純雄『飽食から“崩”食へ――食べることと社会・文化　今田純雄編「食

べることの心理学――食べる、食べない、好き、嫌い」』有斐閣、2005年、pp.155 － 174。

河合隼雄『生と死の接点』岩波書店、2009年。

外山紀子『発達としての<共食>――社会的な食のはじまり』新曜社、2008年。

長谷川智子『成長とともに変わる食――食べることの発達　今田純雄編「食べることの心理学――食べる、食べない、好き、嫌い」』有斐閣、2005年、pp.111 － 128。

横田正夫・高橋滋・町山幸輝『精神分裂病患者における家の認知』精神医学、1989年、31 (5) 495-502。

横田正夫『精神分裂病患者の家における感情体験』精神医学、1992年、34(6) 615-625。

横田正夫『精神分裂病患者の住まいにおける感情体験』心理臨床学研究、1993年、11(1)　44-52。

横田正夫『創造する―被服と芸術行動―　中島義明・神山進編集「まとう：被服行動の心理学」』朝倉書店、1996、pp.100-118。

横田正夫『アニメーションの臨床心理学』誠信書房、 2006a。

横田正夫『アニメーションにおける衣服表現の臨床心理学』International Symposium in PISAF2006, 2006b、pp.154-159。

横田正夫『アニメーションにおける食表現の心理学的検討』日本大学文理学部人文科学研究所研究紀要、2007年、73　77-90。

横田正夫『アニメーションとライフサイクルの心理学』臨川書店、2008。

横田正夫『日韓アニメーションの心理分析―出会い・交わり・閉じこもり』2009a、臨川書店。

横田正夫『池田宏の『空飛ぶゆうれい船』についての臨床心理学的検討』日本大学文理学部人文科学研究所研究紀要、2009b、77　125-142。

横田正夫『アニメーションと食――『美味しんぼ』から』日本大学文理学部人文科学研究所研究紀要、2009c、78　97-105。

横田正夫『大ヒットアニメで語る心理学――『感情の谷』から解き明かす日本アニメの特質』新曜社、2017年。

第2章　映像演出論——アニメーション業界の制作現場における演出の技術と方法

渡部英雄

1．はじめに

本章では、アニメーション業界の制作現場における演出がどのような技術や方法を用いてアニメ制作をしているのか。特に、アニメーション制作の映像設計（絵コンテ）に関する演出表現技術を中心に取り上げていく。

完成作品を評価する時、面白かった、面白くなかった、感動した、感動しなかったなどの満足度は、実は絵コンテの出来不出来によって大きく左右される。いくら良いシナリオであっても絵コンテが駄作ならばヒット作品は生まれない。作品制作全工程の中で、絵コンテ作成が、70％位の比重でその重要性を占めていると言っても過言ではない。もちろん、その前に企画やシナリオの良し悪しにも大きく左右されるが、作品の完成度を高めるには、まず絵コンテの内容をしっかり設計しなくてはならない。番組の視聴率や劇場の観客動員数は監督や演出の肩にかかっている。監督や演出が力を発揮するところは、いかに良い絵コンテを作成するかであり、それは演出の重要な仕事であり、良い絵コンテを描くことが強く求められている。

また、実写映画の監督で絵コンテを描く人もいるが、基本的に実写の撮影現場では、絵コンテは必ずしも必要とされない。なぜならば、シナリオのページのセリフ、ト書きに直接、縦線で区切ってカットナンバーとカメラサイズを書き込む監督が多いからである（映像イメージは監督の頭の中にある）。そして、目の前に被写体となる建物や俳優がいるので、その場でスタッフに説明すれば問題なく撮影ができる。

ところが、アニメーションの制作現場は、そうはいかない。実写映画制作の撮影現場のように、作画打ち合わせの時、被写体となる建物や俳優がそばにいるということはまずない。直接見せて説明をすることもできない。やはりスタッフに対してイメージを共有するには、絵で描いたキャラクター設定や美術設定が必ず必要になる。そして、映像のイメージを絵コンテで具現化して、スタッフと映像イメージの共有化をするしかないのである。絵コンテがどうしても必要な理由はそこにある。アニメーション制作にとって非常に重要な役目を負っている。絵コンテはアニメーション制作の要である。

さて、日本の商業アニメーションをアニメという傾向があるので、以後、本章ではアニメと略称を使うことにする。

2．アニメ演出とは何か

2.1　実写映画の演出とアニメの演出の共通性について

まず、実写映画とアニメの違いについて知る必要がある。

アニメの演出は実写映画の監督に相当し、アニメーターは実写映画の俳優に相当するとよくいわれている(注1)。また、テレビアニメや劇場アニメそしてOVA（オリジナル・ビデオ・アニメ）は、映画の一種と考えられている(注2)。

では、実写映画とアニメの演出はどのように違うのであろうか。

これについて、東映アニメーションの勝間田具治監督(注3)に伺った。

勝間田監督曰く「実写映画の監督・演出とアニメ映画の監督・演出の違いはない。あるとすれば、アニメ演出の場合、タイムシートを読めて、理解して、扱えなければならない。あるとすればそれだけだ」とのことだった(注4)。勝間田監督は東映京都撮影所出身で3年半にわたり実写映画の助監督を務め、その後1964年に東映動画に入社、現在の東映アニメーションまで、多数のアニメ監督・演出を務めている。実写映画制作とアニメ制作の両方に精通した人物である。

アニメ演出の立場からみると、実写映画もアニメも同じ構造を持っている。作品タイトルがあり、ジャンル、観客対象、企画意図、作品テーマ、世界観、主人公など登場人物のキャラクターがいて、セリフがある。シナリオ、物語があり、シークエンス、シーン、カットで映像が成り立っている。実写映画と全く同じ形式でテレビ放映や劇場上映が行われている。違うのは、絵の空間であるか、現実の空間であるかの違いである。もちろん、アニメの場合、端から２Dであるが故に、その違いのために映像表現、カメラの動き、キャラクターの芝居に制約がでてくる。(注5)

実はテレビや劇場のアニメは、実写映画の映像表現形式を用いて作られているため、現場のアニメ演出家たちは、実写映画映像から多くのことを学んでいる。手描きのアニメーターは、平面の動画用紙の中に立体空間を思い浮かべ、アニメのキャラクターを手前から奥へ自由に立体的に動かしている。美術背景も同様に立体空間の中に建物や、樹木や、電信柱を配置し人物や乗り物などを加えることをイメージして、絵を描いている。従って、アニメーターは美術背景を現実空間のつもりで、作り込み、人物や物を配置して動かしている。

アニメ制作をするクリエイターたちは、手描きによる2Dもコンピュータで制作する3DCGも相通ずるイメージ映像を思い浮かべて創作を行っている。

アニメの演出も実写映画の演出も絵コンテを描くという点においては、１カット、１カット毎、背景と人物の動きがイメージの中に作られ想像され、それを絵コンテに定着させるということには変わりはない。従って、勝間田監督が述べるように映画制作の作業内容は、アニメ演出も実写映画の演出も変わりはないことが理解できる。

その証拠に、アニメ「攻殻機動隊」の押井守監督が実写映画『アヴァロン』の監督を、そしてアニメ『新世紀エヴァンゲリオン』の庵野秀明監督が実写映画『シン・ゴジラ』の監督を担当している。それは、アニメの演出と実写映画の演出は映像制作の作法が基本的に同じだからアニメの監督が実写の監督もできるのである。

2.2　アニメにおける、監督と演出の違い

アニメの場合、監督と演出の違いについても勝間田監督に伺ってみた。

勝間田監督曰く「本来、監督も演出も同じ仕事であり、やっていることに違いがない。

アニメに関しては、劇場作品を担当する演出を監督と呼び、テレビシリーズを担当する演出を演出と言っている[注6]」という。日本の場合、慣例として映画担当を監督と呼び、テレビドラマ担当などを演出と呼ぶ習慣があるようだ。

「アニメーション事典」によると「演出とは、絵コンテにもとづいて企画された作品の意図を達成するように、スタッフに対しての指示および作業上の統括指導する役割を指す。これは主に作品の内容に関する指導であり、スタッフの管理および人事的な統括は含まれない。実写映画の場合、演出と同時に、現場において時には管理者的な統括任務が生じるため、『監督』という呼称を使うことが習慣になっていた。アニメーション業界の場合、劇映画、TVシリーズの統括的立場の場合、『監督』のタイトルが与えられる。」（執筆担当：監督・黒田昌郎[注7]）

また、アニメ監督の大地丙太郎の著書『これが「演出」なのだっ』（2009）によると、「アニメの現場では『監督』と『演出』という言葉を分けて使います。本来どちらも『演出』です。英語ではどちらも『director=演出家』ですから。シリーズアニメの場合、各話を担当する『演出家』を『演出』と呼んでいます[注8]。」

2.3　映画とは

『風の谷のナウシカ』『天空の城ラピュタ』『となりのトトロ』『魔

女の宅急便』『ハウルの動く城』など宮崎駿監督の数多くの作品は、必ず魅力的な少年、美少女が登場する。

少年は正義感が強く、活気あふれ画面から飛び出さん限りに活躍をする。少女は美しく魅力的であり、必ず自由に空を飛ぶシーンが現れ、観客を大いに魅了してきた。それは、自由奔放なカメラの動きで、我々を未知なる空間に引きずり込んでくれるからだろう。

では、その自由奔放なカメラワークなどの映画術をこれから考えていきたい。

まず、映画とは何かを知らなければならない。映画に似ている表現形式に演劇があるが、演劇は舞台芸術である。映画と比較した場合、映画は映像であり、最大の特徴はフレーム（枠）を持っていることである。フレームは空間を切り取る。空間を切り取るということは、見せる空間（部分）と見せない空間（部分）を作ることができるということである。ここに作者の意思、主観、主張を入れることが可能になる。フレームによって意思の伝達ができるということである。

フレームについて、映画監督の吉村公三郎が著書『映像の演出』（1979）において次のように述べている。

> 師匠である島津保次郎監督が撮影所をやめる時、はなむけの言葉に「ね、君、これからオレのいうことをよく聞けよ。映画は枠（わく）だ！」と一言いって去っていった。
>
> 後に、吉村が駆け出しの監督になった時、「この映画はワクである」の言葉で非常に助けられたそうだ。[(注9)]

実写映画の現場でよく聞かれる言葉に「1．スジ、2．ヌケ、3．ドウサ」がある。映画を面白くする三大原則と言われている。[(注10)] スジとはシナリオのことであり、ヌケとは画面のきれいさであり、ドウサとは俳優の動作、演技のことである。つまり、良い作品を作るには、良いシナリオ、物語、魅力的な画面作り、魅力的なキャラクターとその演技やアクションが必須であるということである。アニメにも、同様にあてはまる重要な要素であり、心掛けたい。

確かに、アニメ映画と実写映画は映画術で考えるならば同じ構造を持っている。しかし、決定的に違うのは、演技者が生身の人間か、人間以外の人形かキャラクターかということにある。その違いについては、注（11）をご覧いただきたい。

2.4 映画はなぜ動いて見えるのか

現場のアニメーターは下記の写真のように、動画用紙を指で操って、パタパタさせて絵と絵の間に中割の絵を作りながら動きの絵を作成している。

①原画 A1 始めの絵　②中割り、中間の絵　③原画 A2　最後の絵

絵をパタパタ動かして見るのも、映画が動いて見える同じ原理である。指パラで見る動画の動きや映画が動いて見えるのは、よく残像現象で動いて見えるという人がいるがそうではない。それは知覚心理学の分野のゲシュタルト心理学でいわれる、仮現運動の原理により、動いていないものが動いて見える現象である（注12）。例えば、鉄道の踏切で列車が通過する時に、警報機の音と共に上下に点滅している大きな赤いランプがある。そのランプを見ていると、なぜか上下に動いて見える。それぞれの位置で2個の赤ランプが固定された状

態で点滅しているにもかかわらず上下に動いて見えるのである。これが仮現運動である。

3　アニメ業界の制作現場

3.1　アニメ制作の流れ

アニメ業界の制作現場の流れは基本的に大きく分けて、A. プリプロダクション　B. プロダクション　C. ポストプロダクションに分けられる。

制作全体の流れを管理しているスタッフは、シリーズ全体に制作担当（制作デスク）が一人、制作進行が数人いる。シリーズ全体を監督する演出は、企画打ち合わせから、各話担当の演出は、シナリオを渡されて絵コンテ作成から、作品完成（初号試写）まで、作業がある。

アナログ制作とデジタル制作の流れを図解すれば右全体図の通りである。

A. プリプロダクション　　注:（　）内は担当スタッフ

①企画書（プロデューサー）作成→プロデューサーと監督打合せ
②シナリオ（シナリオライター）執筆
③キャラクターデザイン設定（総作画監督）作成
美術設定（美術監督・美術デザイナー）作成
④絵コンテ（演出又は絵コンテマン）作成、またはムービー絵コンテ（絵コンテで映像作成）

図1. アナログ制作全体図

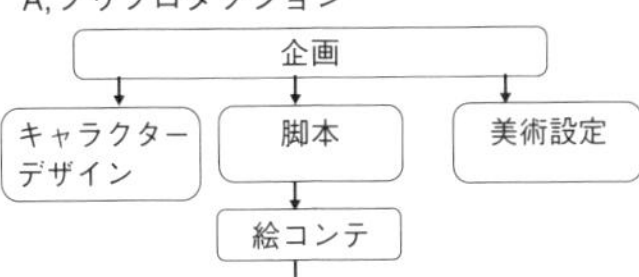

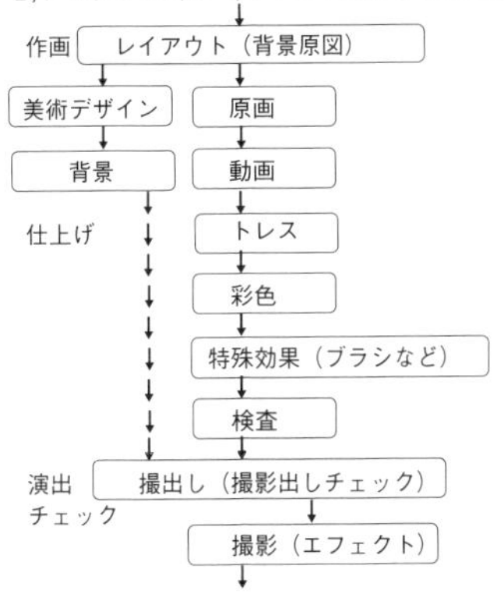

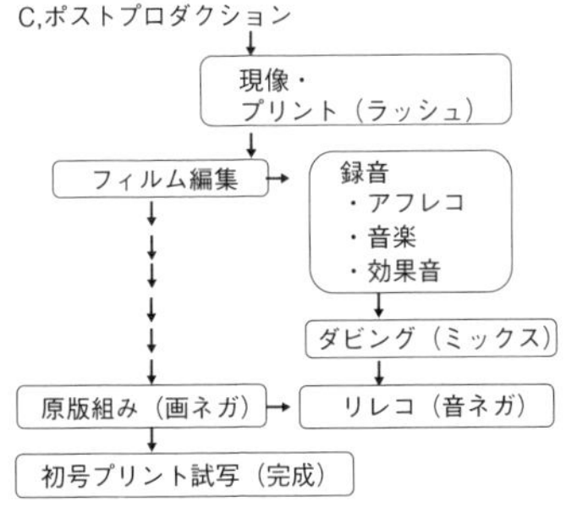

図2. デジタル制作全体図

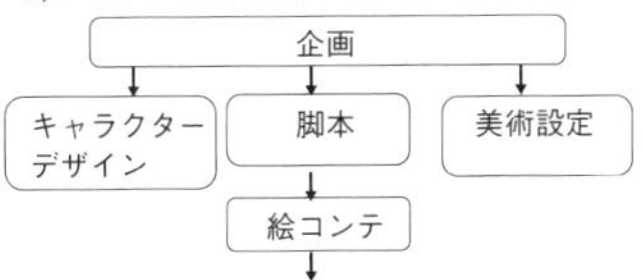

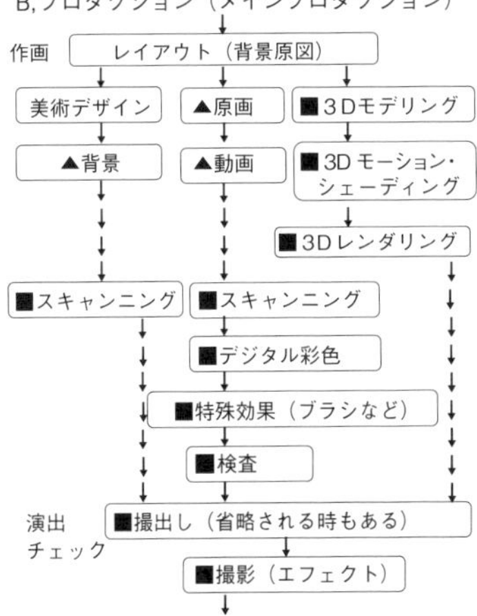

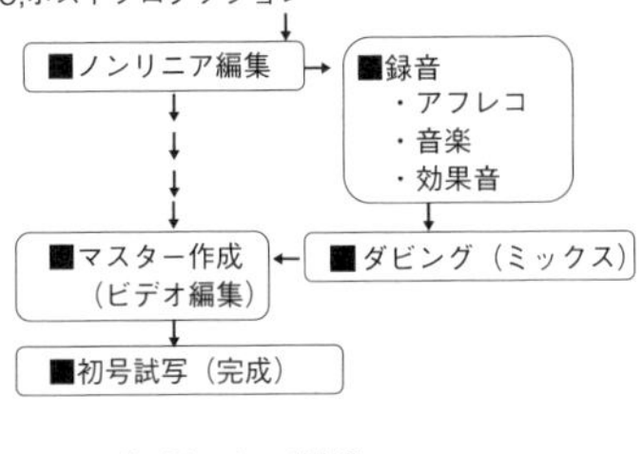

注 □アナログ作業
■デジタル作業
▲場合によってはデジタル作業

B. プロダクション　　　　　　　　　　　　注:(　)内は担当スタッフ

⑥レイアウト(原画マン作成→演出チェック→各話の作画監督チェック修正)
OK後→原画マンと美術監督へそして、3DCGアニメーションスタジオへ

⑦美術監督→美術レイアウト作成・美術ボード(美術デザイナー)作成

⑧背景(背景作画作成→美術監督チェック)

⑨原画(原画マン作成→演出チェック→各話の作画監督チェック修正)

⑩動画(動画マン作成→動画検査チェック)→OK後→仕上げ彩色へ

⑪色彩設計(色指定)→トレス・彩色作成→特殊効果→彩色検査

⑫3DCGアニメーション作成

⑬撮影チェック(撮影監督)→撮影(撮影監督、撮影スタッフ)

C. ポストプロダクション　記録(スクリプター、東映のみあり)

⑭フィルム編集(編集)

⑮アフレコ録音(声優、音響監督、ミキサー)

⑯ダビング・ミックス〈声、効果音(効果)、音楽(音楽選曲)〉

⑰マスター完成(編集または撮影部)→　初号試写(スタッフ最終チェック)

⑱納品

ご覧のように図1(p.41)がアナログ時代のカメラ撮影でフィルム制作の流れ図である。

図2(p.41)では、完全にカメラとフィルムはなくなり、仕上げ彩色からコンピュータの作業になった。基本的にまだ、レイアウト、原画、動画、背景までが紙を使用しており、動画と背景のスキャン

ニング以降がデジタル処理になった。デジタル化されてから、3DCG制作も加わり始めた。

特に『蒼き鋼のアルペジオ―アルス・ノヴァ―』(2013) のテレビシリーズでは登場人物を含め、作中の動く物体は、ほぼフル3DCGで制作されていた。この頃から手描きの絵と3DCGの絵がだんだんと見分けがつかなくなってきた。本格的で高品質なセルルックなフル3DCGでアニメーションが制作されるようになってきた。また、手描き感を残しつつメインで3DCG制作が行われてきた作品に『シドニアの騎士』(2014) や『山賊の娘ローニャ』(2014) などがある。今後、アニメ業界はフル3DCGアニメが主流になっていくであろうと考えられる。

以上が、アニメ業界の制作現場の基本的流れであるが、テレビシリーズは毎週1本ずつ放映されているので1班だけで制作するのは不可能である。東映のテレビシリーズの1話分の本編の放映時間は、オープニング、エンディング映像、CMを除いて21分30秒であった。制作期間は2か月以上かかる。毎週放映するには間に合わないので、毎週放映に間に合うように、5班から6班体制でローテーションを組んで制作をしている。従って、1番組のシリーズに作画監督は4人以上、演出は5人以上が担当して制作されている。

3.2 演出の仕事とは

映画の監督や演出とは、いったいどのような仕事であろうか。実写映画の場合、映画監督の吉村公三郎の著書『映像の演出』(1979) によると「映画監督の仕事は、シナリオによって、映像的イメージを頭の中で作りあげ、モンタージュし、撮影計画（コンティニュイティ）を立て、これに基づいて映画に必要な各種機能（俳優、撮影、録音、音楽、音響効果、大道具、小道具、衣装、扮装、編集など）を総合統一し、映画にしあげることである(注13)」引用文中の撮影計画がアニメの場合、絵コンテに相当するものである。

演出の仕事はシナリオによって、映像的イメージを頭の中で作り上げ、モンタージュし、映像設計つまり絵コンテを作成して、これに基づいて、映画に仕上げることである。

アニメ演出の仕事は､大きく分けて､「絵コンテ作成」と「演出処理」の２つがある。

本来は絵コンテ作成と演出処理を通して両方を担当するが、場合によっては別々の人が担当することがある。絵コンテの作業のみをする人を「絵コンテマン」と呼び、絵コンテを描かずに、それ以外の作業を担当する演出を「処理演出」と呼ばれている。例として、著者は『機動戦士Ｚガンダム』『機動戦士ガンダムZZ』の絵コンテマンを、ペンネーム世良邦男で担当したことがあった。

演出処理の仕事の内容は、各セクションのスタッフと打ち合わせが必要である。例えば、作画監督、原画マン、仕上チーフ（色検査·指定)、美術監督、撮影監督、音響監督（または、東映の場合は記録さんと）と打ち合わせをする。それぞれのスタッフから上がってきたものをチェックしなければならない。例えば、レイアウト、原画、〈動画〉、撮影後の映像上がり。そして編集、録音スタジオでAR（アフレコ)、DB（ダビング)、初号試写（完成試写）を立ち合うなど、完成まで仕上がりをチェックして、クオリティーに責任を持たなければならない。

４．アニメ演出の実践

4.1　映画の基礎知識１

映画映像の最小単位は「カット」(Cut) ないしは「ショット」(Shot) でできている。

「ショット」とは、動画映像の最小単位であり、カメラがスタートして止まるまでの１動画映像であり、主にその画面の内容や絵柄を説明する言葉である。

「カット」とは同じく動画映像の最小単位であり、カメラがスタートして止まるまでの1動画映像を指し、主にフィルムの断片や1動画映像の断片、つまり物理的属性を説明する言葉である。

従って、「ロングショット」(Long Shot) は、遠い山などの遠景を指し、「ロングカット」(Long Cut) は長い1動画映像を指す。「Two Shot」は二人を写したショットのことであり、「Two Cuts」は2本のカットのことである。「Shot」は動詞で撮影の意味であり、「Cut」は動詞でフィルムなどを切る、削除する意味である。映画もアニメも「カットナンバー」というが「ショットナンバー」とはいわない。

次に、「カット」ないしは「ショット」が一つ以上複数集まって「シーン」になる。「シーン」(Scene) とは、演劇でいえば、「場」にあたる。一つの場所で同時間内に演じられる動画映像を「1シーン」とされる。場所が変われば、「シーン」が変わる。同じ場所でも時間が変われば「シーン」が変わる。

映画映像の最初の「カット」から「シーンナンバー」が付けられ、「シーン」が変わるたびに「シーンナンバー」が変わり、「カットナンバー」もシーン毎に1から数えられる。ただし、昔のアニメはシーンナンバーの付いたカットナンバーが普通だったが、最近のアニメ作品は、シーンを無視して、最初のカットから、通しナンバーとしてカットナンバーを振られる作品が多くなったので注意したい。

次に、シナリオの構成に係ってくることだが、シーンが集まってシークエンスになる。

シークエンス (Sequence) とは、演劇でいわれる「幕」に相当するものである。長編になると話が長くなる。2時間以上の作品になると、物語全体で、7から8シークエンスになることがある。つまり、「起承転結」又は「序破急」の大きな固まりと考えれば良い。仮に、6シークエンスあれば、①起 ②承 ③承 ④承 ⑤転 ⑥結という流れになる。

4.2　映画の基礎知識２

１シーンの中で、カットに分割することは、それなりの意味がある。基本的に一つの場所で連続した動作（アクション、芝居、演技）は１ショットで撮影することができるが、どうしても、いくつかのカットで分けなければならない場合がある。カットを分割する理由は下記の場合が考えられる。

①人物の動作、アクションをカメラが追いきれなくなった場合、つまり、被写体が急激に移動や方向を変えた時、即ち、画面のアングルを変えたい場合。
②そのアクション（芝居の長さ）がフイルムマガジン、メモリーとかの許容量を超えた場合
③人物から人物へのPAN（カメラを横へ向きを変える）を繰り返し、見苦しくなった時やPANが必要でなくなった時
④画面のサイズを、カメラ移動を使わずに変えたい時
⑤主観カットを入れたい時
⑥カットバックを使用する時
⑦テンポ、強弱を付けるなど、リズミカルにするためにカット編集をする時

以上がカットを分ける理由である。

4.3　映画画面のつながりについて（Editing）

次に取り上げるカットのつなぎについては、実写映画もアニメも共通している。

アニメ制作でもカットのつなぎ方によっては、リテーク（作り直し）になるので、注意が必要だ。(注14)

映画やテレビなどのカットとカットのつなぎには、マッチカット（Match Cut）とカットアウェイ（Cut Away）と言われる関係のカットつなぎがある。

（1）マッチカット

プロの実写撮影の現場でも、1シーンを数カットで撮影する時、つまり、同じシーンで、アングルを変えて複数のカットをつないで映像編集してみると、カットとカットのつなぎ目で、人のポーズが飛んだり、物が消えたり、動きがスムーズにつながらない時がある。その原因は、カメラがスタートしていったん停止し、また次にスタートして撮影する時、カメラが止まっている間に、写っている被写体（人物など）の位置が移動してずれたり、ポーズが変わったりした場合、編集してつないでみると、カットとカットのつなぎで、被写体が一瞬にしてジャンプして見えるのである。物が消えたりするのは、カメラが停止している間に移動して画面外に出ていってしまうからである。それは、アニメ映像でも全く同じである。

また、カットとカットをつないだ時、会話をしている登場人物たちが先行するカットと後続するカットでお互いの見ている方向が違う方向を見た場合、位置関係がおかしくなったりすることがある。また、先行するカットで走っているにもかかわらず、後続のカットでは歩いているとするならば、同じシーンの中でつなぐのは不自然である。

以上のように、登場人物の位置が混乱したり、違和感を覚えたりする映像は、演出にとって失敗であり、リテーク（作り直し）の対象になる。アニメの場合は作画から直さなければならない。アニメ演出は、同じシーン内のカットつなぎは十分に注意しなければならない。

そこで、 絵コンテがアニメ映像になった時、それを観客が見て不自然に見えたり、制作者の意図が間違って伝わらないようにするために、次のことに注意する必要がある。

マッチカットとは、連続する二つのショットにそれぞれ同じ人物（又は被写体）がいる場合のつながりをいう。つまり、後続の画面が先行の画面の一部を捉えている時をいう。

マッチカットを自然に違和感なくつなぐには、次の法則に注意しなければならない。

それは「三一致の法則」である。

カットとカットにまたがり連続した時間として、スムーズにつなぐには重要な原則で、次の三つの要素で一致しなければならない。

①位置の一致（Matching the position）

②視線の一致（Matching the look）

③動きの一致（Matching the movement）

もし、一致していなければジャンプショットになる（動きが飛んで見えるカットのつなぎになる）。

また、マッチカットの時、つなぎをスムーズにするためには、その連続する二つのショットは画面サイズとアングルを変えなければならない。つまり、キャラクターの顔を同サイズで同じアングルで撮影すれば、後続するカットは、先行するカットと同じ人物であるからカットのつながりが難しくなる。もしそれを怠れば、カメラ位置（フレーム位置）が飛んで見える。

●マッチカット関係の映画用語

- 「平押し」または「ポン寄り」＝同じアングルでカメラが寄って撮影すること。

  例）ロングショットからバストショットに画面を接近して撮影する。

- 「ポン引き」＝ポン寄りとは逆に同アングルでカメラを後退位置移動して撮影すること。

- 「ドンデン」＝最初のカメラ位置から、前方の被写体を越えて、全く正反対の方向から狙うアングルである。
- 「中抜き」＝一つの長いショットでアクションの途中のところどころ抜いて部分省略すること。例えば、砂漠で遠くから歩いてくる人物を撮影して編集する時、アクションをところどころ切って抜く。

  もう一つの意味は、二人の俳優がいて、片方の俳優だけ優先して先に中抜きでまとめて撮影する。もう片方の俳優は、後でまとめて残りの部分を撮影すること。
- 「アクションカット」＝特に目立つ動きを選んで、その動きの最中でカットを切換える手法。つまり、動きでカットして、次のカットで続きの動きを始めるつなぎ方。動き同士でつなげること。

(2) カットアウェイ

後続画面が先行画面の一部を捉えていない時は、この二つのショットのつなぎをカットアウェイ（Cut Away）という。

カットアウェイの特性は、時間や空間を超越、飛躍することができることで、つまり、後続のカットは先行のカットと別のものが写っているために、時間が戻ったり、時間が未来に進んだり、別の場所へ変わったり、回想や想像上の世界、イメージの世界へ飛ぶことができる。それは、同じシーン内でも瞬間的に時間が省略された効果が出せる。また、はっきり時間や場所が変わるなら、別のシーンになる。

また、キャラクターの顔を同サイズ、同アングルで、別の人の顔をつないでも、カットアウェイである限り可能である。

●カットアウェイ関係の映画用語

- 「回想シーン」＝過去の思い出したシーンなどを指す。

• 「イメージシーン」＝想像上のシーンなどを指す。
• 「カットバック」＝二つの画面が一つの目的にそって切り替えるだけではなく、その次にまた初めの画面の戻る手法をいう。1番目と3番目の画面の関係をカットバックと言う。
例・二人の人物のカットバックによる対話。
・火あぶりにあう女性、そして、それを助けるべく馬で走る王子さまとのカットバック
• 「見た目（眼）ショット（Pint of View）」とは、主観ショット、主観カットともいう。

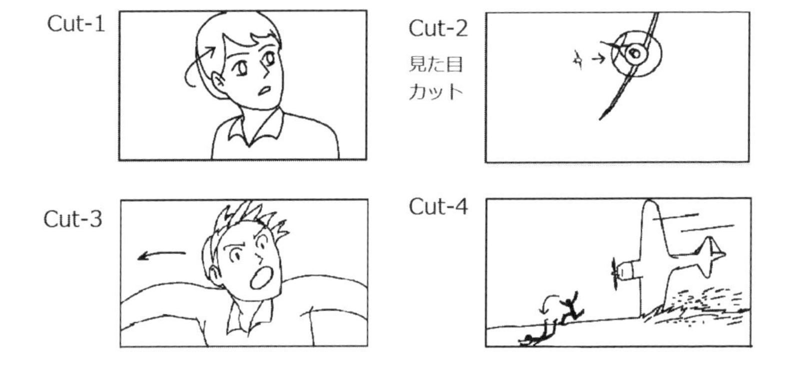

Cut-1 見ている人物のアップ（または、人物が見るアクションをきっかけに）で気づく。

Cut-2 その人物が見えている知覚像としてのショットをつなげる。これが見た目カット。

Cut-3 見ている人物の顔のアップで反応する。リアクションカット。

（注）Cut-1, 3 はアップサイズでなくても見たというアクションが観客にわかれば、引きサイズでも OK である。Cut-2 の主観ショットに対して、Cut-1, 3 は客観ショットと言われる。Cut-2 が見た目ショット、主観ショット、主観カットである。

特に、見た目ショットを使うことは、観客を映画の画面に映る登場人物と共同体験をさせ、画面に誘い込むことができる重要な演出手法である。観客は、その人物の目と同じ時点に立つことができるので、その登場人物の内面の理解をいっそう深めることができる。図に示したように、Cut-1で見る。Cut-2で迫ってくる戦闘機の見た目カット。Cut-3で見て驚き、焦って逃げ出す表情。Cut-4で主人公は墜落する戦闘機に激突しそうになり、逃げ、走り、転げ落ちるという展開である。観客側から見ると、主観カットを見て主人公の気持ちがダイレクトに伝わってくる。いかにあわてて逃げだし転んでいるか、その状況を見て観客は笑いさえも起こるだろう。

この状態になったら、観客はいつの間にか映画の物語に引き込まれていることだろう。歴代の監督たち、アルフレッド・ヒッチコック、黒澤明、スティーブン・スピルバーグたちは皆、主観ショットを沢山使っている。是非ご覧になってほしい。

4.4 カメラポジション

(1) 目線の原則とイマジナリィライン（Imaginary Line）について

異なる二人の人物のショットを切り返した場合、果たして　その二人は向き合っているのか、同じ方向を見ているのかわからないという問題が起こってくる。それを解決するものに「目線の原則」がある。

つまり、登場人物の目線方向によって、フレーム外の相手の方向を見ることによりその位置関係がわかる。演出上、位置関係を明確にするために目線の芝居はよく使われる。絵コンテ作成上、特に重要である。例えば、電信柱の上にいる電気工事のおじさんが、下にいるおばさんに話しかけたとする場合､おじさん（バストショット）が下を見て「お姉さんそこにいるとあぶないですよ｣､おばさん（バストショット）にっこり見上げて「あら、ごめんあそばせ」と言う。おばさんがおじさんに目線方向を合わせなければならない時に、目線方向が合っていなければ、観客は違和感を覚えるだろう。その時の目線の角度に十分な注意が必要である。

位置関係がおかしくなる原因にもう一つ問題がある。それは、カメラポジションである。例えば、二人の人物が、互いに見詰め合っているにもかかわらず、カメラ位置によって互いが同じ方向（二人とも左）を見ているという場合が出てくる。この目線の混乱を防ぐために考えられた原則がある。それが、「想定線」＝イマジナリィライン（Imaginary Line）である。

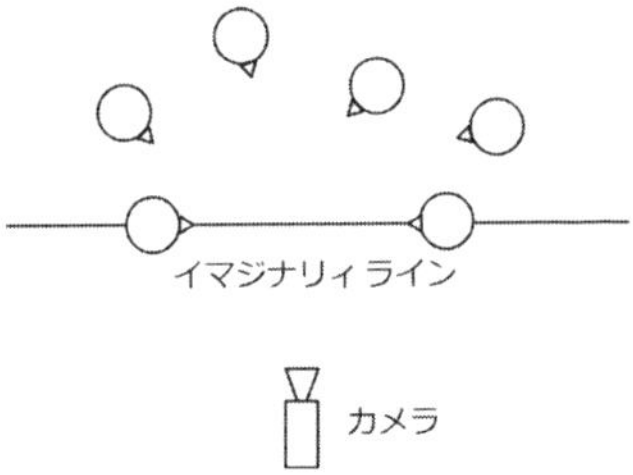

イマジナリィラインとは、たとえ複数の人物がいた時でも、カメラに最も近い両端の人物に通じて引かれる想定線のことである。このラインを越えない限り、カメラから見て右にいる人物は右、左にいる人物は左というように二人の位置が変わることはない。このラインを越えて向こう側から撮影したとすれば、映像編集した時、ラインの向こう側で撮った二人は位置関係が右左反対になってしまうので、位置関係が混乱してくる。

イマジナリィラインを越えなければ、登場人物の位置関係の混乱は起きないのである。

(2) イマジナリィライン（想定線）の越え方

しかし、映画の演出上どうしてもイマジナリィラインを越えなければならないことがでてくる。その際、次頁の方法を利用できるだろう。ただし、混乱が生じやすいため、多用は禁物である。

そして、逆に、演出意図でイマジナリィラインを越えて、わざと観客が混乱するように絵コンテを描くこともある。従って、それについてむやみにカットがつながらないとか、絵コンテを批判してはいけない。

●イマジナリィラインの越え方

①カメラが移動撮影しながらラインを越えていく

画面に二人の人物を捉えていた時、この二人のイマジナリィラインを、カメラを回しつつ移動しながら二人のラインを越えていく方法。観客はカメラが移動して二人の位置が変わったことが判る。

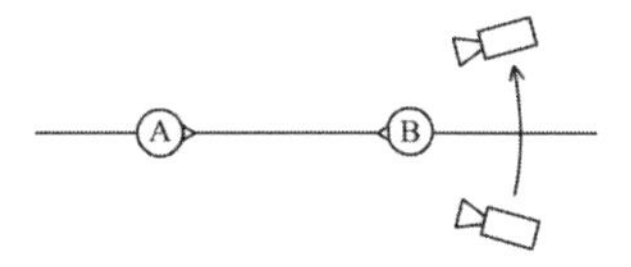

②人物が移動しながらラインを越える

画面に二人の人物を捉えていた時、一人が移動してカメラの前を通り過ぎると、イマジナリィラインをカメラが越えた状態になる。

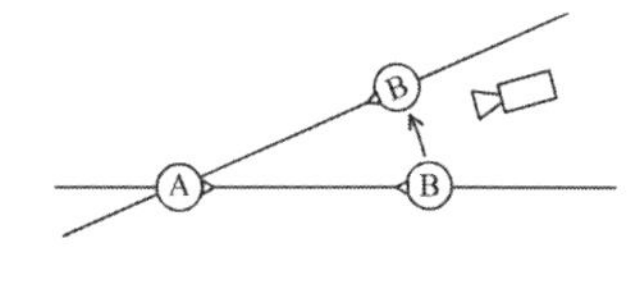

③イマジナリィライン上にカメラを２回のせて、二人の人物を交互に撮る

画面に二人の人物を捉えていた時、イマジナリィライン上にカメラを2回のせた位置で交互に人物を撮影すると、次のカットからイマジナリィラインを越えることができる。ライン上に2回のせるとラインの奥と手前の位置関係が、御破算になるからではないかと考えられる。

④アクションカットで越える

登場人物の目立つ一連の動きの途中で２カットに分割して、動きから動きへつなぐ方法をアクションカットというが、アクションカットの時、カメラはイマジナリィラインを自由に越えられる。越えても違和感なくきれいにつながる。位置関係の混乱も起きない。

Cut-1

Cut-2

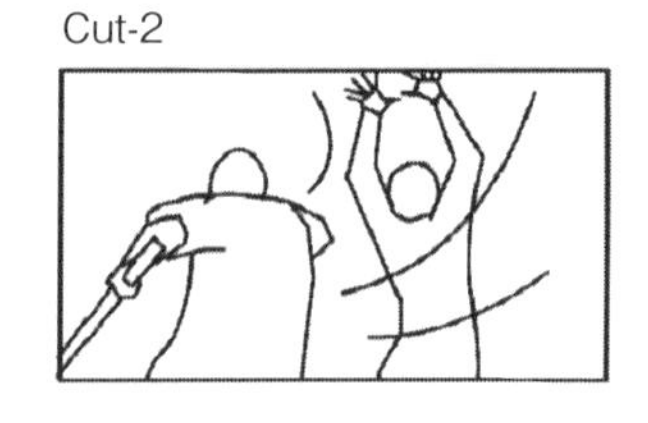

⑤インサートカット（挿入カット）で越える

見た目カットや想像などのイメージカットなどインサートカットが入ると、イマジナリィラインを越えられる。

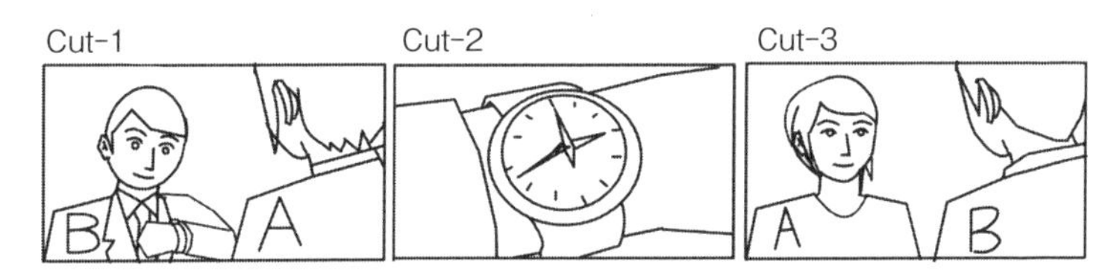

⑥極端に違うカメラサイズとアングルで越える

極端に違うカメラサイズとアングルで越えるとは、人物二人がいる時、Cut-1 で片方の人物の顔のアップサイズでアオリアングルのカットから、Cut-2 で人物二人のフルサイズでフカンカットへつながれば、イマジナリィラインを越えても違和感がない。

Cut-1

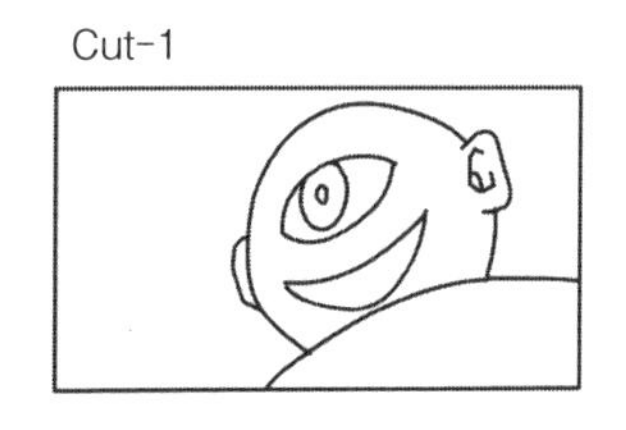

Cut-2

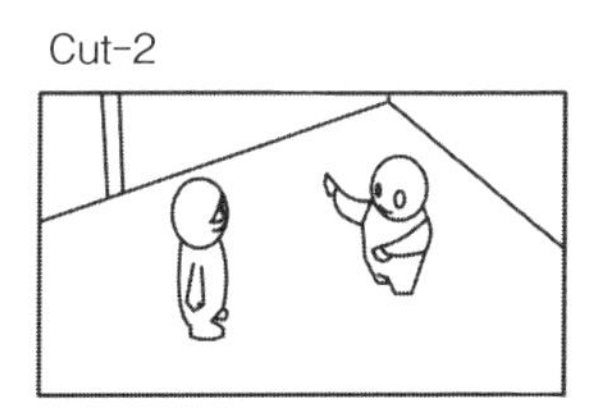

⑦ドンデンで越える

ドンデンとは、正反対にひっくり返すことである。

・肩なめで越える

Cut-1 登場人物AとBの二人を捉えた時、人物Aの左の肩から肩なめ（＝カメラ肩を通してという意味）で相手Bを捉えた時、Cut-2 カメラがドンデン返しして、イマジナリィラインを越えて人物Bの向こう側から反対アングルで、人物Bの左の肩から肩なめに、相手Aを捉えたカットのつなぎをいう。

筆者は、東映時代劇映画を見た時、この方法でカット割りをしているのを何回も見た。

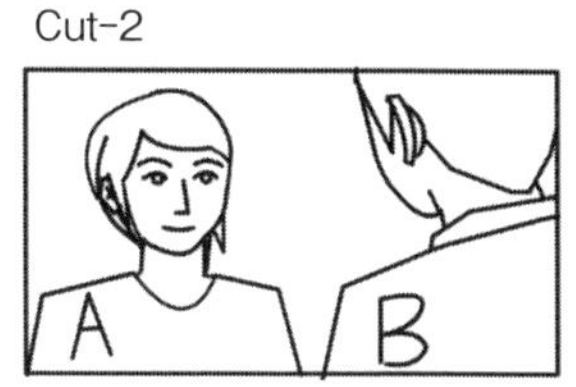

・全景から全景で越える

Cut-1 夕焼けの海岸のシーン、崖の上にゴレンジャーが五人、レッドを中心に横一列で並んで立っている。全員正面向きのフルサイズのカット。

Cut-2 五人が並ぶ背後からのカットで、カメラが5人の背後からなめて（＝五人を通しての意味）海岸に沈む大きな夕陽を捉えている。

この場合、Cut-1 で全員並んでいる前向きカメラ位置のカットから、Cut-2 でイマジナリィラインを越えて全員の背中からのカメラ位置に切り替えている。カメラは全員全景からドンデン返しで撮影しているが、違和感なく越えられる。

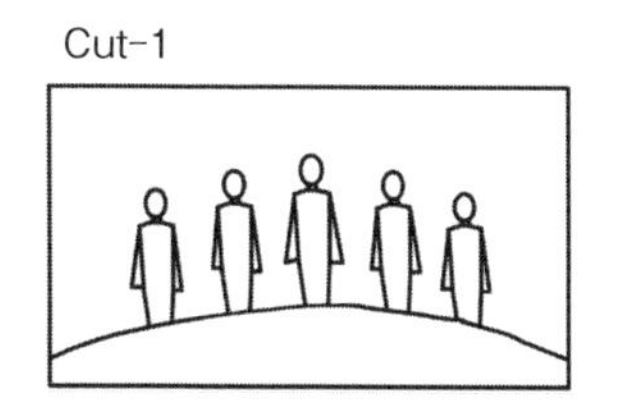

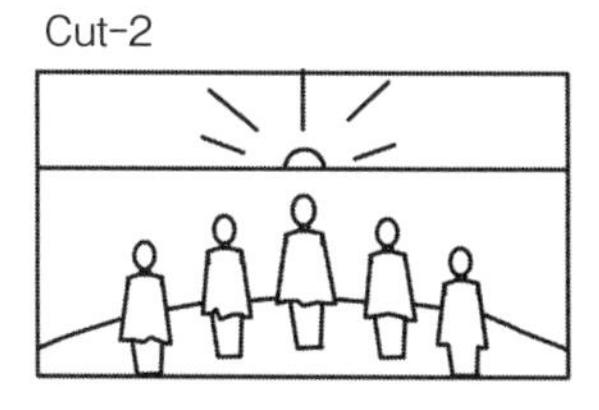

⑧目線をまたぐ

Cut-1 左にゴジラ、右にウルトラマンの全景。2体が向き合って対峙している。

Cut-2 ゴジラ正面右手前向き（バストショット）でウルトラマンをにらんでいる。

Cut-3 ウルトラマン、（バストショット）正面左手前向きで、

右手を立ててスペシューム光線を発射寸前の構えをしている。

そこへ、カメラから見て右手前の方からキングギドラの声「ギャオー！」（off）が聞こえて、ウルトラマンの顔がカメラから見て右手前方向へ振り向く。

Cut-4 ウルトラマンの後頭部をなめて（通して）キングギドラが遠くに立っている。

実は、Cut-4 でカメラは、ゴジラとウルトラマンのイマジナリィラインを越えている。

つまり、ゴジラとウルトラマンを結ぶ目線を越えてカメラはウルトラマンの後頭部なめてキングギドラを捉えたのであるが、この場合ラインを越えても違和感は、感じられない。

カメラ位置全体図

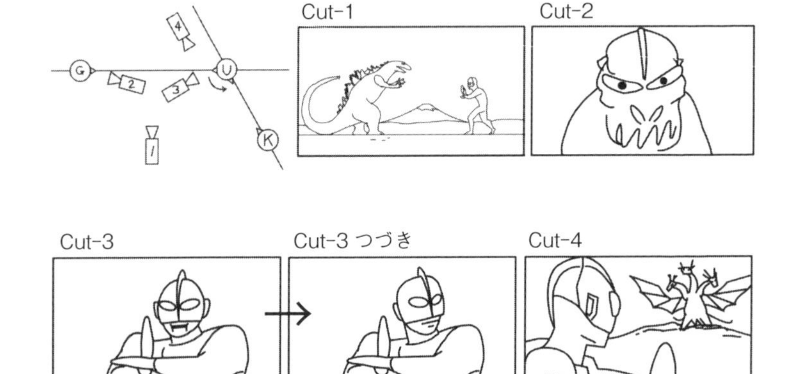

⑨進行方向によるイマジナリィライン

被写体が移動している場合、進行方向の起点と終点を結ぶ線がイマジナリィラインになる。自動車に運転席と助手席の二人の顔を一人ずつ交互にカットバックした場合、走行中の車であるならば、イマジナリィラインを越えても問題にならない。しかし、マスターショットとして考えるならば、方向は統一しなければならない。例えば、敵味方として戦う軍勢の場合、敵方向がカメラに対して右方向、味方方向は左方向というように決めておいた方が混乱は起きない。

以上が、著者が見つけて実際に使ってきた方法である。但し、イマジナリィラインをむやみに越えてはならない。越える時はその理由とキッカケが、観客に納得できるようにしなければならない。

(3) カットつなぎについて

被写体が画面の奥から来てフレームアウトしたら、次のフレームは、フレームアウトした反対側からフレームインすれば空間がつながって見える。

例えば、カメラから見て戦闘機が画面の遠くの右奥から、左手前へフレームアウトして、次にカメラを切換えして、画面の右手前フレームインして遠方の左奥へ飛び去ると、一瞬にして空間がつながっているように見える。

但し、高畑勲監督が『母をたずねて三千里』の時、伺って聞いたことがある。

マルコがバストショットでフレームアウトした次のカットは、カメラを切換えして画面中央のロングサイズからマルコを歩かせてもきれいにつながると。必ずしもフレームアウトしたら、フレームインしなくても、その先に進んだ位置から始めても良い。

4.5　映画的表現

(1) モンタージュ理論

映画は単独では意味を持たないショットも、ある意図の下に、組み合わせ、つなぎ合わせることによって、ショットとショットの間に、新しい概念（意味）が生まれる。

それがモンタージュ理論である。モンタージュ理論の創始者は、ソビエト連邦のレフ･クレショフ（Lev Kuleshov1889-1970）[注15]である。プドフキン（1893-1953）やエイゼンシュテイン（1898-1948）とともに提唱した理論である。

モンタージュ（MONTAGE）とはフランス語で「編集」のことであり、英語のエディティング（EDITING）のことであるが、作者の意図をより明確な意図を持たせて表現する意味を持っている。

クレショフ効果として知られているが、何かをじっと見ている無表情の青年の顔のアップのカットがあったとする。それを使っての実験である。まず、おいしそうなスープのカットを先に見せて。その次にその青年のカットをつなぐと、その青年は空腹でおいしそうに見ていると観客に見える。次に、棺の中に死んだ少女の映像を見せて、次にその青年の顔のカットをつなぐと、青年は哀れみとともに深い悲しみに沈んでいると観客に見える。次に、セミヌードの女性がソファーに横になっている映像を見せて、その青年のカットをつなぐと青年は欲望を持っているように見える。3回ともに同じ青年のカットを使用したが､それぞれ前のカットに影響をうけて､別々の意味になる。カットを組み合わせることによって青年が何を考えているのか意味を持たせることができるのである。

モンタージュ理論の中に、下記のモンタージュなどがある。

「回想のモンタージュ」は、映画では時間を自由に並べることができるので、回想シーンを表現することができる。例えば、物思いにふける青年のカットがあり、次にその青年が女性と手をつないで街を歩くカットをつなぐ。次に物思いにふけている青年のところに別の女性が現れて青年とその彼女が互いににっこり笑ったカットをつないだとする。物思いにふける青年のカットとカットの間に入った彼女と手をつないで歩くカットは思い出のシーンつまり回想のシーンとして観客は認識するだろう。つまり時間が操作できる。

「直列のモンタージュ」は、出来事が起こった順番にカットを並べることである。

「交互のモンタージュ」は、同じ時刻と違う場所の出来事を同時進行で交互に並べていく方法を指し、同時的カットバックとも言われる手法である。例えば、お姫様が火あぶりの刑の執行が進む寸前に、それを助けるべく白馬の王子さまが軍隊を引き連れて馬で駆け付けるとする。お姫さまと白馬の王子さまを交互にカットを並べると、進行が進む緊迫したカットバックの手法である。

(2) アニメの撮影技術

アニメの撮影技術(注16)の用語リストは、注 (17) に掲載した。手描きアニメの演出が使っているほとんどすべての用語である。デジタル化された現代でも使われている撮影技術であるから、参考にしてほしい。

5. まとめ

これまで、アニメ映像表現の演出技術と方法について述べてきた。では、いったい、どの様に映画表現の技術と方法を学んでいけばよいのだろうか。

著者は、池田宏監督(東映動画劇場作品『どうぶつ宝島』『空飛ぶゆうれい船』の監督)より、効果的な演出の勉強方法を学んだ。方法は実写映画作品を一つ選び、それを10回以上繰り返し鑑賞する。その後、絵コンテに起こして作成するという方法である。映画鑑賞を繰り返すことにより、シナリオ構成、俳優の芝居、演技、セリフのみならず、画面レイアウト、カメラに対して役者の配置、移動、カメラの動きやカメラサイズやアングルそして、カットとカットの関係を覚え、音楽の付け方、音の効果的な付け方も含めた映像編集など、その作品の監督・演出方法を理解することができるようになる。大体10回近く見ると、映画の映像の流れを覚えているものである。そして、その監督の映像演出手法が身につく。

著者は、何作品も実践してみた。著者が知る限り、この方法が一番効果的な勉強方法である。

例えば劇場で繰り返し鑑賞した作品にスピルバーグ監督（1946-）の『ジョーズ』（1975）がある。暗闇の海で主人公は海岸を、ライトを照らして中型ボートに乗って散策していた。そこへ、誰もいない中型のボートが漂っているのを見つけた。辺りは巨大なサメがいつ現れてもおかしくない状況である。主人公は潜水服で海に潜り、そのボートの船底を点検に行った。船底に裂け目があり、その穴から突然死人の顔がバッと現れた。その顔は目玉が飛び出していた。主人公は悲鳴をあげて逃げていくというシーンだった。

その場面のその死体が飛び出すカットが来ると何回も繰り返し見ているにもかかわらず、なぜか飛び上がって驚いた。それが、大変不思議なことに､何回見ても､そのカットが来るとやはり飛び上がって驚いてしまう。この時こそ、スピルバーグ監督の演出力に驚かされた。劇場だったので、毎回そのカットで他の観客が飛び上がって驚いたのを目撃した。

実にうまい演出だった。そして、カットの流れの演出だけでなく、音楽や効果音など音響の付け方も覚えていった。もし、アニメ演出を志す人がいるならば、是非この方法を実践してみてはいかがだろうか。

注・引用・参考文献・インタビュー

（1）フランク・トーマス / オーリー・ジョンストン著　翻訳スタジオジブリ

『Disney Animation The Illusion of Life 生命を吹き込む魔法』徳間書店 p.21「基本的には、アニメーターはアニメーション映画の中の俳優である」p.71「マーク・ディヴィスは哲学的なことを言った。『絵を描くことは演技をすることで、絵描きは俳優だ。普通の俳優は肉体の制約を受けるが、絵描きという俳優の演技を制約するのは、能力と経験だけだろう』。」。

(2)『アニメーションの事典』(横田正夫、小出正志、池田宏、編集「アニメーションの事典」朝倉書店、2012.7、p.17)「(前略) 起源の問題にもかかわるが、アニメーションを映画術によってつくられ始めた時点をもってアニメーションが始まった。言い換えれば映画術によって初めてアニメーションが成立したと考える立場と、映画前史のさまざまな試みの中にアニメーション的なものを見出し、アニメーションが映画に先立って存在したと考える立場がある。前者は言わば、アニメーションはアニメーション映画の略であり、映画以前のアニメーションと映画以降のアニメーションでは質的に大きく異なることと、現在のアニメーション映画・映像の直接の起源であることを根拠としている。後者はメディアとしての機能や容量の問題はさておき、絵が動くというアニメーションのもっとも狭い意味で本質をとらえてアニメーションと規定する考えであるといえる」

(3) 勝間田具治監督『狼少年ケン』(1964) でアニメ演出を担当。それ以降現在まで劇場『さらば宇宙戦艦ヤマト 愛の戦士たち』など数多くの劇場監督やテレビ演出を担当。

(4) 勝間田具治監督インタビュー 2017年7月30日。

(5) 平面に描かれた1枚の絵を撮影している時、そのカメラは、その絵の中へ進むことはできない。絵の中の世界へは進んでいくには、更に多くの動画枚数と背景枚数が必要になる。実写映画撮影のように簡単にはいかない。3DCG アニメで制作するなら、その問題はない。

(6) 勝間田具治監督インタビュー 2017年7月30日。

(7) 横田正夫、小池正志、池田宏 編集『アニメーション事典』、朝倉書店、2012年、p.111。

(8) 大地丙太郎著『これが「演出」なのだっ 天才アニメ監督のノウハウ』講談社アフタヌーン新書、2009年8月、p.15。

(9) 吉村公三郎著『映像の演出』岩波新書、1979年9月、p.43

(10) 日本最初の職業的映画監督であり、日本映画の基礎を築いた人物に「日本映画の父」と呼ばれた人物にマキノ省三 (1878-1929) がいる。マキノの映画制作のモットーに「1. スジ、2. ヌケ、3. ドウサ」の三大原則がある。
https://ja.m.wikipedia.org/wiki/ 牧野省三　日本映画の父の項目。

(11) 演技者が生身の人間か、そうでない非人間（アニメキャラ、人形、仮面）による芝居の違いについて、加藤周一著『日本 その心とかたち』（徳間書店、2005 年、pp.322-325）。
「付　対談『日本その心とかたち』をめぐって」のページで加藤周一と高畑勲の対談で取り上げられている。
仮面劇や人形劇（アニメも含む）は役者がやる芝居とどう違うのか。
生身の人間が演じる役者芝居は、「個性劇」であり、人形劇（アニメも含む）、仮面劇は「状況劇」である。人物の個性を中心にしたものが芝居の中心になっているときには役者の演技が効果的で、微妙な心理の動きを表現するためには生身の役者の顔が必要になる。仮面劇や人形劇は個性や微妙な心理が顔ではできない。ところが、仮面をかぶることによって（あるいは、人形に演じさせることによって）、そこに何が強調されるのか？それは「感情」だと思う。例えば、浄瑠璃では特定の状況が非常に強い感動をよびさます。『曽根崎心中』でも愛し合う男女の出口が死ぬしかない。過激で特殊な状況で、そこで人間がどういう感情的な反応をするかということが、仮面をかぶったり、生身の人間を人形に置き換えたりすることで、強調される。なぜ感情や状況を表現するには人形の方がいいのか？
　これは難しい問題だと思いますが、やはり「集中」の問題でしょう。激しい恋愛を成就するためには死ななければならないという、それが「中心的感情」だとすると、素面でやるとそれ以外なものがどうしても入ってくる。否応なしに生身の役者の個性がかかわってきてしまう。人形や仮面の場合、そういうものをあえて切り離すことで、状況や物語が純化され、激しい感情が一本化される。それが、役者が出てきてやるより人形や仮面の方がいいという、最大の理由である。

(12) 相良守次著『図解心理学』光文社、1973 年 5 月、p.103。

(13) 吉村公三郎著『映像の演出』岩波新書、1979 年 9 月、p.4。

(14) 山岸達児著『映像表現　発想と描法』教育出版センター 1991 年 3 月。

(15) レフ・クレショフ著袋一平訳「映画制作法講座 1」早川書房 1955 年 1 月、p.333 レフ・クレショフ著袋一平訳「映画制作法講座下巻」早川書房 1959 年 2 月岡田晋、佐々木基一、佐藤忠男、羽仁進編集執筆「改訂現代映画事典」美術出版社、1975 年。

セルゲイ・M・エイゼンシュテイン著、エイゼンシュテイン全集刊行委員会訳「エイゼンシュテイン全集　第2部映画—芸術と科学第7巻モンタージュ」キネマ旬報社、1981年10月。

(16) 映産労『撮影技術の手引き』編集委員会編『アニメーターのための撮影技術の手引き　アニメれぽーと別冊』映像文化関連産業労働組合（映産労）。

(17) 撮影用語解説。

A. カメラワーク

(1) FIX（フィックス、カメラ固定）

→まず、基本として、すべてはここから始まる。演出としては、一番安定した画面である。セリフのクチパクなど、セルが繰り返し使える工夫をすると動画枚数の節約になる。

(2) TU（ティー・ユーまたは、トラック・アップ、被写体にカメラが寄っていきつつ撮影すること）

→これは、何か物や人物を強調したい時に、ゆっくり被写体にTUする。また、驚いたとき顔の表情に急激に早くTUすることによって驚きが強調される。デジタル化されてから、画面内で部分TUが可能になった。それを「デジタルTU」という。

(3) TB（ティー・ビーまたは、ドラック・バック、被写体からカメラが後退しつつ撮影すること）

→被写体からカメラが後退しつつ去っていくとき、対象物や人物が遠くに離れていく表現の時使われる。また、被写体が急激に飛ばされて倒れるとき、回転TBをすると効果的である。デジタルTUと同様に画面内で部分TBすることを「デジタルTB」という。

(4) Follow（フォロー、等速直線で移動する被写体をカメラが追う）

→鳥や飛行機や飛行するガンダムなどの被写体をカメラ中央に捉えつつ追いかけるように撮影する手法。セルの絵が止まっていても、背景が引っ張られるので、カットは動いて見える。地面背景が動画で奥へ流れる動きを作画して（背景動画）、その地面を走る人や自動車を繰り返し・リピートで動かす。その時、空の背景をゆっくり引っ張る。

○デジタル化⇒奥行き移動のFollowは、3DCGを使用して立体空間の中をカメラが移動できるようになった。

(5) PAN（パン、カメラを右または、左に向きを変えながら撮影）→被写体Aをカメラが捉えカメラを廻しつつ向きを変えて被写体Bを捉える。絵が止まっていてもカメラの向きが変わるので、絵という変化が生まれる。

(6) PAN UP（パン・アップ、カメラを上へ向きを変えながら撮影）
→高層ビルを下から上へ捉える時や、登場人物紹介の時、足元から顔へPAN UPすると効果的だ。

(7) PAN DOWN（カメラを下へ向きを変えながら撮影）
→ PUN UPとは逆に、下方向に観客に目線を誘導したい時などに使う。

(8) スライディング（引き、スライド）（セルや背景をスライド、引っ張りをすること）
→鳥の羽ばたきや人の歩き・走りの動作の繰り返しでリピートする、例えば右から左へ位置移動でセルを引いたり、背景を右へ引っ張ることで長目の時間見せることができる。横位置で自転車や自動車のタイヤを回転する動画を描き車体は止まっているが、 Followしつつ、位置移動でセルを右または左へ引っ張ると効果的だ。

(9) クレーンUP（被写体を乗り越えるように奥の被写体を捉える）
→絵が止まっていても、カメラが移動しているので、動きが感じられる。被写体がものの陰に隠れて見えない時、カメラ移動で見えてくる手法。
（例）塀の穴を覗いているおじさんがいる。そのおじさんの後頭部から塀の向こうが見える位置までカメラが上昇すると女性が服を着替えているのが見える。

(10) クレーンDOWN（クレーンUPの逆）
（例）窓から女性が服を着替えている。カメラがゆっくり降下すると塀の穴から覗いているおじさんの姿が見える。

(11) Follow Pan（移動する方向や速度が変化する被写体をカメラが追う）
Followのセッティングで、スタンダードフレームのセルに描かれているキャラクターの動きに合わせて、背景を引っ張る。（メモリ付き）
→ Follow Panしている間、動画が絶えず動いているので、作画枚数がかかるが、アクションシーンの見せ場によく使われる手法である。
カメラが自由に被写体を追っているように見えるので臨場感がでる。

(12) 付けPAN（ PANする方向が変化する撮影法）
大判セルに描かれたキャラクターの動きに合わせて、カメラのフレームが追いかけて撮影する。（メモリ付き）
→付けPANをしている間、動画が絶えず動いているので、作画枚数がかかるが、Follow Panと同様にアクションシーンの見せ場によく使われる手法である。但し、見た目はFollow Panと同じように見える手法であるが、フリッカー（画面の中でチカチカすること）が起きやすいので、あまり使用しない方が良い。背景とセルが組み合わせの時に、Follow Panが使えないので、付けPANを使用する。

(13) マルチ（多断層撮影、カメラから見て近景セル、中景セル、遠景背景の間に空間距離を置いてピントが合っている部分とボケている部分を作り遠近感を出す手法）

→フレーム内で、奥行き感が広がるが、どこにピント（焦点）を合わせるかが問題になる。

(14) マルチTU（多断層でTU）

→マルチで組んだセッチングで、カメラがTUする。奥行きに自然な立体感が生まれる。

(15) マルチTB（多断層でTB）

→マルチで組んだセッチングで、カメラがTBする。奥行きに自然な立体感が生まれる。

(16) ゴンドラTU（カメラ前にセルを置く棚を固定して付け、カメラとともに手前のセルが、下段の被写体に接近）

→ゴンドラ上段の棚にコクピットの窓と手前にパイロットを置き、下段の線画台に怪獣の動画を置くと、ゴンドラTUでコクピットの窓から迫力のある怪獣を表現できる。

(17) ゴンドラTB（カメラ前にセルを置く棚を固定して付け、カメラとともに手前のセルが、下段の被写体に後退する）

→ゴンドラ上段の棚に左手前方向に上昇する宇宙船の止め絵を置き、下段にBGで大きな地球の絵がある場合、ゴンドラTBすれば、地球を後に去っていく宇宙船になる。

(18) ゴンドラ・マルチ（マルチ撮影をゴンドラ撮影の方法で撮影する）

→マルチと同じ効果がでる。

(19) 密着マルチFollow（マルチ［多断層］のように段を組まず、全セルと背景を重ねて密着させ、被写体の手前と奥のもののずれるスピードを変えることで、遠近感を出す手法で見た目はマルチに見える）

→セルが止まった絵でも、背景がスライドしているので動きを感じる。

(20) 密着マルチPAN（密着マルチFollowと同じ手法で、PANをする）

→左へPANするときに、奥にある被写体よりも、手前にある被写体の方が早く右へ移動させることによって立体的空間を感じさせる手法。

(21) 密着マルチ PAN UP（密着マルチ PAN と同じ手法で、PAN UP つまり、カメラが下から上に向きを変えながら撮影すること）

→原理は、密着マルチ PAN と同じで、手前にある被写体がカメラ上方向の PAN UP と反対方向に引っ張ることで、立体的空間を感じさせる。

(22) 密着マルチ PAN DOWN（密着マルチ PAN と同じ手法で PAN DONW をする）

→原理は、密着マルチ PAN と同じで、手前にある被写体をカメラ向き方向と反対方向に引っ張ることで、立体的空間を感じさせる。

(23) 密着マルチ TU（密着マルチ Follow と同じ手法で、TU をする）

→パースペクティブの原理に則って、奥行きにカメラ移動する時、立体感を出すために、カメラに近いものは、早く移動、遠いものはゆっくり移動するように表現すると立体的空間を感じる。従って、密着マルチ TU は、TU する時カメラフレーム内にある両脇にあるものをゆっくり外側にずらしながら撮影すると立体空間を感じる。

(24) 密着マルチ TB（密着マルチ Follow と同じ手法で、TB をする）

→密着マルチ TU と逆の動きになる。

(25) 画面振動（地震のように画面が揺れる）

→コマ撮り撮影をしながら、数ミリ単位で、上下にランダムに位置を変えながら撮影すると、画面が振動しているように見える。地震だけでなく、ロボットなどが地面に倒れた時に数秒間揺れるだけで重量感のある臨場感がでる。

(26) ローリング（船の上にいるように、ゆっくり上下に移動させる）

→ローリングのタイミングは、船の場合上方向3秒以上、下方向3秒以上にしなければ不自然に見えるので注意が必要。

(27) 回転（台またはセルを回転）

→目のＵＰをぐるぐる回転させたりする。場合によっては、ミサイルやクレーンや桟橋の橋を上にゆっくり向きを変える回転の動きに使ったりしていた。

(28) 置き換え（1カットの中で、セルや背景を置き換える）

→例えば、雷の強烈な光の照り返しがあった場合、ハイライトのキャラクターの色や背景がパカっと置き換えたりする。

B. オプチカル処理(エフェクト)関係

⑴ F・I(フェード・イン Fade in、画面全体に真っ暗から徐々に画面が現れる)

⑵ F・O(フェード・アウト Fade out、画面全体が徐々に真っ暗になっていく)

⑶ カット内F・I(1カット内で画面の一部がF・Iをすることをいう)

⑷ カット内F・O(1カット内で画面の一部がF・Oをすることをいう)

⑸ O・L(オーバーラップ Over Lap. 前のカットの画面が徐々に消えていき次のカットの画面が徐々に現れる。前のカット尻と次のカット頭を二重露光させて、中間は両方の画面がダブった状態になる。正式には、ディゾルブ Dissolve という)

⑹ カット内O・L(1カット内で画面の一部がO・Lすることをいう。例えば人の顔色が変わったりする時)

⑺ ダブラシ(double exposure. 二重撮影で、1回目に背景と人物、2回目に人物なしで背景のみ撮影すると、人物は半透明になる。但し、二回の撮影の露出が足して100%になることが条件)

⑻ 半露出(著者がいた撮影部では、影ダブラシといっていた。影など暗さを絵の一部に出したい時、黒ベタ(黒塗り)のマスクをダブラシで撮影すると、黒ベタの部分のみ撮影されない(露光しない)ので、半露出になり、影のようになる。背景やセルなど複雑な色の絵の部分に影の動きを付けたい時便利である。

⑼スーパー(super、まずノーマル撮影をする。次にフィルムを巻き戻して、真っ黒い背景に白など明るい文字や煙などを重ねて撮影する方法。但し、スーパーで撮影される部分がノーマル撮影で暗い絵の部分であることが条件。カラーライトスーパー、タイトルスーパーなどがある)

⑽ 透過光[十字(クロス)透過光回転、輪郭フレアー、波ガラス透過光、銀紙透過光](太陽の光、炎、光線、水面のきらきらなどリアルな光を表現できる。まず、絵をノーマル撮影して、次にフィルムを巻き戻して、マスクを通して、部分的に直接光を撮影する。十字(クロス)透過光回転、輪郭フレアー、波ガラス透過光、銀紙透過光などがある)

⑾ 入射光(画面外から、光か差し込んで画面フレアー、ゴースト効果を起こす表現)

⑿ 波ガラス(波ガラスをレンズ前に置いて、駒撮りしながら少しずつ波ガラスを画面上方向へ押していくと、画面全体に水中シーンのようにゆらゆらする)

(13) ストロボ［多重ストロボ］(stroboscopic effect、動画の動きをこまかいO・L またはスーパーで幾重にも繰り返し残像が続くように見せる手法。多重ストロボなどがある。ゴルフのスウィングの多重ストロボはすべての動きが残像のように重なって見える)

(14) デフュージョンフィルター（ソフトフォーカスフィルターの一種である。レンズ前に置いて、画面全体にかける。紗がかかった感じになる。透過光にも使っている)

(15) フォグフィルター（レンズ前に置くと画面全体に霧がかかった感じに見える）

(16) ワイプ（wipe. シーンの転換に使う。画面全体を自動車のワイパーのように次の画面に切り替える)

(17) パラ（色パラフィンである。レンズ前に置いて、画面全体に色をかけたり、画面の一部にかけたりする。透過光に色を着ける時にも使用する)

(18) 消しこみ（地図にラインが伸びていくシーンやキャラクターの一筆描きの線の動きに使用されている。逆転撮影しながら、セルに描いた線を消していく手法。完成映像は、線が伸びていくように見える)

(19) ハーモニー処理（ストップモーションとして使われる。キャラクターのセル画の色をセルカラーではなく、動画のトレス線を基に美術背景のポスターカラーで、背景に馴染むように背景スタッフが描く手法)

(20) ドンデン（タイトル文字など、画面の奥から起き上がるように見せる撮影方法または、先行するカットの画面で被写体を捉えた時、次の後続するカットの画面では、その被写体の向こう側からの180度画面が裏返しになる、画面転換する方法を指す)

第3章　アニメソング論——アニメと歌の関係

石田美紀

1．はじめに

アニメはいつも歌とともにある。テレビアニメであれば、本編が始まる前にはオープニング（以下OPと表記する）曲が、そして本編が終わったあとにはエンディング（以下EDと表記する）曲が流れる。そこでは多種多様な視覚的演出が施され、キャラクターたちの生きる世界が90秒のうちに凝縮される。だからわたしたちはOPとともに物語の幕開けに心躍らせ、EDとともに物語の余韻に浸る。劇場作はテレビアニメほど厳密な形式をもっていないとはいえ、主題歌は必ずつきものであるし、挿入歌を複数もつ作品も多い。こうした事情に鑑みるなら、視聴者はアニメとともに歌を楽しんでいるともいえるだろう。

わたしたちは、アニメのために制作される歌を、アニメとは関係をもたない歌と区別して「アニメソング（以下、アニソン）」と呼んでいるのだが、音楽業界にとっていまやアニソンは無視できない存在になっている。2015年に放送されたテレビアニメは341タイトル（うち新作は233タイトル、継続は108タイトル）であり、公開された劇場作は77タイトルである［日本動画協会、26、31］。テレビアニメ1タイトルにつきOP曲とED曲があると考えれば、それだけで682曲のアニソンが存在することになる。くわえて、テレビアニメの場合、1クール毎にOPが、半クール毎にEDが変わることが多いため、アニソンの数はそれ以上になることが簡単に予想される。事実、日本レコード協会が発表した2015年の新譜数統計によれば、「アニメーション」と分類された新譜は1022タイトルであり、演歌の1209タイトルに迫ろうとしている。

アニメ制作本数の増加に伴うアニソンの隆盛について、まず確認しておきたいことは、アニメに歌が伴うことで、レコード会社とアニメ制作会社の双方に益を生み出しているということである。レコード会社はアニメに主題歌を提供することで、アーティストの宣伝の場を確保できる。CDの売り上げが急減し、配信も期待されていたほどの利益を上げていない現在、毎週1回放送されるアニメはまたとない宣伝の機会である［落合、124］。そしてアニメ制作会社にとっても歌は強力な宣伝道具である。主題歌がラジオやテレビ等でかけられれば、作品自体の宣伝にもなるからだ。さらに、製作委員会方式がアニメ制作の基本形態となった90年代後半以降、歌はレコード会社からの出資を確保する手段にもなっている。

とはいえ、アニメと歌が培ってきた関係は、上述したビジネス上の説明だけで尽くされるものではない。というのも、そうしたことはアニメ産業の登場以前から存在する実写映画にもあてはまるからである(注1)。それゆえ本章では、改めてアニメの表現に着目して歌との関係を考えたい。まずアニメの様式を確認しながら、アニメの視覚的表現がどのように音響を利用してきたのかを論じ、OP演出との関連を考察する。次に、OPやEDの制作工程をも踏まえながら、それぞれが果たす役割を明らかにする。そして最後に、わたしたち視聴者がアニソンとどのような関係を培ってきたのかを考えよう。本章は以上の考察を通して、アニメ本編に付随することが自明となっているがゆえに「おまけ」と考えられがちな歌とアニメの関係を改めて理解することを目指す。

2. アニメという様式

アニソンとアニメの関係を考察するまえに、まずは「アニメ」の表現特性を確認したい。というのも、アニソンとは他でもなくアニメのために作られる歌であるからだ。

1960年代以降の日本においてテレビをプラットフォームとして発達してきたアニメは、アニメーションと称される動画術の一角を占めるサブジャンルである。その主たる特徴としてまず挙げるべきは、それがディズニーに代表される「フル・アニメーション」(とはいっても、1秒24コマのすべてに異なる絵を描くことはまれであり、ディズニーですら実際のところ、1秒18コマが平均とされる)[ラマール、97]ではなく、同じ絵を3コマ連続させる3コマ打ち(動画枚数は8枚)を積極的に採用し、さらにはキャラクターの身体の一部分だけを動かすことや動作を反復させたりすることで、「フル・アニメーション」とは異なる運動を生み出す「リミテッド・アニメーション[注2]」であることだ。そのためアニメは「限界をもつ」アニメーションという否定的な意味をも帯びざるを得ないのだが、1963年に放送が開始された『鉄腕アトム』(虫プロ)が「リミテッド・アニメーション」を徹底して制作費と制作期間の削減を行い、週1回の新作放送を可能にしたことは、アニメ産業の成立と不可分であった。そればかりか、「リミテッド・アニメーション」から「アニメ」という様式が生み出され、成熟してきたことを見過ごしてはならない。

運動を制限することは運動を選ぶことでもある。顔暁暉(がんしょうふい)は『鉄腕アトム』の演出を分析し、この作品がアニメの成立において果たした貢献を明らかにした上で、セレクティブ(選択的)という語を用いてアニメの特徴を再定義している[顔、269–276]。実際、アニメにおける運動がダイナミックな印象を視聴者に与えるのは、最小限に留められつつも慎重に選択された運動が、動かない絵との関係を有機的に構築しているからだ。たとえば『鉄腕アトム』の動画からアニメ制作現場に入った出﨑統(でざきおさむ)は、「止め絵」と呼ばれる静止画によって語りを牽引する様式を確立させた。ここで出﨑がチーフ・ディレクターを務めた『あしたのジョー』(虫プロ、1970–71)を分析し、「リミテッド・アニメーション」の特性が表現様式として昇華されている様を確認しよう。

ボクサーの矢吹丈を主人公とする『あしたのジョー』において見せ場となるのは、もちろんボクシングの試合である。とはいえ、試合において常に動き続けるボクサーを写実的に描くことは、リミテッド・アニメーションには難しい。そのため『あしたのジョー』では最小限の運動と「止め絵」を効果的に使用することで語りに緊張感を与えている。それだけでも、「セレクティブ・アニメーション」と呼ぶにふさわしいのだが、本章では音響上の演出に注目する。以下、第14話「KOゴングはまだか！」における運動と静止、そして音響の連動を記述しよう。

主題歌の旋律が口笛で静かに奏でられるなか、ライバル力石徹がロープを背に立つ丈に向って走り出す。まずは動き出す力石の膝下のカットが呈示され、次に走る彼の顔を斜めから捉えたバストアップのカットが続く。力石は「お嬢さん、時が来たようだ。この惨劇のかたをつける時が」とつぶやく。その後、画面奥にいる丈に向かって突進する力石の頭を背後から捉えたカットとなる。そこでは、画面手前の力石の髪だけが動いているのだが、画面奥に立つ丈の姿が徐々に大きくなることで、力石が丈に急接近することが表現されている。つづく拳を構えて走る力石を仰角で捉えたカットにおいても、彼の体で動いているのは髪だけなのだが、小刻みに横に揺れるカメラの振動と「タタタッ」という足音によって、それが全身の運動であることが伝えられる。ここまで音響は絵の動きの乏しさをさりげなく補っているのだが、以降は演出の要となる。次のカットで丈は「ドシュン」という音とともに、ロープから身を起こす。そのおかげで、緩慢な動きは反撃に立ちあがる主人公の動きとなる。すると先ほどまで聞こえていた口笛が止んで無音となり、向き合う力石と丈のクロースアップが挿入される。次にふたりの拳がアップとなり、「ドゥシュウーン」という音とともに、互いの拳が相手に向けて放たれる様が呈示される。驚きの声を上げる見物人のカットが複数畳み込まれたのちに、丈の拳が力石を、力石の拳がジョーを捉える様が呈示される。その瞬間、画面はコントラストの強いモノクロの静止画にかわり、「ズドゥキューーーン」と派手な音が響きわたる。

このように絵自体の運動は最小限に抑えられているものの、静寂から大音量の効果音までが駆使されることで劇的瞬間が作られている。それは、津堅信之が指摘する「タッチを効かせた止め絵とそれに重なる効果音とで、つまりほとんど絵を動かさないでアニメを作ってしまう、「止め絵の美学」」［津堅、148］が実践されている瞬間なのだが、ここで今一度確認したいのは、費用と時間の制限が課されたアニメは、音響が映像を牽引する語りとしても成立していることなのである。

2.1　歌との連携

アニメの要諦は音響と映像の緊密な連携にある。だとすれば、歌を伴うOPやEDにおいては両者がより密接に協働することは予想されるのであるが、実際はどのようなものだろうか。ここでは、80年代後半の人気作『聖闘士星矢（セイントセイヤ）』（東映動画、1986−89）のOPについて、冒頭から約20秒を例にとって確認したい。曲は『ペガサス幻想』（作詞：竜真知子、作曲：松澤浩明、山田信夫　歌：MAKE-UP）である。

ギターがドラマティックな旋律を奏でると、星矢ら聖闘士たちが画面手前に向かって駆けてくる。「セイントセイヤ！」というシャウトに合わせて、タイトルが登場した後、ハードロックに典型的な8ビートにのって歌が始まる。歌い出しは「抱きしめた」である。画面ではペガサスの聖衣（以下、クロス）が回転しながら部分に分かれる様が呈示される。その際に「シャキン、シャキン」という効果音が入る。そして星矢の目が大写しになり、「心の小宇宙（コスモ）」と歌われている間に、カメラは下降し彼の下半身がクロスをまとう様を見せる。ここでも歌詞の終わりから効果音が入り、クロスが彼の脚に装着される様と同調する。その後カメラはすぐさま上昇し、今度は上半身から頭部にクロスが装着される様子をやはり効果音とともに呈示し、次の歌詞「熱く燃やせ　奇跡を起こせ」とつないでいく。このように効果音は歌詞の間を巧みに埋めて、滑らかな流れを作り上げている。

「熱く燃やせ」の歌い終わりでは、全身をクロスで固めた星矢が、腕を素早く動かして構えを決める。そのとき背景は漆黒の宇宙へと変わってペガサス座が輝く。画面が一瞬停止したあと、「奇跡を」で星矢は拳を前に突き出し、「起こせ」で再度突き出す。運動は制限されてはいるものの、画面いっぱいに放射線状に広がる青い光がエフェクトとして付け加えられているため、非常に印象的なアクションとなっている。そして「奇跡を起こせ」の「せ！」がシャウトされた直後に、「ズキューン！！！」と派手な音を立てて拳が画面左から入ると、カットがかわり、次のフレーズ「傷ついたままじゃいないと」を導き入れる。

このように、映像とそれに付随する効果音は、フレーズの切り替わりと歌唱のアーティキュレーションに同調するだけでなく、歌詞と歌詞の間も埋めている。映像と音響は阿吽の呼吸で見事に一致しているのだが、そこで見落としてならないのは、運動と静止、そして効果音の使用といったアニメの技法が駆使されていることである。それは海外において制作されたOPと比較すればより明らかになる。『聖闘士星矢』は、1990年にイタリアのOdeon TVにおいて“I Cavalieri dello Zodiaco（黄道12宮の騎士たち）”として放映された。その際、主題歌が新たに作曲され、オープニングも制作された。イタリア版主題歌“I Cavalieri dello Zodiaco”〈作詞・作曲：マッシモ・ドラーティ（Massimo Dorati）、歌：グルッポ「オデオン・ボーイズ」gruppo “Odeon Boys”〉は映画『サタデー・ナイト・フィーバー』（1977）の楽曲『ステイン・アライヴ』を髣髴とさせるディスコ調の曲であり[(注3)]、それに合わせて日本版OPや本編からの映像が編集されているのだが、上述した動と静の緊張関係や映像と音響の緊密な協働はなく、日本版とはまったくの別ものとなっている。

3．映像と楽曲の時間を一致させること

ではいかにして映像と音響の一体化は実現されているのだろうか。最初に指摘するべきことは、OPとEDでは本編とは異なり、映像に先駆けて楽曲が存在していることである。本編の制作において演出家は脚本に基づいて絵コンテを作成し、カットの長さ、カットの切り替わりのタイミングを決定する。またアニメ制作現場に「アフレコ」という用語が定着しているとおり、音楽と効果音、そして声優が演じるキャラクターの声も含めた音響は、後から映像につけられることが常である。しかし、楽曲が起点となるOPとEDに関しては、クラシック音楽に基づいてアニメーションを制作したディズニーの『シリー・シンフォニー』シリーズ（1929−1939）や『ファンタジア』（1940）と同じく、「プレスコ」となっている［トーマス、ジョンストン、297］。

音楽もアニメも時間を編成しなおす芸術である。音楽は旋律とリズムによって聴取者に物理的時間とは異なる時間を経験させる。一方、アニメは運動、そして編集をはじめとする各種映像処理によって視聴者に物語の時間を経験させる。各々の原理に基づいて時間を処理してきた双方の表現を連動させることは容易でなく、独自の作業工程が必要となる。

3.1　音楽に合わせて絵コンテを描く

1970年代末から90年代にかけて数多くのアニメにおいて監督・演出・撮影を手がけ、『夢戦士ウイングマン』（東映動画、1984−85）の本編とそのOP・EDの演出、および絵コンテを担当した渡部英雄は、楽曲を何度も繰り返し聞いてイメージを練り、音楽に合わせて絵コンテを描いていった。絵と音楽がぴったり合っている方が視聴者にとって心地よいため、可能なかぎりテンポやリズムに合った

画面の効果と動き、そして芝居とアクションをイメージするよう心掛けたという。また、OP でカット数が多くなるのは、楽曲のリズムに合わせやすくするためである。最後は、シンクロナイザーにシネテープの音と映像のラッシュを並べてビュウアーで映像を見ながら編集を行い、正確に音を合わせ、完成させていった（注4）。

『夢戦士ウイングマン』の OP は、メインキャラクターの 3 人がひとりずつ、リズムに合わせてドリムノート（物語のキーアイテムであり、主人公はそこにウイングマンを描いたためにヒーローに変身することになる）のページから抜け出てくるところから始まる。その後、学生服姿の主人公が仮面のヒーローに変身しバイクに乗って疾走しはじめると、バイクも空間も滑らかに変容していく。主題歌『異次元ストーリー』（作詞：竜真知子、作曲：林哲司、歌：ポプラ）のリズムはこのめくるめく変容を巧みに導き、少々色っぽい非日常の幕開けを見事に告げている。

このように、OP において目指される楽曲と絵のシンクロは、演出家が楽曲を咀嚼することから出発し、その身体が感じ取ったテンポとリズムをもとに動きや芝居を構築することで実現されている。

3.2　スポッティング作業

『放課後のプレアデス』（GAINAX、2015）等を担当したプロデューサーの斎藤友子は、映像を音楽に一致させるために必要な作業として「スポッティング」を挙げている（注5）。それは、動きを作る際に契機となる音が何秒何コマから何秒何コマまで鳴っているのかを割り出す作業であり、編集が担当することが多い。どの音をどの単位でスポッティングするのかについては、演出家が楽曲から膨らませた演出プラン次第である。たとえば、『放課後のプレアデス』OP の絵コンテの音声欄には、歌詞だけでなく、「ジャジャジャン」、「チャッチャラ」等のギターのリフも記載されており、動きを作るために必要な音としてスポッティングされていることがわかる（注6）。とはいえ、楽曲のなかでもっとも重要な音は歌声、つまりは歌詞である。というのも、歌詞は作品の世界観を伝える手段であるために、映像の演出には視聴者に歌詞を確実に理解させることが求められる。

現在のスポッティングは、楽曲のデータを編集ソフトに入れて生成されるタイムコードに基づいて行われていることが常である。だとしても、歌詞を構成する単語やフレーズが何秒何コマから始まり何秒何コマで終わるのかを、90秒間通して確認し記録していくことは容易ではない。だが、この根気のいる作業を経て、タイムシート（時間軸に従ってアクションやセリフ、カメラワーク、画面構成、セルの組み合わせ等が記された指示伝票）のセリフ欄にスポッティングに対応する歌詞が記入でき、楽曲をアニメの時間処理のフォーマットに落とし込むことが可能となる。絵コンテはタイムシートをもとに制作され、たとえば「3 + 12K」（最初の数字は秒数を、Kはコマを示す）とスポッティングから得られた秒とコマ数が記載される。絵コンテの作成は、スポッティングと全体のタイムコードとを合致させながら、動きを完成させていく作業となる。ただし、スポッティングどおりに映像と音を合わせたとしても、どこか遅れていると感じられたり、期待した効果を発揮しないときもあり、その際には気持ちのよい映像のリズムを探りながら、編集での微調整が繰り返されていく。

3.3　作品主題の表現

スポッティング作業を経て完成した『放課後のプレアデス』OPは、どのように仕上がっているのだろうか。軽快で可愛らしいギターポップであるOP曲『Stella-rium』（作詞：くまのきよみ、作曲：samfree、歌：鹿乃）とともに、少女たちが生き生きとした表情を見せるこのオープニングにおいて、映像は歌詞と連動し、繊細ではあるものの、作品の主題を着実に表現していることに注目したい。

物語は、星を愛する内気な少女が、異星人の宇宙船のエンジンのかけらを仲間たちと集めるうちに自らの殻を破っていく様を語る。では主人公はなにを経験して、どのように成長していくのか。OPはこれから始まる物語の行く末を暗示する。なかでも「知らない　知りたい　感じたい」と歌われる中盤は重要である。漆黒の空間にいる主人公は、不安な表情を浮かべながら、見えない壁にぶつかる。一瞬、彼女は顔をわたしたちのほうに向ける。髪の動きまでをも含む一連の動作はすべて「しっらーない」という歌詞の抑揚に一致している。

再度彼女が、壁に向き合うときに「しっりーたい」と歌われるのだが、アクセントがおかれる「た」で壁は回転し、青空に続く出口へと変わる。そのとき仲間の少女たちも青空へと足を踏み出そうとしている。次の「かんじたい」で「い」にアクセントがおかれて歌いのばされるとき、少女たちが光を放ちながら、画面手前に向かって飛び出してくる。そして、続く「なんにも　ないなら　なんにでも　なれるはず」のアーティキュレーションに忠実に、笑顔の少女たちが様々なポーズを取っていく。その間に彼女たちの制服は魔法使いの衣裳へと変化する。このように映像は歌声のアーティキュレーションをも活かしながら、歌詞内容を視覚的に膨らませ、少女が葛藤から解放されていく過程を描き、「未来の可能性の肯定」という主題の輪郭を浮かび上がらせている。

OPとED制作について、渡部が「本編一本分の労力がかかる」［渡部］と述べ、斎藤が「作画監督クラスのスタッフを中心に制作する」［斎藤］と述べるように、本編以上に質の高い作業が要求されている。ではOPとED、両者はそれぞれいかなる役割を担っているのだろうか。

4. 作品の顔—OPの役割

結論を先に述べれば、OPは視聴者に覚えてもらうべき作品の顔である。そのためOPでは耳に残るフレーズを反復する楽曲が多い。

先に記述した『ペガサス幻想』では「聖闘士星矢！」とタイトルの名が連呼される。また『異次元ストーリー』においても一度聴いたら忘れられないフレーズが反復され、映像がリフレインされる歌詞を視覚的に印象づけていく。

OPが果たす作品の顔としての役割は、劇場作よりもテレビアニメのほうが、原作つきの作品よりもオリジナル作品のほうが大きくなる。というのも、テレビ番組の視聴環境は、チケットを購入して劇場に入ればスクリーンを見るしかない映画館とは異なるからである。視聴者の周囲には生活音が溢れており、視聴無料という気安さが、興味が削がれればすぐチャンネルを変えてしまう視聴者の気まぐれに拍車をかける。またすでに概要が広く知られている原作つきの作品とは異なり、オリジナル作品の場合は作品の存在そのものを視聴者に知ってもらうところから始めなければならない。そのため、『放課後のプレアデス』のOPがそうであるように、これから始まる物語においてキャラクターたちがなにを経験していくのかを暗示しながら、作品の主題をも呈示しなければならないのである。

5. キャラクターの拡張―EDの役割

本編のあとに続くEDの役割はどのようなものだろうか。まず確認したいのは、EDにはOPとは対照的な印象を与える曲が選ばれることである。『聖闘士星矢』のEDはハードロック調のOPとはうってかわってバラードである。また『夢戦士ウイングマン』のOPが夜の雰囲気を醸し出すのに対し、EDでは主人公の少年の素直な気持ちが歌われる。『放課後のプレアデス』のEDもまた主演声優たちが歌うバラードとなっている。このように、EDではOPよりも落ち着いた曲が選ばれることが多い(注7)。というのも、EDはスタッフ・クレジットを見せるための場所であるからである。そのため、画面がうるさくならないようにカット数も少なくなり、キャラクターをリピートで歩かせたり走らせたりといった、ゆったりしたカットが多くなる［渡部］。とりわけ2010年代は、一枚絵を楽曲に合わせてゆっくりと切り替えていくスライドショー的な演出も目立つ。結果、華々しく幕開けを告げるOPとは異なり、視聴者を余韻に浸らせる効果を発揮することになるのだが、余韻の中身はどのようなものなのだろうか。ここで注目したいのは、80年代から現在までのED演出に一貫してみられる、ある傾向である。

キャラクターとは物語のために造形される登場人物であるため、定義上は物語の外に存在しえない。しかし、EDの演出はキャラクターに物語の枠を越えさせ、現実に生きる視聴者にも似た厚みと奥行を与えようとするものが多い。たとえば、80年代を代表する『超時空要塞マクロス』（1982 － 83）のEDは、写真アルバムが誰かの手によって捲られていく様を撮影した実写映像である。それだけでも十分興味深いのであるが、問題はこのアルバムに貼られているのが本物の写真ではなく、写真に撮影されたという設定で描かれたリン・ミンメイのイラスト、つまりスナップショットを模した彼女のイラストであることだ。

それらの「写真」は日常の1コマを切り取ったものもあれば、ステージで歌う、いかにもアイドルらしいものもある。また最後に登場する「写真」は、彼女が本編中（第6話「ダイダロス・アタック」）に主人公の一条輝（いちじょうひかる）と撮ったツーショットである。この演出は、わたしたちが日ごろ感じている写真と現実との親和性の高さをさりげなく使って、虚構世界のアイドルに物語外の現実にも広がる存在感を与えようとしている。

『超時空要塞マクロス』ほど、野心的ではないものの、『聖闘士星矢』のEDが一堂に会してくつろぐ聖闘士たちの姿を描くのも、また『夢戦士ウイングマン』のEDが走る主人公の背後で彼の住む町の季節の移り変わりを見せるのも同様である。というのも、これらのEDにおいては、本編で描かれているだけがキャラクターのすべてではないということ、すなわち彼らも視聴者と同様に春夏秋冬が巡る時のなかで生きていることが表されているからである。キャラクターを本編の外へと拡張するEDの傾向のうちには、物語世界と現実世界との同時代性を強調することも含まれる。

たとえば、『ユーリ！！！ on ICE』（2016）のEDでは、キャラクターたちがSNSにアップしたとされる自撮りや仲間の姿――それらは本編に登場しないためにキャラクターのオフショットといっても過言ではない――を、スマートフォンのインターフェイスを模した画面に呈示することで、キャラクターたちも視聴者と同じメディア環境を楽しんでいることを巧みに示している。こうしてEDは、終了したばかりの本編のキャラクターたちに虚構を超えた実在感を与え、次回放送まで彼らの生を持続させているのである。そしてもちろん、EDが施すキャラクターの拡張はキャラクター・ビジネスの核となり、ファンによる二次創作の基盤となるものだ。

6．アニソンの「熱さ」と日本語

ここまでOPとEDにおいて歌と映像がどのように一体化しているのか、そしてそれはどのような役割を担っているのかを述べてきたのだが、これより議論の重心を制作者から視聴者へと移し、わたしたちがアニソンと取り結ぶ関係について考察しよう。その際に注目したいのは、アニソンを評する際に「熱い」という形容詞が好んで用いられることである。

冒頭で分析した『聖闘士星矢』のOP曲『ペガサス幻想』も「熱い」アニソンとして知られる1曲であるのだが、興味深いことに、名曲として支持され、また作品自体もヒットしたアニソンには「熱い」と形容されるものが多い。たとえば、2010年代を代表するメガヒット作『進撃の巨人』（ウイットスタジオ、2013－）のOP曲『紅蓮の弓矢』（作詞・作曲・編曲：Revo、歌唱：Linked Horizon）も、「熱い」アニソンとして高く評されている。このように「熱さ」が評価軸のひとつとして前景化することが、アニソンの受容と、アニメとは関係をもたない「Jポップ」の受容との違いとして指摘できるだろう。

では、わたしたちがアニソンについて口にする「熱さ」の意味するところはなんだろうか。すでに論じてきたとおり、OPとEDにおいて映像と歌詞は一体となっているため、アニソンの「熱さ」が楽曲のみから生じているものではないことは推測されうる。ここでは「視聴者が歌う」という観点から、再度映像と歌詞の一体化を考えたいのだが、その際にアニソンの歌詞のほとんどが日本語で書かれていることは軽視できない。もちろん、国内市場において成長してきたアニメのための歌が日本語で歌われてきたことは、いまさら問うまでもないことだと思われるかもしれない。しかしながら、アニメが一体化を目指してきたのが日本語詞であることは、日本語の言語的特性を活かした映像表現も培われてきたことを意味している。実際その事実こそが、アニソンの「熱さ」の内実を探る重要な手がかりになるのである。

6.1　気持ちよく見えることと、気持ちよく歌えること

日本語の発音は一字が一拍に対応する［金田一、48］。その特性を踏まえて歌詞を音楽にのせなければ、歌詞は聞きづらくなり、意味も伝わらない。すでに述べてきたとおり、OPは視聴者に覚えてもらいたい作品の顔であるため、その歌詞が聞き取れないとなれば、作品に傷を与えかねない(注8)。それゆえ、OPに採用される歌は言語として明瞭に響くものが多い。たとえば、『キルラキル』(TRIGGER、2014) 第1期のOP曲である『シリウス』(作詞：meg rock、作曲：Ryosuke Shigenaga、歌：藍井エイル) もそのひとつである。ここでは同曲のサビを例にとり、日本語の特性から映像演出を考えてみたい。

具体的には「はみ出してしまった　熱い想いが　夜空で　輝き出す」という歌われる箇所であり、映像では画面手前に背を向けて立つ主人公に向かって、他のキャラクターが次々と挑みかかる箇所で

ある。とくにその後半、歌詞でいうと「夜空で　輝き出す」の部分は、日本語の発音特性が活かされている。以下、歌詞の抑揚とアーティキュレーションに着目して記述しよう。なお、文字の大きさはアクセントの強さを、音引きの数は長さを表す。

よーぞーらーでーーーかがーやきだすーーー

ここでは日本語の発音特性である一字一拍が強調され、歌詞が極めて明瞭に聞こえるのだが、「よーぞーらーでーーー」と歌い伸ばされるときに音程も着実に上がっていく。日本語のアクセントは高低によってつけられる。それゆえ、このフレーズは日本語としての自然なアクセントをもち［金田一、70 − 76］、無理なく印象的な盛り上がりを作り上げているのである。この間、画面では地面を突き破って出現した大男が仁王立ちになる様が極端な仰角で呈示される。それは無音で視聴すると、疾走感に満ちたこのオープニングではやや間延びしているようにもみえる。しかし、伸びやかな歌声を伴うことでダイナミックな運動として呈示される。そして直後のやや音が詰まる「かがーやき」では大男の背後から現れてきた別の男がすばやく剣を構えて斬りつけながら、こちらに視線を送る様が大写しになる。そして最後の「だすーーー」の「だ」で少女が男の背後から画面手前に向かって軽々と跳躍し、挑発的な表情を浮かべながら手から光を放ち、「すーーー」と延ばされているうちに、画面奥へと後退し消える。ここでは頂点に達した「だ」のインパクトからの解放感が、高速で消えるキャラクターの動きとも連動している。

「夜空で　輝き出す」の箇所はわずか3秒だが、明瞭かつ伸びやかな歌唱と、タメと素早い運動のメリハリが効いたアクションがシンクロすることで、非常に気持ちのよい場面となっている。同曲を歌う藍井エイルのPVにもOPと同じ90秒バージョンが存在するが、そこでは歌う彼女の顔を見せることが重視されており、OPの疾走感は感じられない。OPとアーティストのPVが示す差異は、OPにおける視覚的な演出が日本語の発音特性を活かした詞と旋律を強調し、歌を加速させていることを示している。

さて、ここでひとつ考えてみたい。視聴者がこのOPから感じた爽快感をふたたび味わいたいと望むとき、どうすればよいだろうか。わたしたちはBDや配信でOPを見るだろうし、歌をスマートフォン等で聞くだろう。しかしデータや再生機器がなくても可能な方法がある。それは自分で歌うことである。アニメのOPやEDで知った歌をわたしたちが口ずさむとき、自ずと映像が脳裏に甦る。これはけっして不思議なことではない。というのも、アニソンは日本語詞が明瞭に響くように設計されているため、日本語話者にとっては覚えやすく、上手下手は別として歌いやすい。くわえて本章で論じてきたとおり、アニメが培ってきた様々な技法が駆使されることで、その歌は活性化しているのだ。そうしたアニソンというジャンルにおいても、歌うことでOPやEDで得た快感をひときわ強く喚起できる楽曲が「熱い」と形容されるのである。

6.2　作品への参加手段としてのアニソン

視聴者がアニソンから感じ取る「熱さ」は、作品世界に参画したいという欲望と不可分である。作品の受け手が小説やマンガで二次創作を行ったり、本編を編集して自分好みの動画を作成したりすることで、作品世界に関わることはよく知られているが、そうしたファン活動のうちに、アニソンを歌いながら作品に思いを馳せることも含まれる。

現在、アニソンを歌うことは、新しい情報通信技術の登場とアニメ関連市場の拡大によって、かつてない広がりを見せている。2000年代に登場した「歌ってみた」と名づけられた動画のように自分がアニソンを歌う様を動画共有サイトに投稿する者もいれば、紅白歌合戦でアニソンを歌うアーティストが主人公の名を叫ぶ瞬間に自分もその名をツイートする者もいる。[注9]またライブ会場でサイリウムを振りながら他のファンとともに口ずさむ者もいるだろう。このように多種多様なアニソンとの関わり方があるのだが、その根幹には、アニソンを歌うことで作品世界とそこに息づくキャラクターを呼び出したい、という欲望が存在している。そうした欲望にもアニソンは応え、視聴者と作品とをとりもつのである。

7. アニソンが作り上げるファンの共同体――『宇宙戦艦ヤマト』の事例

たしかに歌はアニメ登場以前から人間が楽しんできたものであるし、また映画やテレビドラマなど物語を語る他ジャンルにも主題歌等が存在する。とはいえ、他ならぬアニメにおいて歌が果たしてきた役割が、他のジャンル以上のものであったことは述べておく必要がある。というのも、1960年代に子ども向けの娯楽として誕生したテレビアニメが、中高生、さらには大学生が支持するジャンルに成長した際にも、アニソンは一役買っているからだ。

1974年に放送が開始された『宇宙戦艦ヤマト』(オフィス・アカデミー)は、物語内容の深みとキャラクター造形、メカニック設定の充実が青年層を惹きつけ、アニメが青年文化の一翼を占める重要な契機となった作品である。しかし放送当時、青年層からの支持は視聴率には現れず、全39話の予定が26話で打ち切りとなった。この事態に悲憤し立ち上がったのが、青年ファンであった。中谷達也と櫛野麻美が中心となってファンクラブが結成されると、会員数は爆発的に増え、同人誌の発行も盛んになった[中谷、櫛野、40–51]。当時はビデオがなかったため、ファンはもう一度『宇宙戦艦ヤマト』を見ようと、テレビ局に再放送の嘆願書を送り、再放送を実現させた[中谷、93–95]。さらに同作のプロデューサーの西崎義展たちとも連携し、熱を帯びたファン活動はより大きな結果を生み出すことに成功する。打ち切りから2年後の1977年には劇場版『宇宙戦艦ヤマト』が公開され、興行史上に残るヒットを記録したのである。

動画共有サイトはおろか、ビデオすらない時代のファンたちの活動によって実現した『宇宙戦艦ヤマト』復活劇のなかで、ことさら興味深いのは、「レコードや書籍の売り上げという具体的な数字」[中谷、94]が西崎をはじめ製作陣を動かしたことである。ここで言及されているレコードとは、1974年11月に発売されたEPレコード『宇宙戦艦ヤマト』であり、A面にはOP曲『宇宙戦艦ヤマト』(作詞:阿久悠、作曲:宮川泰、歌:ささきいさお)が、B面にはED曲『真赤なスカーフ』(作詞:阿久悠、作曲:宮川泰、歌:ささきいさお)が収められていた。つまるところ、アニメという視聴覚的表現をそのまま手元におくことができない当時、OPとEDの歌を収録したレコードこそ、ファンが作品を思い出すための拠り所となり、また作品の支持を世間へと訴える手段であったのである。西崎はそうしたファン心理に敏感に応えてかれらを指揮し、ラジオやテレビ番組を絞り込んで、『宇宙戦艦ヤマト』の歌を集中的にリクエストさせる作戦を行い、劇場版公開の宣伝を行なった[中谷、100]。

この広報手法において特筆すべきは、伝説のプロデューサー西崎の辣腕ぶりではない。それよりも重要なことは、ファンがアニソンを通して結束し、共同体を作り上げ、強化していったことである。結果、リクエスト作戦は奏功し、劇場版は成功したのであるが、その意義は『宇宙戦艦ヤマト』というひとつの作品だけに収まるものではないだろう。アニソンによって結ばれたファン共同体がもたらした成功は、アニメというジャンルそのものにとって非常に大きいものであったはずである。なぜなら、アニメとは青年も、そして大人もが真剣に対峙する価値のある表現であることを社会に知らしめたからである。

8. まとめにかえて——今後の課題

ここまで議論してきたとおり、アニソンとは日本語の言語的特性をアニメが引き出す歌であり、視聴者に作品世界への参画を促す歌である。日本語話者が「熱く」なれるこれらの歌は、ファンの共同体の核になっていくのだ。

本章を結ぶにあたって、アニソン研究に関する今後の課題と可能性について言及したい。まず、本論では言及できなかったものの、アニメと歌の関係を考えるにあたって無視できない領域として、「キャラソン」と呼ばれるキャラクター・ソングがある。キャラクターが歌うという設定で制作され、彼・彼女を演じる声優が歌うキャラソンは、わたしたちが作品世界と培う関係よりも、個々のキャラクターとの、あるいは彼らを演じる声優たちとの関係を強化しているように思われる。キャラクター・ビジネスの進化／深化とともに顕在化しているこの潮流は、従来のOP・ED曲といかなる差異をもつのか、あるいは視覚的演出とはどのような関係をもつのかについての考察が待たれる。

次に、日本の外でアニソンがどのように受容されてきたのかという問題も無視できない。1960年代に始まるテレビアニメの海外輸出において、日本語で歌われるアニソンは「現地化」を逃れえない対象であった（本章でも取り上げたイタリア版『聖闘士星矢』OPはその一例である）。韓国における日本アニメの受容をアニソンの現地化から分析する玄武岩は、歌が取り持つ文化的アイデンティティとナショナリズムの複雑な関係を指摘している〔玄、41−42〕。ただし、この問題はなにも韓国特有のトピックではない。筆者は1999年にイタリアはボローニャの映画館で『未来少年コナン』（日本アニメーション、1978）を見た際に、場内を埋め尽くした観客がイタリア語の主題歌を一斉に、熱く歌い出したことに圧倒され、戸惑った[注10]。イタリアで愛されてきた未知の主題歌を聞いた瞬間、自分の文化的アイデンティティが揺るぎ、どこかナショナリスティックな感情が疼(うず)いたのである。本章で論じてきたファンの共同体を強化するアニソンの側面をさらに掘り下げていけば、文化的アイデンティティとナショナリズムの諸問題に突き当たることになるだろう。

それと同時に、アニメのセールスポイントがかつてのように無国籍性だけにあるのではなく、それが日本製であることも重視されている現在ならではの問題が存在する。日本語での歌唱を中心としたアニソン・ライブは、世界各地の様々な文化イベントにおいて、あるいは単独で、頻繁に開催されている。その際、現地のファンには日本語で歌われるアニソンはどのように聴こえているのだろうか。周知のとおり、かつてジャズやロックが日本に輸入されたとき、その音楽的特性が日本の歌謡曲にも大いに影響を与えた。そうした事象は、アニソンについても起きているのかどうか。ポピュラー音楽全体を見据えたより広い視点からの考察もまた求められるだろう。

歌を聞くことと歌うこと。体ひとつあれば可能なこれらの行為は、アニメという表現媒体と結びつくことで、わたしたちの視聴覚を刺激しながら、わたしたちと作品世界との距離を縮めてきた。それと同時に、アニソンは個人の身体をも乗り越え、作品を介した共同体を形成する足掛かりになっている。その強靭な力が社会や文化においてどのような意義をもつのか、あるいはもちうるのかを注視することもまた、アニメを研究し理解する上で必要なのである。

謝辞：アニメ制作に関する筆者の的外れな質問に対しても、いつも辛抱強く真摯にお答えいただきました斎藤友子氏、渡部英雄氏に、この場を借りて御礼申し上げます。

注

(1) 日本における「映画の主題歌第一号」は1929年に公開された溝口健二監督『東京行進曲』の主題歌『東京行進曲』（作詞：西條八十、作曲：中山晋平、歌：佐藤千夜子）である。当時の日本映画はまだサイレントであったが、すでにレコード会社とのタイアップが行われている。日本の歌謡史における映画、ドラマ、CMとのタイアップについては、速水健朗『タイアップの歌謡史』（洋泉社、2007年）を参照されたい。

(2) とはいえ、「リミテッド・アニメーション」は日本発祥の表現手法ではない。

1941年のストライキを契機にディズニーを離れたアニメーターたちが結成したUPA（ユナイテッド・プロダクションズ・オブ・アメリカ）は、ディズニーとは異なるアニメーション表現を追究した。平面性を活かした画面構成とキャラクター造形はグラフィックデザインとして洗練されており、アニメーション業界に新風を吹き込んだ。代表作である短編映画『Gerald McBoing-Boing』（1950）は、日本のテレビＣＭ制作会社TCJにも大きな影響を与え、のちに同社が製作するサントリーのウイスキー、トリスのアニメーションCM（1958）にその余波が見て取れる。また手塚治虫が率いる虫プロの第一作『ある街角の物語』（1962）はUPAが確立させたリミテッド・アニメーションの様式を採用している。いっぽう、連続テレビアニメについては、MGMを解雇されたアニメーション監督のウィリアム・ハンナとジョゼフ・バーベラが設立したハンナ＝バーベラ社によるテレビ・アニメーションは、テレビという新しいプラットフォームならではの表現としてリミテッド・アニメーションを採用しており、『鉄腕アトム』から始まる日本のテレビアニメにとっては様式上の先駆者である。

(3) イタリア版『聖闘士星矢』に関する基本的なデータは、イタリアの『聖闘士星矢』非公式ファンサイトI Cavalieri dello Zodiaco:Unofficial Italian Web Site dei Cavalieri dello Zodiaco- Saint Seiya-Knights of the Zodiac
http://www.icavalieridellozodiaco.it/art6successi.htm
（最終アクセス日：2017年8月8日）を参照した。
また、イタリア版主題歌において作詞作曲、および歌唱を担当したマッシモ・ドラーティのインタビュー記事“Massimo Dorati e gli Odeon Boys”は下記のサイトに掲載されている。
http://www.hurricane.it/personal/kbl/interviste/dorati.htm
（最終アクセス日：2017年8月8日）

(4) この節におけるOP制作過程についての記述は、筆者が2017年8月6日に行った渡部英雄氏へのインタビューに基づく。

(5) この節におけるOP制作過程についての記述は、筆者が2017年7月24日に行った斎藤友子氏へのインタビューに基づく。

(6) 筆者は『放課後のプレアデス』OP絵コンテ（演出・絵コンテ:大野木彩乃）を、2015年10月24日、25日に新潟市で開催された『放課後のプレアデス』展（にいがたマンガ・アニメフェスティバル　がたふぇすvol.6）において閲覧する機会に恵まれたが、斎藤氏へのインタビューの際にも改めて同氏から閲覧の機会を頂いた。

(7)『フレッシュプリキュア』（東映アニメーション、2009）以降の『プリキュア』シリーズのEDのように、キャラクターがダンスを繰り広げ、賑やかにフィナーレを飾る場合もある。その意図はメインターゲットである女児の関心の対象であるダンスを取り入れ、彼女たちが楽しんで踊れるようにということにある。この場合においても、視聴者がキャラクターと同じダンスを踊ることを可能にすることで、放送後もなお作品世界の一部に視聴者をとどまらせる効果があることを指摘したい。「『プリキュア』シリーズ　エンディングダンスの変遷とは、すなわち"揺れ物"進化の変遷【CEDEC 2012】」『ファミ通.COM』https://www.famitsu.com/news/201208/23020030.html（最終アクセス：2017年8月8日）

(8) 実際、『コードギアス　反逆のルルーシュ』（サンライズ、2006-07）の2番目のOP曲「解読不能」（作詞・作曲・歌：ジン）は、歌詞がまったく聞き取れないと、当時インターネットの掲示板や各種動画共有サイトで大きな話題となり、批判を激しく繰り返す者も少なくなかった。

(9) Linked Horizonが第64回紅白歌合戦（2013年12月31日）において「紅蓮の弓矢」を歌唱することがファンのあいだで話題となり、事前よりtwitter上で「#紅白でイェーガーしたい人RT」のハッシュタグが拡散された。以下は当時のツイートをまとめたサイトである。
https://matome.naver.jp/odai/2138848108654222001（最終アクセス：2017年8月18日）

(10) アニメーションとCGに焦点を絞った映画祭"FUTURE FILM FESTIVAL：Le Nuove Tecnologie del Cinema d'Animazione"の第1回において宮崎駿が特集されており、『未来少年コナン』（イタリア語題はConan il ragazzo del futuro）が上映された。同映画祭のホームページは以下である。http://www.futurefilmfestival.org/（最終アクセス：2017年8月1日）なお、イタリアにおいて『未来少年コナン』は1982年にRete 4でテレビ放送されている。その主題歌は"Conan il ragazzo del futuro"であり、アニメのイタリア語版主題歌で人気を博しているジェオルジァ・レポーレ（Georgia Lepore）が歌っている。
https://www.antoniogenna.net/doppiaggio/anim/conanilragazzodelfut.htm（最終アクセス・2017年8月1日）

インタビュー

斎藤友子氏インタビュー、2017年7月24日。

渡部英雄氏インタビュー、2017年8月6日。

引用文献

一般社団法人日本動画協会『アニメ産業レポート2016』、2016年。

一般社団法人日本レコード協会「新譜数推移　2015年」
http://www.riaj.or.jp/f/data/others/sp.html（最終アクセス：2017年8月23日）

落合真司『90分でわかるアニメ・声優業界』青弓社、2017年。

金田一春彦『日本語の特質』日本放送出版協会、1991年。

顔暁暉「セレクティブ・アニメーションという概念技法—「リミテッド・アニメーション」の限界を超えて」山本安藝、加藤幹郎訳、加藤幹郎編『アニメーションの映画学』臨川書店、2009年、245－308頁。

玄武岩「越境するアニメソングの共同体－日本大衆文化をめぐる韓国の文化的アイデンティティとオリジナルへの欲望」『国際広報メディア・観光学ジャーナル』No.18、2014年、25－47頁。

津堅信之『日本アニメーションの力—85年の歴史を貫く2つの軸』NTT出版、2004年。

フランク・トーマス、オーリー・ジョンストン『生命を吹き込む魔法』スタジオジブリ訳、高畑勲、大塚康生、邦子・大塚・トーマス日本語版監修、徳間書店、2002年。

中谷達也「第三章　ヤマト・フィーバー、甦る宇宙戦艦ヤマト」池田憲章編『アニメ大好き！　ヤマトからガンダムへ』徳間書店、1982年、87－117頁。

中谷達也、櫛野麻美「第一章　宇宙戦艦ヤマト、発進す！」池田憲章編『アニメ大好き！　ヤマトからガンダムへ』徳間書店、1982年、23－55頁。

トマス・ラマール／藤木秀朗監訳、大﨑晴美訳『アニメ・マシーン　グローバル・メディアとしての日本アニメーション』名古屋大学出版会、2013年。

参考文献

ベネディクト・アンダーソン『想像の共同体　ナショナリズムの起源と流行』白石さや、白石隆訳、リブロポート、1987年。

Preston Blair, *Cartoon Animation,* Walter Foster Publishing, 1994.

原　芳子『アニメーション映画に魅せられて「記録」という仕事を知っていま

すか』新風舎、2007 年。
速水健朗『タイアップの歌謡史』洋泉社、2007 年。

第4章　声優論――通史的、実証的一考察

藤津亮太

1．声優の歴史

1-1　声優のはじまり　――第一次声優ブームまで

声優についての考察には、その歴史と仕事内容を概観し、精査する必要がある。声優という職業は、1925年東京放送局（のちのＮＨＫ）がラジオ放送を開始し、ラジオドラマ『炭鉱の中』（1925）で、小山内薫（1881-1928）らの築地小劇場の俳優、演出家が参加したことから始まった。また、同年東京放送局は、ラジオドラマ専業を想定した研究生も募集し、合格した女性12人が専業声優第一号と考えられている。ただ、彼女らは研究生という立場の出演にとどまり、それが職業化するには至らなかったようである。[注1]

その後、1941年にはNHKがラジオドラマのための専業の俳優を育成するため東京放送劇団を設立。戦後になると民間放送局のいくつかも放送劇団を立ち上げ、こうした放送劇団の登場が専業声優を成立させる大きな一因となったと考えられている。1953年からはＴＶ放送も本格的に始まり、ＮＨＫ人形劇『チロリン村とくるみの木』（1956-64）には東京放送劇団所属の俳優が声の出演を行った。

しかし、声優という職業が社会的にまず注目を集めたのは「吹き替え」という新興領域の登場によるものが大きい。1953年大手映画会社松竹、東宝、大映、新東宝、東映が「五社協定」を定め、56年からは劇映画提供と専属俳優のＴＶ出演について制限を設けた。その結果、まだ番組制作能力の低かったＴＶ局は、不足する放送ソフトを海外――主にアメリカに求めることになったのである。[注2]こう

してアメリカのアニメ、TVドラマ、映画（声優業界用語で「外画」と総称される）などが購入、放送されるようになり、これらの作品の吹き替えを担ったのが、主に新劇の劇団に所属する俳優たちだった。ラジオドラマでの実績に加え、ヨーロッパの近代演劇を背景に成立した翻訳劇を手がけていた新劇の俳優たちは、外画の吹き替えとは親和性の高い存在であった

こうしてＴＶ放送された外画を通じて声優という職業にも注目が集まるようになった。たとえば、1965年放送開始の『００１１／ナポレオン・ソロ』では野沢那智（1938–2010）ら出演声優に追っかけがつくほどであったと、声優事務所アーツビジョンの創業社長、松田咲實は著書『声優白書』（2000）で紹介している。1960年代半ばに起きたこの人気は、第一次声優ブームと呼ばれている。

1960年には声優プロダクションの草分けである東京俳優生活協同組合（俳協）が設立される。俳協は、外画輸入と日本語吹替版制作を一括して行う太平洋テレビの芸能部に所属していたスタッフと俳優たちが独立して設立された。ここから枝分かれして、さまざまな声優プロダクションが成立していく。また1963年には、専業の声優の多くが参加する協同組合日本俳優連合（日俳連）の前身である協同組合放送芸能家協会も設立され、1960年代前半に声優業界の環境が次第に整備されていったことがわかる。

1.2 日本アニメーションにおける声優の布置 ——第二次声優ブームまで

では、国産アニメーションの場合はどうだっただろうか。日本初のトーキーアニメーションは、1933年の『蛙三勇士』（大藤信郎監督）である。同年公開されたトーキーアニメ第２作『力と女の世の中』（政岡憲三監督）では、コメディアンの古川ロッパ、宝塚歌劇団の沢蘭子が声の出演をしている。こうしたアニメーション作品は映画として制作されているため、ラジオドラマで活動を始めていた新劇の劇団や放送劇団とは距離があったと考えられる。戦後になると

1958年に国産初のカラー長編アニメーション映画『白蛇伝』（演出・藪下泰司）が公開された。同作は俳優の森繁久彌と宮城まり子のふたりがすべての役を演じ分けている。

1963年には週1回30分放送の連続ＴＶアニメ『鉄腕アトム』がスタートする。『鉄腕アトム』の制作は原作者でもある手塚治虫（1928-89）が率いる虫プロダクションで、音響制作はアオイスタジオが担当した。一方、虫プロダクション側でも、独自の音響制作への機運も生まれ、同社出身者で設立されるグループ・タックの成立に繋がった。ＴＶアニメの放送本数は次第に増加し、1963年には年間7作品が放送されたのに対し、5年後の1968年には年間28作品が放送されるまでになった。この国産アニメの増加は、外画のアニメを一挙に駆逐することになった。その中で制作元請け会社は映像制作に専念し、音響関係は専門の音響制作会社が担うという分業制が定着していくことになる。(注3)

1977年になると劇場版『宇宙戦艦ヤマト』（舛田利雄監督）が公開され、これをきっかけにアニメブームが到来する。このブームは、それまで「テレビまんが」「まんが映画」と呼ばれていたものが、「アニメ」と呼ばれる変化をもたらした。(注4)これは単なる呼び名の変化にとどまらず、子供向け（＝小学校卒業とともに“卒業”するもの）と思われていたものが、ティーンエイジャーの趣味のひとつとして認知されていくという過程での変化であった。このアニメブームと軌を一にして、第二次声優ブームも到来する。

たとえば、1979年4月には日生劇場で『第1回声優フェスティバル Voice Voice Voice』が開催されている。第1部は松本零士原作作品の主題歌などを披露する「アニメ特集」、第2部がシンフォニックドラマ『津軽雪女』の上演で、第3部はバラエティーショーという形で、井上和彦、市川治、井上真樹夫、麻上洋子、吉田理保子、上田みゆき、池田昌子、小山まみ（現・茉美）など当時の人気の声優が勢揃いしている。こうした第二次ブームを牽引した声優たちは、第一次ブームよりも一世代若くＴＶアニメの現場で成長してきた世代が中心になっていた。中でも『宇宙戦艦ヤマト』でヒロイン森雪を演じた麻上洋子（現・一龍斎春水、1952–）は、当時としては珍しく、当初からアニメの声優を目指して業界入りしており、現在の声優像の先駆的存在であるという指摘もある[注5]。

この時期は声優のタレントとしての側面にスポットがあたり始めた時期でもあった。たとえば、1978年に創刊された月刊誌『アニメージュ』（徳間書店）を中心とするアニメ雑誌では、人気声優のグラビアが掲載され、1979年からは女性声優ふたりが代々パーソナリティーを務めるラジオ番組『アニメトピア』（ラジオ大阪）がスタートしている。また音楽活動では、『宇宙戦艦ヤマト』などで知られた富山敬（1938–95）が、1979年に声優初のＬＰアルバム『富山敬ロマン』（キングレコード：廃盤）をリリースしている。

この第二次声優ブームは、アニメブームが1984年いっぱいで沈静化するのと連動しつつ、終焉することになる。このブームの間にさらに声優事務所は増加し、1982年に青二プロダクションが養成所の青二塾を、声優の勝田久（1927–）が勝田声優学院を設立するなど養成所の整備も進んでいくのである。

声優という職業に注目が集まる一方で、1971年に日俳連の中に外画動画対策委員会が設けられ、再放送使用料の獲得闘争を中心とする運動が展開されることになった。1973年、1980年には製作者に対する声優によるデモとストが行われた。その結果、1986年には声優のギャランティ（出演料）の基本となる、外画動画出演規定（外画動画出演実務運用表）に二次使用料を盛り込んだ根本的な改訂が行われることになった。この後も1991年にアニメ制作予算のアップを訴えて、デモと決起集会が行われ、平均1.6倍の出演料アップを勝ち取っている。

こうして1980年代後半までには、現在に繋がる業界の仕組みが構築される[注6]。声優志望者は、まず養成所を卒業し、事務所に所属できた新人は日俳連の外画動画出演規定に基づくランクに登録され、アニメを中心に仕事をしていく、というひとつの流れは、この頃完成したと指摘されている。

1.3　声優の多様化とメディアミックス　――第三次声優ブームまで

1992年に放送開始され大ヒットとなった『美少女戦士セーラームーン』が起爆剤となり、第三次声優ブームが到来する。林原めぐみを筆頭とするこのブームを牽引した女性声優たちは、1980年代後半に確立した、養成所から事務所所属へというコースの中から誕生している。

第三次ブームは、女性声優を中心に起こり、アニメだけでなくラジオ、音楽（CD）、声優雑誌、ゲームといった複数メディアを巻き込んで展開していくメディアミックス性に特徴があると考えられている[注7]。近年、若手声優に志望動機を聞くと、「声優は演技だけでなく、歌もラジオも含めたマルチな仕事ができる職業だから」という答えが返ってくる場合があるというが、これはこの時期に作品がメディアミックス展開を行うようになっただけでなく、同時に声優そのものもメディアミックスの対象となっていった結果といえる。

声優をパーソナリティーとするラジオ番組は、1967年から15年間続いた野沢那智と白石冬美が木曜パーソナリティーを務めた「パックインミュージック」（TBSラジオ）がその嚆矢といえる。そして先述の『アニメトピア』などを経て、第三次ブームでは、パーソナリティーのトークと特定作品（主にゲームなど）のラジオドラマとの二部構成が主流となった。このラジオが果たした作品プロモーションの一部は現在、作品に紐付いたWEBラジオが担っている。

音楽については、この時期から声優がレコード会社とアーティスト契約を結ぶようになったことが大きな変化として挙げられる。林原めぐみは数々のヒット曲をリリースし、後に現れる“歌う声優”たちの先駆者となった。また、声優が演じたキャラクターとして歌を歌う「キャラクターソング」が確立したのもこの時期である。キャラクターソングの嚆矢としては、第三次ブームに先立ってリリースされた、アニメ『らんま1／2』のキャラクターが歌うという体裁で制作された『乱馬的企画音盤 らんま1／2 熱闘歌合戦』（1990）がある。

1994年には、声優雑誌『ボイスアニメージュ』（徳間書店）と『声優グランプリ』（主婦の友社）が創刊された。声優雑誌はグラビアとインタビューを柱として構成されており、現在に至るまでさまざまな雑誌が刊行されている。

声優の活躍の場は、家庭用ゲームにも広がる。ゲームは1994年に、"次世代機"と呼ばれるセガサターン（セガ·エンタープライゼス）とプレイステーション（SCE）がヒットしたことが一つの節目となった。従来のROMカセットより大容量のCD-ROMを搭載した両機は、ゲーム内でキャラクターにセリフを喋らせることが可能で、この頃からゲームの音声が声優にとって新たな"仕事場"として広がっていくことになったのである。

この第三次ブームと並行して、アニメも『美少女戦士セーラームーン』から『新世紀エヴァンゲリオン』（1995）へと繋がる大きなブーム（第二次アニメブームとも考えられる）となった。その後、アニメは1998年から本格的に深夜でのアニメ放送が始まり、放送本数が1997年の86作品から、132本へと急増する。この傾向は2010年代になっても変わらず、過去に例がないほどの制作本数の記録が続いている。

ゲームの広がりも手伝って、第三次声優ブーム到来の数年後から、次第に男性声優の人気が高まりを見せる[注8]。こちらもまたメディアミックスの中で成立したものだ。男性声優人気をまずけん引をしたのは、ドラマCDである。ドラマCDとは、1980年代にドラマカセットとして始まった、「パッケージメディアで提供される一種のラジオドラマのCD版」だが、女性向けジュブナイル小説などを原作として取り上げて人気を集めた。これは後にBL（ボーイズラブ。男性同士の恋愛を主に女性向けに描いた作品）CDへと繋がっていき、男性声優人気の源泉となる。

また、1994年には、スーパーファミコンでゲーム『アンジェリーク』（コーエー）がリリースされる。女性のプレイヤー／キャラクターが9人の守護聖たちと交流を深めながら課題をクリアしていく内容で、これが1995年から1996年にかけて次世代機に移植される際キャラクターにボイスが付くようになり、速水奨や堀内賢雄らのイケボ（イケメンボイスの略語）は、女性ファンの強い支持を受けた。ここを突破口にして2000年代に入ると、多くのゲームメーカーが、男性イケボ付きの女性向けゲームをリリースするようになるのである。

2000年にはプレイステーション2（PS2 S・C・E）が発売される。ゲーム機としてだけでなく、DVDも再生できる同機の登場は、それまでDVDソフトなどをあまり買わないといわれていた女性ファンのDVDソフト購入のハードルを下げることになった。PS2によってDVDソフトの販売で資金を回収するビジネスモデルを採用した深夜アニメにおいて、女性向け作品がヒットする状況が整ったのである。

1995年には、ゲーム『卒業M』（プレイステーション）に由来する男性声優ユニット「E．M．U」（緑川光・林延年〈現在は神奈延年〉・置鮎龍太郎・石川英郎・阪口大助）が登場する。また、1997年には子安武人が企画原案を手がけたメディアミックス企画『Weiß kreuz（ヴァイスクロイツ）』もスタートする。こちらも同名のユニット（子安武人・関智一・三木眞一郎・結城比呂）がその中心になっていた。男性声優ユニットは『鎧伝サムライトルーパー』（1988-89）に由来するNG5（草尾毅・佐々木望・竹村拓・中村大樹・西村智博）がその初期の例だが、NG5が作品人気を受けて結成されたのに対し、1990年代の2ユニットは、初めからメディアミックスが企図されて結成された点で、特徴的であった。

このように、今日われわれがイメージしているマルチタレントとしての「声優像」とはこのような歴史の積み重ねの中で生まれたものなのである。

声優は、ある種の専門性を持って職人としてその職業が生まれたが、声の持つ付加価値が広く知られるにつれて、その活動のフィールドが広がってきた。では、この「声の持つ付加価値」はどのように生まれてきたのだろうか。

2. アフレコの仕組み

2.1 アフレコとは何か？

声優をめぐる社会文化的、産業的側面を通史的に概観してきたが、次に「声優の演技」を支える仕組みについて、アニメ制作の過程に注目して考察していく。

アニメ制作において、はじめに、完成脚本をもとに絵コンテが描かれる。絵コンテにはカットナンバー、カットの内容を表す絵、セリフ、ト書き、カットの長さを示す秒数が描かれ、絵コンテからキャストが使うアフレコ台本が起こされる。アフレコとはアフターレコーディングの略称である。しばしば誤解が生じる点であるが、声優は脚本家の書いた脚本に従って演じるのではなく、演出家の描いた絵コンテから起こされたアフレコ台本で演じるのである。(注9)

絵コンテに記されたカットごとの尺（秒数）は、演出家がストップウォッチを使っておおまかに決めた秒数である。演出家は、キャラクターの演技にかかる時間を思い描き、セリフを実際に話してその長さをストップウォッチで計り、秒数を絵コンテに記入する。

アニメーターは、絵コンテに従い作画を行う。セリフで口だけが動く場合は、口パクという口だけが別に描かれたセルを置き換えて、口の動きを表現する。口パクは、あけ口、とじ口、中あけ口の３枚がある。アメリカ作品では、五つの母音などに合わせた日本よりも多くの口の形を用意して、発語と口の形を合わせる（リップシンクという）が、日本のアニメはそうしたスタイルは採用していない。
　口パクのセリフは一文字3コマが基本とされる。「今日は」というセリフの口の動きは「き」を「あけ口を3コマ」、「ょ」を「とじ口を3コマ」、「う」を「中あけ口を3コマ」、「は」を「あけ口を3コマ」という形で表現される。早口なキャラクターであってもこの原則は基本的に守られ、早口な印象は、言葉と言葉の間を詰めることで表現される。声優は、こうした原則に従って、完成された口パクに合わせて演技を行っているのである。
　日本の場合、3枚だけで口パクを構成する表現が受け入れられた理由について、高畑勲（1935-2018）は、母音子音の数が少なく、口周りの筋肉をあまり緊張させずに発音する、という日本語の特性を挙げている。逆に、母音子音の数が多く、発語の際に口周りの筋肉を緊張させることが多い、西洋語はそれだけ口パクの枚数を多くしないと、自然に見えないというわけだ。

2.2　アフレコとプレスコ

　セリフだけでなく、何かに気づいた時や振り返りなどのキャラクターの仕草に合わせた間で息の演技を入れるのも、アニメのアフレコの特徴である。これらの「息」は「アドリブ」とも呼ばれる。
　だが、ＴＶアニメの黎明期から、制作が間に合わず、絵が不完全な状態でアフレコせざるを得ないケースは稀ではなかった。フィルムで制作していた頃は、映像が間に合わない場合、生フィルムにセリフの長さだけダーマトグラフ（注10）で線を引き、青い線の時は男性キャラクター、赤い線の時は女性キャラクターという形でアフレコを行ったという。
　近年は絵コンテ、あるいはレイアウト、ラフ原画など中間素材の段階で一旦ムービー（映像）を制作し、そこにセリフのタイミングを示す「ボールド」が示される形でアフレコが行われる。ボールドとはキャラクター名が描かれた四角いマークで、このボールドが画面上に示されている間に当該のキャラクターのセリフをあてる。

2010年代は制作状況が特に悪化しており、アフレコ段階で映像が完成していることは稀である。そのためアフレコの音声をアニメーターが聞き、キャラクターの演技にフィードバックするという逆転した状況も珍しくない。日本のアニメは、映像に声をあてるアフレコという方法を伝統的に採用してきたが、現状は、音声を先行して収録するプレスコ（プレスコアリング）に限りなく接近しているといえる。

一方、声優はアフレコの一週間ほど前にアフレコ用の映像が入ったDVDとアフレコ台本を受け取る。ここで映像と台本を見比べながら、自分のセリフに印をつけたり、ブレス位置などを確認して、台本に書き込んだりという作業を行う。ＴＶ作品の場合、アフレコはＡパート（前半）とＢパート（後半）に分けて行われる。それぞれの長さはおよそ10分程度である。半パートごとを通してテスト、ラストテスト（ラステス）、本番とテイクを重ねていく。テスト1回だけで、そのまま次が本番になる場合もある。

テストが終わるとコントロール・ルームにいる監督、担当演出が演技の方向性などについて、変更のポイントを音響監督に伝える。ここでは、あるキャラクターについて「悪いヤツというより軽薄なヤツとして演じてほしい」というような方向性だったり、特定のセリフを「もっと皮肉っぽく言ってほしい」といった要望だったりが告げられる。音響監督は、その要求を一旦咀嚼（そしゃく）し、自分の要望も加えた上でキャストに伝える。第1話のアフレコ前に、作品の世界観を伝えるために監督が説明をする場合もあるが、基本的にキャストへの指示は音響監督を通じて行うのが一般的だ。このディレクションを受けて、キャストはその場で演技の方向性を変えて、ラステスに臨むことになる。時間をかけて演技を練っていく舞台などと違い、短時間で演出家の求める演技に瞬間的に対応できることは、声優に求められている要素のひとつである。本番後にもう少し粘りたいポイントがある時は、そのカット、そのセリフだけを「抜き録り」することになる。ＴＶアニメはおよそ数時間、劇場映画は２、３日ですべてのセリフを収録するのが通例である。

セリフ収録後、映像に音声を仮に貼り付けた「アフレコ戻し」という状態の映像が制作される。これをもとにカッティング（編集）が改めて行われ、セリフ位置の調整、セリフのカットがなされる場合もある。

このような制作過程と収録作業からわかるのは、アフレコを採用しているアニメの場合、キャラクターの声の演技は、演出家が大枠を示しているということである。換言すれば、声優は、他人が作った枠組みの中で演技を組み立て、キャラクターを表現していく仕事だということがいえる。

アフレコに対し事前に音声を収録するプレスコは別の特徴がある。ディズニーなどのアメリカや欧州のアニメーション作品は、プレスコを採用することが多い。プレスコのやりかたは多様であるが、多く採用されているのは絵コンテ段階でムービーを作る方法である。この場合、セリフのきっかけとしてボールドが表示されるが、セリフの終わりはボールドに合わせる必要はない。また口パクも、セリフに合わせてつけることになるので、絵コンテ担当者のしゃべり方や１文字３コマといった原則に縛られることはない。そのため役者の生理がより前に出た演技になる。

北米などではリップシンクロを重視するためプレスコを採用している作品が多い（細馬、2013）。また、3DCGは収録したセリフに合わせて完成映像を調整するのが難しいため、こちらもプレスコを行い、それに合わせて映像制作が進められる。

アフレコにおける声優は、完成した映像の上にキャラクターの生命感を上乗せしていく、作品制作のアンカー的存在であるのに対し、プレスコの場合は、キャラクターの感情をベースに完成像をリードしていく水先案内人的なポジションと考えるとわかりやすい（とはいえ映像完成後にさらにアフレコでニュアンスを調整するプレスコ作品も存在する)。

3．声優の演技を考える

3.1　声優の演技とは

以上のような歴史と状況を踏まえた上で、「声優の演技」が置かれている場所について考察する。「演技」とは、声と身の振る舞いを通じて、架空の感情、他者としての存在を相手に印象づけることである。声優の演技は、その中でも特に声において行われ、身体を担う図像などと協調して、架空のキャラクターが実在すると錯覚させることを目的に行われる。この身体たる図像と、声が分離しているところが、重要な意味を持っている。

先述した通り、アフレコは、まず前提として演出家のプランが存在する。また外画の吹き替えの場合も原音の演技が前提となっている。身体を大きく動かさず、定められた大枠の中で演技を展開する──というのは声優の演技を考える時に大きなポイントとなる。

ムック『GUNDAM CENTURY』(みのり書房、1981)には声優の永井一郎(1931–2014)による「細胞でとらえた演技」という一文が掲載されている。永井はこの中で、声優の演技も普通の演技となんら変わりがない、ということを根拠を挙げて語っている。永井はまず俳優、東野英治郎(永井の原稿中は「新劇の大先輩、T氏」と表記されている)が1962年2月19日に東京新聞に「声優に危険手当てを。──他人の演技に合わす苦しみ」という一文と、それに始まった議論があったことを紹介する。永井は東野の論を次のように要約する。

> 声優の仕事は俳優の本来の仕事と違う。したがって苦痛を味わされるし、遂には操り人形になってしまう。俳優生命を失うほど危険な仕事なのだから危険手当てをやれという主旨だ。そ

の根拠とするところをT氏は、『俳優の仕事は、自分独特の方法で役の創造をするものだ』とし、『動くから自然に声が出るのであり、声が出るから動くものなのである。俳優の演技はそうしたものである』からだとおっしゃっている。そして「他人がやったものを、おかしくっておれがやれるか」というわけだ。

（「細胞でとらえた演技」）

永井は「細胞でとらえた演技」の中で、この主張を、ラジオドラマすら射程に入っていない“舞台帝国主義”だと断じ、「でも、世の中は変化する。よちよち歩きの植民地だったアテレコ・アニメも完全に独立した。（略）ラジオドラマやアテレコ・アニメに共通する本質的な演技論が、帝国主義的でない演技論が必要になってきたのだ」と続ける。

さらに永井は次のように論を進める。演技の基礎単位は「行動」であり、「行動」は「役柄の持つ欲求のベクトル」と「役柄の周囲の条件が持つベクトル」の合力として決定される。役者は台本から、各種ベクトルのありかたを読み取り、合力の形で行動することになる。こうして全身が合成されたベクトルに従って行動することを「細胞のベクトルを合わせる」と表現している。

ここで永井は、エッソスタンダード石油の企業広報誌『energy』第9巻第4号（1972年12月発行）に掲載された、「運動とイメージ」という論文に言及する。著者である名古屋大学体育学研究者の勝部篤美教授は、60年以来、皮膚電気反射の測定を通じて、脳内のイメージと運動の関係を研究してきたという。「運動とイメージ」では複数の実験結果が紹介されている。永井はその中から、オリンピックに出場した体操選手二人に、同じ平行棒の課題をイメージしてもらったところ似通った波形が得られた、という実験に言及している。「どうやら、舞台の上の演技も声の演技も同じだと言う理論上の根拠をつかんだようだ」（「細胞でとらえた演技」）と記している。

イメージによって起こる脳内の電気的な活性や脳から筋肉への情報伝達は、実際に行動を起こした時と変わらない、ということは現在広く知られ、スポーツの分野ではイメージトレーニングとして広く取り入れられている。永井は、それこそが演技の真髄であるというところに1972年の時点で結論していたのである。

永井はこれを踏まえて「イメージすることによって行動の方向に細胞のベクトルが揃う。細胞のベクトルが揃った時、はじめて的確に動いたり、声をだすことができるのである。俳優の演技とはそのようなものである」(「細胞でとらえた演技」)と声の仕事にも舞台上の演技にも通じる普遍的な結論を記している。

このイメージの重要性は、筆者が現役声優に取材する際もよく出てくる。キャラクターの心情面だけでなく、キャラクターが置かれている空間も含めて、自分の経験や五感を総動員して想像することで、適切な演技ができるようになるというのだ。永井の言説が言語化されているかどうかに拘らず、彼の述べる「イメージと演技の関係」を前提に演じている声優は多いと思われる。

3.2　アフレコにまつわる三つの問題

また、永井は同じ原稿の後半で、アフレコについてまわる三つの問題について論じている。

一つ目は、アフレコや吹き替えが、指定されたタイミングの中でしゃべらなくてはならないという問題についてである。この問題に対し永井は、役者は自分の息(呼吸)ではなく役柄の息で演じなくてはならない点を指摘する。舞台であっても自分の息で演じていると、演出から「テンポをあげて」と注文がつくように、アフレコなどの指定されたタイミングも演出からの注文であると考えればよいとまとめる。

二つ目は、アニメなどの場面転換が早すぎる問題である。舞台などは幕と幕の間に休憩が入り、場面転換には暗転などが挟まれる。

そこで役者の気持ちが変えられるだけの十分な時間がとられている。しかし、そうした間もないままシーンが変わる吹き替えやアニメでは、気持ちがシーンの変化に追いつけない、という批判である。

永井はそこは訓練の問題だと断言する。暗転の間は秒単位で、役者は稽古期間を経て、そこで気持ちを切り替えられるよう肉体化する。秒単位でできることなら、訓練を経て瞬時に気持ちを切り替えられるようにもなるはずだ、というのが永井の主張である。

> 声優は毎日まいにちの本番で、瞬間の状況の変化に対応する訓練をつんでいる。（略）声優の反射神経の良さは口パクを合わせることではなく、はこうした変化に対応できることにある。アテレコ・アニメに馴れていない人たちや、新人ばかりで作られたアテレコ・アニメ作品はこの切替がうまく行かず、ダラダラとリズムのない仕上がりになってしまう。
>
> （「細胞でとらえた演技」）

三つ目の問題は、「声色を変えるか変えないか」という話題から入り、「演技のリアリティとは何か」という点を扱っている。永井は、演技のリアリティとは、そのキャラクターを演じる上で押さえておかなくてはいけないポイントを押さえていることだと述べている。ナチュラル（永井は「現実と同じ」という意味で使っている）な世界で、仮に三つのポイントを押さえたなら、そこには三角形が描かれることになる。

しかし、作品というのはフィクションであり、ナチュラルな世界と比べるとその劇空間は歪んでいる。そこにナチュラルな世界の三角形をそのまま持ってきても、劇空間内でのリアリティは失われている。リアリティある演技とは、はずしてはいけないポイントを押さえつつ、その劇空間に合わせた“変形”がちゃんとほどこされていなくてはならないのである。

声を変えることは声優の本質的な問題じゃない。声を変えるのは第二の問題で、それだけ作品の中でリアリティのある演技をするかが問題なのだ。当時二十五歳を過ぎていたであろう信沢三恵子さんは『母をたずねて三千里』で地声のままで四、五才のフィオリーナをみごとに演じた。（略）『ペリーヌ物語』も人物は殆どナチュラルに近い座標軸を取っていた。声の出演者たちも、ナチュラルに近い表現を心がけていたようだ。（中略）しかし、『ずっこけナイト・ドンデラマンチャ』とか『ど根性ガエル』などというギャグアニメでは作品の座標軸がそのようにとられていない。椅子に座っているキャラクターが驚いてはね上がり天井に頭をぶつけるというような極端な表現をする作品では、ナチュラルに近い声の演技でこの座標軸のリアリティを表現することはできない。といってただ声を大きくしてもダメなのだ。どんな性質の驚きかというリアリティをきっちり押さえた上で、驚きの量を極端に増幅し、体中の細胞のベクトルが、天井にぶつかる激しさで揃わなくてはならない。そこではほとんど奇声に近い表現も必要となろう。

（「細胞でとらえた演技」）

以上、永井の考える「声優の演技」を見てきたが、この主張は、現在声優にまつわるさまざまな問題点を照射している。たとえば、タレントもしくは実写の俳優をアニメの吹き替えにキャスティングした場合に、成功の有無はなぜ生まれるのかという問題である（ここではプロモーション効果などの演技以外のキャスティング理由には言及しない）。これを永井流に整理するなら、その俳優がイメージを明確に持ち、身体にフィードバックするところまでもっていけたかどうかが、まずポイントになる。タレントは自分の息でだけ喋る仕事であるし、実写の俳優の場合は自分の身体が優先で、イメージからのフィードバックが不得意な人がいる可能性は考えられる。こうした問題群に、小林（2015）も宮崎駿の映画作品に出演した俳優、声優の演技について論じている。

3.3　劇空間に見合う声の演技のリアリティ

さらに、劇空間に合わせて自分の声の演技のリアリティを変化させることができるか否かということも関わってくる。声質や当人の個性がキャラクターのイメージに近くても、役柄を通して伝わってくるイメージや感情が曖昧な場合は、リアリティの醸成は成功しないだろう。これらはもちろん、キャストをそのように誘導できるかどうか、というディレクションの問題でもある。

声の演技をこのようにとらえると、スタジオジブリが2010年4月に公開した動画『ジブリが役者を起用する理由』（2010）で、ジブリの広報部長西岡純一の説明はいささか苦しい感がある。西岡によると、「日本のアニメは作画枚数を抑えてきたため、声優の誇張された演技でキャラクターの人間性が表現されてきた。それに対してスタジオジブリ作品は作画枚数も多くナチュラルな表現をとっているため、実写俳優などのナチュラルな演技が合う」というのである。ただし、スタジオジブリのプロデューサー鈴木敏夫は、講演などで別の説明もしているので、この動画が見解のすべてとは言い切れない（講演「時間と空間をゆがめるのが特徴——ジブリ・鈴木敏夫氏が見る日本アニメの現在と未来」2010、http://bizmakoto.jp/makoto/articles/1011/26/news018.html）。

永井の議論を踏まえるなら、ここで重要なのはジブリ作品の劇空間の設計のあり方が問題なのであり、作画枚数はあまり関係ない。たとえばこの説明では、ジブリ作品より枚数の少ない『あしたのジョー』（1970）で主人公の矢吹丈を俳優のあおい輝彦が演じて、ぴったりはまっていることの説明がつかない。むしろジブリ作品は、非現実要素があったとしても劇空間はナチュラル志向で、それゆえに、アニメによくある類型的な表現から距離をとろうとしていると解釈する方が的確である。

永井の指摘のように、タレントはともかく、実写の俳優も専業の声優も俳優であることにはかわりがない。したがって、望まれている演技をちゃんとできるかどうかが問題であり、演技だけ取り上げるなら、実写の俳優か専業の声優かという区別は重要な意味を持たないと思われる。

一方、声優の山寺宏一は声優を「業種」ではないかという。

> たとえば、昨日までやったことがない人でも声優の仕事をしたらそれは声優ってことですよね。歌手の人が出演したらゲスト声優って言われるでしょう？声優を主にやっている人が慣習的に声優と呼ばれるけれど、本来は声をあてる仕事そのものと考えたほうがすっきりする時もあるんじゃないかなと。もちろんこれは解釈によっても違ってくるでしょうけれど。
>
> （藤津、2017: 167）

山寺は、さらに外画の吹き替えにおいての声の芝居の難しさとその影響について、こう言及する。

> 僕は海外のアニメーションの吹き替えもたくさんやらせていただいてるので、有名なタレントさんとか俳優さんと共演している数はかなり多いほうだと思います。そこには新鮮で刺激的な人がたくさんいらっしゃいます。ただひとつ思うのは、声優の仕事って意外と難しくてですね（笑）、ダメにしちゃうのは簡単なんです。脇でひとり、緊張感なしで「はい、わかりました隊長」ってセリフを言っただけで、そのシーン全体がダメになっちゃうんです。だから、宣伝効果と作品の完成度をちゃんと計算して、プラスの方向になるように考えていただければ、と。逆にいうと「いかにも声優っていう芝居するから新鮮味が

ない」なんて意見があるのもなんとなくわかります。でもこれもまた全部の声優に当てはめるのも乱暴な話ですよね。だから、最終的にはその作品の見え方や内容にふさわしい人をちゃんとキャスティングしていただければ、という風に考えています。

（藤津、2017: 167）

山寺の主張は、永井の主張である劇空間におけるリアリティの創出の証左である。「声優の演技」が置かれている場所を考えるということは、声優の定義に大きく影響する要素の一つと言えるだろう。

4．声の指し示すもの

最後に、アニメのキャラクターの声に関する視聴者の受容について考察する。例として、スクウェア・エニックスのマンガ雑誌のＣＭを取り上げる。

夜に放送されることが多い同社のＣＭは、アニメ化作品の主人公が、そのキャラクターとしてＣＭのナレーションを担当している。このナレーションでは、キャラクターを特徴付ける言い回しや決めゼリフはそのまま登場するが、キャラクターが自己紹介をすることはほとんどない。また、当該のキャラクターのイラスト（たとえばコミックスの表紙）などが画面に写ることはあるが、声の主がそのキャラクターであるとわかるような図像との関連づけ（口パクなどのセリフとの同期）もほとんど見かけない。興味深いことに、「音声（セリフ）」だけで、そのキャラクターが視聴者に認識されているのである。

アニメのキャラクターは「図像」と「音声」から成立している。だがこの例を見てもわかる通り、図像がなくても「アニメのあのキャラクターである」という認識は成立する。実際、かなり作画が乱れたとしても、視聴者はキャラクターを別人と見間違えることはない。逆に、キャストの変更があっても、「図像」が持っている記号性が一貫していれば、視聴者はキャラクターを同一のものとして受け止める。このように「図像」と「音声」が相補的に支え合って、アニメのキャラクターは出来上がっているのである。

しかし、先述のようなCMキャラクターの同定は、「声」だけで成立するか、という問題が残る。おそらく「声」だけでは、誰もが一律に「キャラクター」と認知するのは困難であろう。この問題については、『男子高校生の日常』（高松信司監督、2012）を例にとると明確になる。本作で興味深いのは、作中に口パクに頼らないシーンを意図的に作っているところだ。

たとえば第５話のアバンタイトルでは背中からキャラクターをとらえ、第６話ではロングショットでバレーボールをする三人を描いている。これはどちらも口パクが見えない絵のため、キャストは自分のタイミングでセリフをしゃべることができる。口パクに縛られているアニメのセリフらしさが薄れ、生々しいノリが加わって、さらにおかしみが増している。「生々しいノリ」というのは、役者そのものの「素」に起因するものなのか、それともアニメのキャラクターに起因するものなのだろうか。結論からいえばこの「生々しいノリ」こそ、役者の肉体という３次元とアニメキャラクターの図像という２次元の間に生じた「2.5次元的なもの」であるといえよう（藤津,2012 「『男子高校生の日常』とキャラクター」http://bonet.info/review/2220）。

アニメに用いられる図像は記号的なものである。そうした図像の記号性に対して、「音声」は役者の身体に依存する。固有の存在である役者の身体から生まれるからこそ声には生々しさがあり、それがキャラクターに生命を吹き込むことになる。ここで強調すべき点は、キャラクターの声は「役者の声」として視聴者に届いてはいないということである。役者の身体から発しつつも、「図像」の力によって、役者の身体から切り離されて視聴者に響いているのがキャラクターの声である。

こうした相補性は、視聴者の「図像」の捉え方に起因する。視聴者はキャラクターを構成する「記号」を手がかりにして、「図像」の向こう側に「本物」を見ているのである。だからこそたとえば、『おそ松さん』（2015–16）など、様々なデザインの図像を持つキャラクター（通常バージョン、美青年化したF6バージョン）であっても、「色」だけが一貫しているような状況があれば、キャラクターをそれと認識できるのである。

この認識は平面図像だけでなく人形アニメにも、共通点があるだろう。人形そのものを愛でつつも、声を手がかりとして、その向こう側に「本物の人間」を感知することで観客はキャラクターのリアリティを実感しているのである。

「音声」は、こうした図像や人形を構成する「記号」を手がかりとして「本物」へと続く回路を開くときに重要な役割を果たしている。たとえば、平面図像のキャラクターには、難しい曖昧な表情演技をさせず、画面上は後ろ姿にして役者の演技でニュアンスを伝える（表情は視聴者の想像に委ねる）という演出方法が効果的なのも、この「図像」を入り口に、「音声」を経由して「本物」を感知するという認識のプロセスあればこそ有効といえるのである。

これは演じている声優にとっても同様である。声優がしばしばイベントなどの舞台上でキャラクターの声をだすときに、「キャラクターの絵をみないと、その声がでてこない」と語ることがある。それは、この認識のプロセスのことを指しているのである。

『男子高校生の日常』の当該シーンは、このようなプロセスを逆手にとって、意図的に図像の支配を弱め、声と役者の距離を近づけるようなシチュエーションを作っている。その結果、思わぬ「生々しさ」が浮上することになったのである。これは先んじて「図像」とセットで出来上がったキャラクターであるからこそできるのである。「声によってキャラクターを実在させる」とはこのような力学の上に成り立っている行為なのである。

結論

以上、声優という職業を「歴史」「仕事の実際」「キャラクターとの関連性」の三点から考察した。

本稿で取り扱った中でも、今後大きなテーマとなるのは「演技」にまつわる部分だと思われる。

たとえば音響監督のディレクションが各役者にどのように伝わって、演技が変化するのか。佐倉綾音写真集『さくらのおと』(2018)のロングインタビューで、佐倉が各音響監督のディレクションの仕方の違いを語っているが、こうしたディレクションと演技の関係についてはまだわかっていないことが多い。

また演技の性質についても、俳優と声優の演技はどこがどう違うから聞こえ方が違うのか、俳優が演じる「ナチュラルな演技」と声優が演じる「ナチュラルな演技」の間にはどういう差があるのか。先に触れた小林(2015)は、スタジオジブリ作品の出演者に聞き取りをすることで題材にこの問題に触れていたが、もう少し広い範囲からも考えられるテーマと思う。これはそれは単に音声の問題だけでなく。図像との関係、ひいては作品の世界観との関係も含めて検討されるべきと思う。

スマートスピーカーの普及を見てもわかるとおり、今後はエンターテインメント以外の領域でも、声の持つ付加価値が大きな役割を果たすようになるだろう。そうした未来がきた時、「声優」の仕事もまた拡張し、変化していくはずだ。

引用文献

藤津亮太『声優語――アニメに命を吹き込むプロフェッショナル』一迅社、2017年。

細馬宏通『ミッキーはなぜ口笛を吹くのか――アニメーションの表現史』新潮社、2013年。

参考文献

伊藤剛、岩下朋世、さわやか「キャラクターが拓く、表象文化の未来」、『美術手帖』8月号「特集キャラクター生成論─3DCG、VR私たちの“リアル”はどう変わる？」2016年：88-95。

小田切博『キャラクターとは何か』ちくま新書、2010年。

小林翔「声優試論──「アニメブーム」に見る職業声優の転換点」(『アニメーション研究』、第16号第2号、2015年：3-14。

『GUNDAM CENTURY RENEWAL VERSION』樹想社（発行元）・銀河出版（発売元）、2000年。

須川亜紀子「ファンタジーに遊ぶーパフォーマンスとしての二.五次元文化領域とイマジネーション」、『ユリイカ』「特集２.５次元」、2015年：41-47。

鈴木真吾「サウンド/ヴォイス研究　アニメを奏でる３つの音──アニメとって音とは何か」、小山昌宏、須川亜紀子編著『アニメ研究入門　アニメを究める９つのツボ』、現代書館、2013年：96-119。

高畑勲『アニメーション、折に触れて』岩波書店、2013年

夏葉薫、町口哲生、深水黎一郎ほか『声優論　アニメを彩る女神たち　島本須美から雨宮天まで』河出書房新社、2015年。

西岡純一「ジブリが役者を起用する理由」、動画 https://www.youtube.com/watch?v=mbfuqtKY6hI&feature=youtu.be，2010年4月15日、（閲覧：2017年11月1日)。

日本音声製作連盟『吹き替え文化の明日に向かって　音声連30年の記録』,2008年

松田咲實『声優白書』オークラ出版、2000年。

注

(1) 小林翔「声優試論──「アニメブーム」に見る職業声優の転換点」(『アニメーション研究』、第16号第2号、2015年：3-14。
女性ばかりになった理由について、1年近い養成機関を月1回の出演料で生活しなくてはならないということが、家計を支える男性労働者には難しかったのではないかと推測している。また専業化にならなかった理由については「ラジオ放送黎明期においては、声優の専業化を促すのに十分な作品数や制作体制は満足に整っていなかったと考えられる」としている。

(2) 1953年にNHK（東京）と日本テレビが開局し、1955年にTBS、1959年に日本教育テレビ（テレビ朝日）とフジテレビが開局をしている。受像機は当初、

富裕層のものだったが、1959年の皇太子ご成婚を機に広く普及することになる。

(3) アニメーション制作会社から発注を受けた音響制作会社は、アフレコ、ダビング（映像に合わせてセリフ、効果音、劇伴をつけていく作業）を担当する。音響面の演出は、監督の意向を汲みつつ、音響監督が音響部門のトップとして実務を進めていくことが多い。

(4) アニメという言葉はアニメーションの略語として1960年代から使われていた。たとえば「まこと、ここ数年来の動画の隆盛、アニメという言葉の普及たるや、年期の入った我々自身、眼をみはるものがある。」（「動画映画（ルビ：アニメーション）の系譜」『映画評論』1962年9月号　森卓也）といった形でアニメという用語が使われていた。

これに対して、1977年から始まるアニメ・ブームで用いられる「アニメ」は、ブームのきっかけとなった劇場版『宇宙戦艦ヤマト』の宣伝を通じてポピュラーな言葉となった。中高生から熱い支持を受けていた同作は宣伝にあたり、子供向けの意味合いを持つ「テレビまんが」「まんが映画」と一線を画し、『ヤマト』が若者文化のムーブメントであることを印象づけるため、カタカナ語の「アニメ」を採用したのである。

(5) それまでの声優は、舞台俳優が本業であるという姿勢で声の仕事に望む人が多かった。そういうキャストは「声優」という呼び名に抵抗を示す例も少なくなかった。これに対し、アニメの声の仕事を目的に業界に入った世代は、「声優」と呼ばれることに抵抗感が薄かった。またこの世代は、先の世代よりも比較的若い年齢でアニメに出演することになったので、キャラクターとの年齢感が近いのも、キャラクターに独特のリアリティを付加することに繋がった。

(6) アニメの出演料を決める「ランク制」は以下のような仕組みとなっている。

ランク制は、各役者のキャリア人気、実力などを考慮して、日本芸能マネージメント事業者協会（マネ協、声優事務所などが参加する団体）と日本音声製作者連盟（音声連、音響制作会社の団体）が交渉の上、決められる。また、声優個人がどのランクに属するかは、年に1回役者本人がマネージャーを通じて申告することになっている。

基本出演料は、30分番組を基本とし最低のランクが1万5000円、最高ランクが4万5000円で、それ以上はノーランクと呼ばれ、ここに属する役者は出演料の上限が決まっていない。この基本出演料に、目的使用料（基本出演料の80％）が加算された金額が、1回のギャランティーとなる。

アニメ以外にも、外画、ゲームにもそれぞれランク制があるが、それ以外のCMなどのナレーション、ラジオパーソナリティー等にはランク制はなく、それぞれの相場観でギャランティーが決まっている。ここから、決して高いギャランティーとはいえないアニメでキャリアを積みつつ、それ以外の仕事で利益を上げていくという構図が生まれることになる。これはつまり事務所にとっても声優がタレント化したほうが、より大きな利益につながるということでもある。

1973年と1980年に行われたデモとストは、出演料アップと再放送料の獲得を目的に行われた。このデモとストを受け、出演料がアップされたほか、1978年には外画について、1981年にはアニメについて再放送料が獲得された。こうした過程が、1986年の外画動画出演規定（外画動画出演実務運用表）改定に繋がったのである。このような歴史を経て声優は、出演作品の音声の利用について権利を確立したのである。

なお1991年のデモで実現した、声優のギャランティアップではあるが、この時目的に掲げていたアニメ制作費全体のアップは実現しなかった。これが結果的に、ベテランの起用が減り、出演料の安い若手の登用が増えるという状況に繋がることにもなった。

(7) メディアミックスは、ひとつのコンテンツを様々なメディアに展開していくことになる。この時に、各メディアを横断的に繋ぐ役割を果たすのことが多いのがキャラクターだ。そしてこのキャラクターが、各メディアを通じて同じ声であると、メディアのキャラクターの同一性が強化されることになる。

'90年代の第三次声優ブームにおける声優のタレント化は、その萌芽を第二次声優ブームに端緒があり、それがビジネス的に本格展開されたと位置づけることができる。その結果、一人の声優が演技だけでなく、歌にラジオにイベントにとマルチに活動することになった。そうした各メディアの活動をつなぐ個性（キャラクター）として声優本人が存在している。これは声優自身がコンテンツとなって、マルチメディア展開をしていると考えるとわかりやすい。その点で第二次声優ブームと第三次声優ブームの違いは、声優がパフォーマーからコンテンツになったということもできるだろう。

(8) 男性声優人気の隆盛と女性ファン向け作品が台頭する過程については、渡辺由美子の同人誌『女子オタ萌え街道』(2017) による整理を参考にした。

(9) 外画の吹き替えは、モニターでオリジナルの音声をガイドとして聞きながら、日本語の演技をのせていく。アニメの場合は、ガイドのないところにゼロから演技を組み立てていく。技術的共通点は多いが、本質的に異なる作業といえる。

(10) 芯にワックスを含んだ色鉛筆。フィルムへの書き込みに使われることが多い。デルマとも呼ばれる。

第5章　オーディエンス、ファン論（ファンダム）
——2.5次元化するファンの文化実践

須川亜紀子

1．はじめに

『アニメ研究入門』（2013）の中で、池上はアニメのオーディエンスを、「アニメの視聴者、いわゆるオタク文化に関与しアニメを媒介にして結びついている人々、あるいはアニメ関連のイベントに参加している人々」と定義している（池上、2013、pp.149-150）。

池上はさらに二次創作活動も重要なアニメ・オーディエンス研究の領域であると述べており、オーディエンスが視聴行動、イベント参加、創造活動を継続的に行っていれば、アニメ・オーディエンスは、ほぼアニメ“ファン”と同義といっていいだろう。

日本では、テレビやネットの視聴行動をする人を視聴者、ラジオのリスナーを聴取者、演劇や映画を観に行く人を観客、とメディア別に行為者・消費者を表す言葉があるが、英語では総じてオーディエンス（audience）と呼称可能である[注1]。メディアミックス展開が常態化している現在のポピュラー文化においては、メディア別に示された鑑賞者の呼称はあまり有効性がないと考えられるため、本章では視聴者、聴取者、観客を包括的に「オーディエンス」として捉えたい。しかし、上述したように、アニメ・オーディエンスは、“ファン”とほぼ同義であったり、オーディエンスの立場・役割によって、特殊な呼称が与えられたりすることもある。例えば、1980年代の精神分析映画理論では、映画館という閉鎖された薄暗い空間で同じ映像を視聴し、体験するオーディエンスは、“見世物を観る人”という意味で、サーカスや野球の観客と同じく、spectatorsと捉えられ、論じられた（マルヴィ、1999）。また1990年代後半以降、インターネットが発展、普及し、常時接続状態で、場所を選ばないユビキタスなネットワークが可能となり、大量の情報とともにめまぐるしい速度で双方向型のコミュニケーションが行われている。オーディエンスはただ観るだけの立場から、作品テキストに積極的に関与し、影響を及ぼす存在になり、プレイヤーplayersや、パフォーマーperformersと捉えられ論じられることもある。二次創作をネットで発表し、ファンの認知を得ることによって、「ありそうな」物語を創出してしまうファンも多く、作者顔負けのファンの二次創作が、いつしか「公式」として認められてしまう事態も起こっている。そうした事態にならなくとも、ファンの書き込みが作者や製作者側に影響を与え、プロットやコンテンツ展開が変化することもある。まつもと（2012）は、トフラー（1980）のプロシューマー概念を援用し、ファンの二次創作を捉えている。プロシューマー（生産消費者）とは、生産者（producer）と消費者（consumer）を合わせた造語で、生産活動をする消費者の意味である。まつもとは、動画アップサイト（例：ニコニコ動画）など、視聴するだけでなく、創作や二次創作を発表するようなユーザーの活動をプロシューマーとして論じている。このように、ますます生産と消費の区分はあいまいになっていることをふまえた上で、現在のアニメ・オーディエンス（ファン）について研究する必要がある。

こうした意味において、今日のアニメ・オーディエンス（ファン）を論じる際、「パフォーマンス」という概念は有効性があるといえよう。演劇論を基礎にしてフィッシャー＝リヒテは、行為者と参加者が空間と時間を共有する相互作用の中でパフォーマンスが立ち上がるとしたパフォーマンス論を展開した。彼女は、劇場で上演される演劇だけではなくストリートパフォーマンス、ウェディングセレモニー、ミサ、スポーツの試合、政治集会などあらゆる場で、演者と鑑賞者（参加者）が身体（ライブ）を共存すれば、可能である（フィッシャー

＝リヒテ、2009）とし、演者と鑑賞者は二項対立関係ではなく、パフォーマンスに寄与する行為者とみなされた。こうしたオーディエンス参加型のパフォーマンスは、演劇論の枠組みを超えて、今日わたしたちが目撃するアニメイベントや2.5次元文化関連の演目などの参加型文化にも応用することが可能であろう[注2]。

1.1　ポピュラー文化におけるファン研究の歴史

この項では、ポピュラー文化におけるファン研究を概観する。アニメだけではなく、テレビ、雑誌、コミックス（マンガ）などのポピュラー文化の発信者（制作者、作者など）と受信者（オーディエンス）が学術研究対象になったのは、英国で始まったカルチュラルスタディーズの功績が大きい[注3]。カルチュラルスタディーズでは、発信者がコード化（エンコード）したテキストを、受信者は発信者が意図したように解読（ディコード）するとは限らないとしたS・ホールの『エンコード、ディコード論』など、エスニシティ、ジェンダー、階級、旧植民地など受信者のバックグラウンドを意識しつつ、受信者の積極的な読み・働きかけに焦点が当てられた。また、映画の観客（the audience/spectators）を一枚岩的に措定した精神分析理論にオルターナティブを提示する形で、テレビのオーディエンスは、複数形audiencesが使われ、多様なバックグラウンドをもつ個々人の視聴体験として、研究されたのである。

そうした中、H.　ジェンキンスと、ジェンキンスのアプローチを批判しつつ補塡したM. ヒルズは、学術研究がファンたちと隔たりをもっていることを批判し、自らをファン（fan）であり研究者（academia/scholar）である（fan-aca; scholar-fan）とし、ファンの立場からテレビドラマなどのファン研究を行った（Jenkins, 1992; Hills, 2002）。ジェンキンスは、1966年から放映され大ヒットしたSFテレビドラマ『スタートレック』（Star Trek, 1966-69、リメイク、劇場版など多数）のファン研究の中で、ファンによる二次創作について論じた。『スタートレック』とは、未来において地球人が宇宙に進出し、異世界人と交流を行っているという設定で、地球人のキャプテン・カークを中心に、女性や異星人を含めた宇宙船エンタープライズの乗組員たちが活躍するSF物語である。公民権運動が盛んになっていた放映当時のアメリカ社会において、出自、人種、国籍、ジェンダー、階級などの差異を超えて、一つの宇宙船のクルーとして苦難を共にして戦うこのSF作品は、人種差別に苦悩するアメリカにとって理想的社会のメタファーとしても解釈され、様々な学術的議論もなされた作品である。

ファンは、ファンクラブを作るなどファン同士の交流をした。アメリカでは、1977年にSFとアニメのファンたちによってCartoon/Fantasy Organizationが設立されている。ネットやソーシャルネットワーキングサービス（SNS）のない時代に、ファンがビデオ録画したアニメを鑑賞し、意見を言い合い、宴会をするような交流をしていた。鑑賞だけでなく創作するファンは、二次創作作品を発表し、登場人物と設定を使って新たな物語を増産した。その中でも特に特徴的だったのが、スラッシュ・フィクションと呼ばれる男性同性愛関係を描く小説である[(注4)]。主に女性ファンが描くその小説では、例えば『スタートレック』の中で描かれるキャプテン・カークと宇宙人スポックとの信頼関係が恋愛関係に置き換えられて描かれた。彼女たちは、人種差別、同性愛差別などを乗り越える理想的な物語を創出すると同時に、女性の社会進出がまだ難しかった時代に、表現を通じて他のファンとコミュニティを形成するという社会参加をしたのである。

ヒルズ（2002）は、二項対立で捉えられがちな研究者とファンについて、両者はそれぞれが一枚岩ではなく、多様な主体であると論じている。特に、既存のファン研究において、研究者がファンダム（ファンの大規模なコミュニティ）を絶対的「他者」として理論的枠組みから逸脱する対象として論じるものが多かったと指摘している

(Hills, 2002: 5)。こうした彼岸から観察する態度への批判から、ポピュラー文化のファンの一員でもある研究者がファンダムの中で参与観察、またはファンによりそった質的調査（個別インタビューやグループ討論）を使用する研究が、ファン研究領域に多く散見されるようになる（Moseley, 2003; コンドリー、2013, 2014; 須川、2013）。

特に、アニメに深く関連するファン研究を行ったI. コンドリー（2014）は、文化人類学の手法であるエスノグラフィーを通じて、日本のアニメ制作作業工程を研究し、音声合成ソフト「ボーカロイド」の初音ミクに関するファンの二次創作、二次創作の二次創作、つまり“n 次”創作について、ファンの創作熱意を「ダークエネルギー」と称するなど、デジタル時代のファンダム研究にもいち早く取り組んでいる。

1.2 メディアミックスによる世界観の成立

ポピュラー文化のファン研究も、ファンが研究者になることで、ファンダムに近い研究者による研究が進んだが、特に2000年代以降のファン研究が直面した大きな問題があった。メディア区分型のファン研究の困難である。例えば、映画研究、テレビ研究、マンガ研究などの映像、印刷メディア毎の区分は有効ではなく、メディア横断型、かつ情報発信型のファンを前提にしなければならなくなった。つまり、「アニメの○○作品、○○キャラクターのファン」という言い方は、細分化されたファンの類型を指摘するものにすぎない。ファンはマンガ、アニメ、ゲーム、舞台など、あらゆるメディアで展開される物語やキャラクターに夢中になり、自らの嗜好をSNSなどで発信することによって、同じ嗜好をもつ他のファンと交流するのである。

今日のポピュラー文化において、同時に多メディア（マンガ、アニメ、ゲーム、舞台、実写映画、小説など）で共有されるメディアミックス戦略が主流になったため、ファンは世界観とキャラクターを、メディアプラットフォーム（媒体）をあまり意識することなく消費しているが、その消費の仕方は多様である。T. ラマール（2011）は、ファン（オタク）の活動を次のように解説する。

> ファンは自分たち自身の「アマチュア作品」（同人誌のような）を生産するだけではない。製品を収集し、分類し、クラブを結成し、会合を開き、コンベンションに出席し、キャラクターと同じ扮装をし（コスチュームプレイもしくはコスプレ）、批評や評論を発表し、オープンソースデータベースを作り出すといった活動を行いもするのだ。さらに国の枠を超えた文脈では、アニメや映画や連続テレビ番組のファンサブ（ファンによってつけられた字幕）、あるいはマンガやライトノベルのスキャンレーション（スキャンしたものの翻訳）を作ったりもする。（267）

こうした活動のすべてに携わるファンもいれば、限定的に行動するファンもいる。こうした消費生産は、主にゲームやアニメのファンサブを通じて世界各地に広まり、ポピュラー文化のファンを国単位で語ることも難しくなっている。そうしたファンダムの中で、新興領域として注目されるのが、「2.5 次元舞台」のファンである。「2.5 次元舞台」とは、第一義的には、マンガ、アニメ、ゲームなどの原作の舞台化作品を指す。しかし、昨今原作が二次元というだけですべてが「2.5 次元」的だとファンに認識されているとは限らない。虚構の実存、現実の虚構性といったイメージが舞台作品を「2.5 次元」と認識させているのである。

本章では、まず 2.5 次元空間、文化が現象した背景を概観する。次に「2.5 次元舞台」のファンを取り上げ、ファンの消費行動やファンダム形成について論じる。例として、長い歴史と根強い人気のあるミュージカル『テニスの王子様』シリーズのファンを取り上げる。総じて「2.5 次元舞台」ファンたちは、「嗜好の共同体」ともいうべき同じ嗜好をもつ、見知らぬ親密な他者（インティメイト・ストレンジャー intimate stranger；富田、2009）との共同体形成を行い、グッズの収集・売却・交換、ツイッターなどへの書き込みなどによって共同体を拡大している(注5)。この「嗜好の共同体」の可能性と課題やファン活動の社会文化的意味について論じていきたい。

2．2.5 次元化するファンとファンダム

2.1 「2.5 次元」という空間

「2.5 次元」とは、文字通りアニメ、マンガ、ゲームなどの 2 次元（虚構）世界と、接触可能な 3 次元（「現実」）の世界の間の空間を指し示すが、物理学的用語ではなく、ファンたちの間で作られたイメージ先行の造語である（須川、2015: 41）。2003 年に始まった、少年マンガ『テニスの王子様』を原作とするミュージカル『テニスの王子様』を観たオーディエンスが、「まるで二次元（のマンガの世界）から（三次元の現実に）飛び出したみたい」という感想がネットを通じて広まり、虚構と現実の中間を表す「2.5 次元」という言葉が使用されたようである（須川、2015: 41）。2008 年には「アニメミュージカル」と呼称されていたが（片岡、2008）、2010 年には雑誌『Otome continue』の特集に「2.5 次元」という用語が使用されている（Otome continue, 2010）。ファン主導の用語を 2010 年にマスメディアが見出しに採用したのは、2008 年から 2.5 次元舞台が急激に増加し始めたことも一因かもしれない。Nozawa（2017）が述べるように、もともと「2.5 次元」とは、声優を意味していた。声優は、身体（声）によって虚構に魂を与える 2 次元と 3 次元の媒体者、つまり 2.5 次元的存在であるということだった。背景には、1980 年代に隆盛を迎えるオタク文化において声優の人気が高まるにつれ、イベントや『アニメージュ』（1978 ～）などのアニメ専門雑誌が増加し、ファンが声優のビジュアルや活躍に触れる機会が増えたことなどがあげられるだろう。

2010年代でも声優は2.5次元空間を支える重要な役割をもっているが、先述したマンガ、アニメ、ゲームの舞台化によるビジュアルイメージを二次元キャラクターへ近づけたキャストの存在も、声優と同じく2.5次元空間の構築の支柱を担っている。興味深いことに、ファン自身も“2.5次元化”している。つまり、メディア環境の変化によって現実と虚構の境界があいまいになっている世界で、積極的にコミットすることで、自らを2.5次元世界に没入させているのである。そもそも、「2.5次元文化」が隆盛なのは、概して、ネットやSNSの発達、VRやARなどの映像技術の発達、そしてメディアミックス戦略の浸透によるところが大きい。次項では、「2.5次元文化」現象の背景にある2000年代以降のメディア環境の変化について分析する。

2.2「2.5次元文化」隆盛の背景

(1) インターネットとSNSの普及、発達

アニメの物語やキャラクターに没入するファンは、アニメーション作品が映画館やテレビに登場した時から存在するが、ごく一部の特殊な趣味としてマイノリティのファンダムだと長い間認識されてきた。しかし、2010年経済産業省による「クール・ジャパン海外戦略室」の設置に象徴されるように、アニメ、マンガ、ゲームのファンダムは、経済効果の高い良い消費者の集団としてメディアにも取り上げられるようになる。ディープなファン(いわゆるガチなオタク)からライトユーザーまで、ファンの裾野が広がったことに加え、アニメ、マンガ、ゲームなどのポピュラー文化を楽しみ、それを公言することにあまり抵抗感のない人々が増加したことも理由にあげられる。

しかし、最も重要な理由の一つは、インターネットとSNSの普及、発達により、ファンと制作者側の情報発信と相互作用が急激に増加したことである。1990年後半からブログなどで情報発信する人々

が増え始め、2004年にサービスが開始されたSNSのmixiやGREEによって、「コミュニティ」に参加しているインティメイト・ストレンジャーとの情報交換が盛んになっていく。そうした同じ嗜好をもつファンとのオンライン、オフラインでの情報交換や情報発信でコミュニケーションが活発になる一方、制作者側の情報発信も効果的なマーケティングの手段としてホームページやブログが使用されるようになる。2006年にTwitterのサービスが開始されると、スマートフォンの普及と比例して手軽なコミュニケーションツールとして人気がでてくる。

Twitterによる制作者側の情報発信の中で、"キャラのSNSアカウント"は、「2.5次元」感覚を助長してくれるユニークな試みであろう。キャラのSNSアカウントとは、二次元のキャラクターがつぶやく体のSNSアカウントのことである。例えば、子供向け番組『ひらけ！ ポンキッキ』(1973-93)の着ぐるみキャラクターのガチャピンが、日々のちょっとした出来事をつぶやいたり[(注6)]、アイドルアニメ『うたの☆プリンスさまっ♪』シリーズ(2011-16)のキャラクターたちがまるで生きている人間のようにTwitterでつぶやいたりする[(注7)]。日々の生活のつぶやきは、ファンたちの生活と同次元のサイバー世界に存在し、リツイートやコメントすることにより、ファンはキャラクターたちと「交流」することができる。キャラSNSアカウントに関して、鈴水(2016)は、「そこには、それを「本物」として演出する空間もステージも存在していない。今、我々はそもそも3次元に生きているのだろうか。もしかしたら2.5次元の中にいるのかもしれない」(115)、と端的に2.5次元的状況を説明している。特殊な装置が介在しない日常と地続きだからこそ、ファンにとってのリアル感が増すのである。また、2.5次元舞台を演じる俳優のSNSも、2.5次元空間を構築する重要なファクターである。キャラSNSアカウントで実際に書いている人は、当然キャラ本人ではなく、おそらく広報のスタッフ(成人男性／女性)であるが、俳優のSNSの筆者は、(おそらく) 本人である。ファンは、その俳優の演じるキャラクターと、俳優本人のつぶやきを何枚もの「妄想フィルター」をかけて解釈し、様々なストーリーを作りながら楽しむのである。

(2) VR、ARの発達と「リアリティ」の認識

VR (virtual reality = 仮想現実) とは、仮想イメージを現実に近づける技術であり、そのイメージである(注8)。現実を虚構に近づけるAR (augmented reality = 拡張現実) もすでに観光や娯楽として使用されている。スマートフォンのアプリをダウンロードし、特定の場所に行って起動すると、昔の街並みが画面上に重なって見えるような観光アプリや、アニメの舞台になった場所で起動するとキャラクターがポップアップで現れ写真も撮れるようなアプリもある。持ち運びが可能で、ネットに常時接続している今日の私たちのメディア環境では、現実と虚構の境界線は限りなくあいまいである。

VRとARが混ざり合ったMR (mixed reality = 混合現実) という言葉もあるが、モバイルアプリゲーム「ポケモンGo」の世界のような、実際過去に『ポケットモンスター』のカードゲームでのプレイ体験や、アニメ版の視聴体験をしたユーザーたちにとって、ノスタルジーを喚起するポケモンのキャラクターが、自分が今立っている道路や広場に画面を通じて出てくると、自分がゲーム (もしくはアニメ) の世界に入り込んでしまったような感覚をもちうる。すでにそれは現実なのか虚構なのかわからないようなHR (hybrid reality = ハイブリッド現実) だといえるだろう (de Souza e Silva, 2006)。

そうしたHRに拍車をかけるであろうものが、VRゲームの家庭版の普及である。特に2016年は「VR元年」ともいわれた。家庭向けのゲームPlayStation VRが10万円以下で発売され、VR体験が家庭という日常空間から私的な空間で可能になったことにより、VRが日常化されてきている (日経トレンディネット、2016)。物理的

に存在する「現実」と、映像として認知できるが物理的には接触できない「現実」とが入り混じる感覚が、ますます身近になっていくことは想像に難くない。また、スマートフォンなどのモバイル機器を常時身体にまとい、常に接続状態でSNSなどを通じてコミュニケーションを取ることが日常化・常態化している人々にとって、サイバー空間も物理的な「現実」空間も、シームレスな地続きの空間であるだろう。人によっては、サイバー空間の方に「リアリティ」を感じ、自分の居場所だと思うかもしれない。そうしたHRの感覚の浸透も、2.5次元文化を現象させた一因であろう。

(3) メディアミックス戦略の浸透

メディアを横断する連続した物語世界を、メディアミックスと呼ぶ。日本のポピュラー文化において、マンガ、アニメ、ゲームのキャラクターが、菓子やドリンクなど食料品・嗜好品のパッケージ、文房具、衣類（パジャマやTシャツなど）、パチンコなどにいたるまで、子ども向けだけでなく大人向けの商品まで身の回りに点在していることを、私たちは日常的に受容している。大塚英志（2012；2017）によると、日本のメディアミックス的状況は、江戸時代にすでに見られ、戦中、戦後も試みられていた。スタインバーグ（2015）も戦後のラジオやテレビアニメのキャラクターグッズ展開を分析しており、メディアミックス的商法に戦前からの連続性をみている。日本のメディアミックスとアメリカの類似した現象であるトランスメディア・ストーリーテリングに関して、スタインバーグ（2015）は、次のように説明している。

> メディアミックスは、文字通りに物語を伝えることのためというだけではない。物語は、メディアミックスにおいては必ずしも必須の要素となるわけではなく、たいていの日本の作品においては、キャラクターの存在の方がずっと重要である。（中略）

> アメリカのトランスメディアは、一元的で連続的な世界観を求めている。対照的にメディアミックス作品は、物語の連続性を必要としないし、作品同士で矛盾はそこかしこにある。メディアミックスを支えているのは、互いに矛盾した物語の中の同一キャラクターだ。(25)

スタインバーグの述べる通り、日本のポピュラー文化においては、自律したキャラクターが、世界観の主軸となって複数のメディアプラットフォームを束ねる機能を果たしている。マンガ、映画、テレビ、ゲーム、舞台などそれぞれのメディアプラットフォームで様々な物語を展開しているが、キャラクターの内的外的要因や決め台詞・決めポーズ、声などもある程度共通していれば、世界観が崩れることはあまりない。ゆるやかにつながった物語群の中で、キャラクターは色々な側面をオーディエンスに提供するのである。

その柔軟さが、ファンたちの想像をかきたて、設定や世界観を大きく逸脱しない枠内で、二次創作により新たな物語や、未だ描かれていないストーリーのギャップをうめる作業をもうながす。さらに、BL 同人誌などに代表されるように、本編では描かれることのない別の解釈が、キャラクターを使って描かれることもある。男性ライバル同士が、二次創作では恋愛関係（いわゆる BL）になっていたり、本編では片思いの相手であるが、二次創作では恋愛成就するストーリーも作られたり、物語性を感じさせるようなイラストで描かれることもある。ある二次創作に関する、別のファンよる二次創作（n 次創作）も作られることもある。メディアミックスがもたらした世界観は、制作者によって公式発表されているものだけでなく、ファンたちの創作も内包し、増殖していく。

キャラクターがリードするメディアミックス環境の中で、2.5 次元的現象が顕著なのは、俳優の身体が媒介するときであろう。よく知られた例としては、マンガ、アニメ、ゲーム、小説、ライブコンサートなどにおけるメディアミックスプロジェクト『ラブライブ！school idol project』（2010-；以下『ラブライブ』と表記）の声優たちによるアイドルグループμ's（ミューズ）がある。アニメ『ラブライブ』は、東京の女子高校、国立音ノ木坂学院の在校生たちが、閉校の危機を救うべく入学者数増加のためにアイドル活動を始め、全国アイドルクラブコンテスト「ラブライブ！」をめざす物語だ。アニメ放映以前に活動していた声優によるアイドルグループ（のちにμ'sと名付けられる）は、アニメの女子高生さながらにコンサートを行い、アニメのキャラクターと素の声優としての二つのふるまいを使い分け、時には意図的にオーバーラップさせ、その2.5次元性でオーディエンスを魅了した。コンサートでは、舞台後部スクリーンにアニメの映像を、舞台上では同じステージ衣装を着た声優が歌い、オーディエンスは2次元と3次元のイメージを重ね合わせながら、2.5次元空間を体験する機会を与えられたのである。

2.5次元的空間はネット普及以前から、ファンたちのイマジネーションを介して構築されていたと考えらえるが、2000年代以降は、上記の三要素によって2.5次元空間が日常化、常態化してきたのである。また、ディープからライトまで幅広いファン層が2.5次元文化を消費、利用するようになった。次項では、一つの事例として「2.5次元文化」の代表格である「2.5次元舞台」を消費するファンの動態を考察する。

3. ファンによる2.5次元舞台の消費と利用

ファンの積極的関与が、2.5次元空間を構築する際に重要であることは先述したが、ではファンはどのようにして「2.5次元舞台」に関与するのであろうか。その消費と利用方法について、ミュージカル『テニスの王子様』を例に論じていく。

3.1 ミュージカル『テニスの王子様』作品の特徴

許斐剛の少年マンガ『テニスの王子様』(1999-2008) は、小説、アニメ (テレビ、映画)、ドラマ (テレビ、映画)、ミュージカルなどメディアミックス展開をしている。現在認知されている2.5次元舞台の嚆矢であるマンガ原作のミュージカル『テニスの王子様』(以下、『テニミュ』と表記) は、2018年には15周年というロングランを続けるミュージカルであり、2017年までで約250万人を動員しているヒット作だ。(注9) また、長い歴史があるがゆえ、独自のスタイルを確立しており、2.5次元的空間を構築するにあたり、様々な演出、仕掛けを提供しているコンテンツである。

(1)「連載上演」スタイル

ブロードウェイや劇団四季などのミュージカルと異なるのは、「連載上演」型であるという点だ。(注10)『テニミュ』は、テニスの試合と試合に向けた練習を時間軸に進行するため、一回の公演が「vs ○○」戦というように、対戦相手毎となり、主人公越前リョーマの青春学園中等部テニス部入部から全国大会優勝までの道筋が描かれる。「連載」であるがゆえ、前公演の物語を知らない観客に対し、ブロードウェイミュージカルによく見られる物語設定を冒頭に説明するような歌は、同じスタイルでは挿入されない。(注11) 必然的に、より楽しむためには、マンガやアニメで物語を「予習」したり、ネットで情報収集して、少なくとも登場人物が誰なのかを勉強する必要が生じるのである。(注12)

(2) キャラクターの再現性

また、2.5次元空間を構築する重要な機能をもつキャラクターを忠実に再現している点も、既存のミュージカルとは大きく異なる。つまり、マンガ、アニメ、ゲームにおける視覚イメージが先行しているため、到達すべき「答え」(視覚イメージ) があるということだ (須川、2017；おーち、2017：75)。『テニミュ』の場合、性格や身体的特徴を含め、キャラクターのイメージに合致する若手俳優を起用しているため、俳優自身に先行したイメージのない、つまりあまり「色のついていない」身体でキャラクターを演じることで、オーディエンスは俳優の身体にキャラクターイメージを容易に重ねることができる。2.5次元の起源たる「まるで（2次元）キャラクターが（3次元に）飛び出してきたよう」な感覚を体験できるのである。つまり、俳優の身体は、俳優に帰属するものでありながら、そのコスチューム、メイク、かつら、しぐさ、セリフの言い回しにいたるまで、2次元のキャラクターの再現が優先されるという意味で、帰属者から遊離した存在である。オーディエンスは、より2次元に近いアクチュアルな身体を、物理的な存在として認識し、それが「リアル（本物っぽい)」と錯覚する（もしくは、本物（2次元キャラクター）として脳内補完して積極的に誤認する)のである。オーディエンスのイマジネーションによって補填された「リアル」な存在は、実は限りなくバーチャルな身体なのである。しかも、『テニミュ』は、シーズン中の「卒業」などでキャストの入れ替わりが行われている。例えば、セカンドシーズンまでで主人公越前リョーマは、代替わりですでに8人が演じている（2018年3月現在)。ミュージカルであるがゆえ、歌、踊り、演出など、シーズン毎に変化があるため、同じキャラクターを演じていても異なる俳優の身体によって、キャラクターと演じる身体の差異、同一キャラクターを演じる歴代俳優たちの差異を楽しむという新たな快楽も産出している。

再現性を優先するため、ミュージカル俳優としては未熟な場合もある。いつ鑑賞しても一定の質を保証するブロードウェイやイーストエンドのミュージカルとは一線を画すが、未完成ゆえにのびしろを期待できる余地こそがファンの「応援」を促進し、熱狂させる要因にもなっている。

(3)「チーム男子」スタイル

チーム男子とは、若いイケメンたちが団体で紡ぐ物語を、女性オーディエンスが愛でる視線という文脈で流行した2000年代初期の用語である。アニメ『テニスの王子様』(2001-05)のキャラクターたちがBL同人誌でよく使用されていたこともあり、「チーム男子」の代表格が『テニスの王子様』であった。2008年に出版された『TEAM! チーム男子を語ろう朝まで!』(太田出版)で、『テニミュ』が取り上げられていることからもわかるように、『テニミュ』をはじめ少年マンガ雑誌のスポーツ作品を原作とした舞台は、男性キャストオンリー(=チーム男子)であることが多い。特に『テニミュ』は女性オーディエンスが舞台上の女性キャラクターに嫉妬したり、妄想を邪魔されたりしない配慮から、意識的に女性キャラクターを排除したようである(片岡、2008)。ミュージカル『美少女戦士セーラームーン』シリーズのように、女性キャストオンリーの作品もあるが、圧倒的に男性キャストオンリーの作品の方が、2.5次元舞台作品の中ではマジョリティである。(注13)

(4) オーディエンス参加型のショータイム

カーテンコールの後、オーディエンス参加型のショータイムが設けられていることも、ファンたちが熱狂する点である。各チームの振り付けがついた有名な曲『シャカリキ・ファイト・ブンブン』では、オーディエンスもキャストと同じ振り付け(主に両手)をしながら曲を歌うように促される。また、サイリウム(ペンライト)を、「推し」と呼ばれる贔屓のチームやキャラクターのイメージカラーにして振ることも許され、さながらライブコンサートのようになる。このショータイムでは、キャストが客席の間を駆け回り、ハイタッチなどをしてオーディエンスと物理的に接触する機会も与えられる。オーディエンスは、キャラクターが側に存在するという感覚を、3次元の身体を媒介に獲得するのである。

(5) 公演のスピンオフとしてのライブコンサート

『テニミュ』では、「ドリームライブ」(公演に出てきたチームが出演するライブ) や「チームライブ」(特定のチームだけのライブ) という、ライブコンサートが本公演のスピンオフの形で行われている。ライブには寸劇もあるが、基本的に曲を披露するコンサートである。公演時のショータイムと同じく、オーディエンスはサイリウムを何本も持ち、「推し」のカラーをかかげたり、歌うキャストが演じるキャラクターのカラーに変えたりして応援する。長い歴史があり、キャストが代替わり(注14)している『テニミュ』ならではの演出に、過去にキャラクターを演じた俳優がスペシャルゲストとして招待され、同じキャラクターを演じた歴代の俳優たちが共に曲を歌うなどの興味深い演出もある。物語内の部活(テニス部)さながら、先輩が卒業し、OBとして戻ってくる、キャストの人間関係のうちにも「部活」を垣間見ることができる。

(6) グッズ展開、お土産の配布

公演毎に異なるブロマイドや限定グッズの展開も、既存のミュージカルや舞台にはあまり見られない光景である。また『テニミュ』では、公演後会場を出る際、お土産としてキャラクターに扮するキャストのブロマイドやシールを配布することが多い。こうした関連グッズは、ファンの交流を促進させる機能を果たしている(本章 p.137 を参照)。

(7) キャストによるツイッターなどでの情報配信

2.5次元空間の構築は、公演の前後でも活発である。キャストが公演の前後にスナップ写真やつぶやき、謝辞、感想などをSNSで発信するのである。素(キャラクターを演じていない)として発するその言葉は、一見2.5次元から現実(3次元)に引き戻されて興醒めになりそうであるが、ファンはそれさえも2.5次元の醍醐味とし

て消費する。

(8)「影ナレ」(開演前後のナレーション)

劇場内では、「影ナレ」(舞台裏からのナレーションの意)と呼ばれる、キャストによるナレーションが上演前、上演後に流れる。素のキャストたちの声が、突然キャラクターの声になり、上演中の注意や、上演後の寸劇のようなキャストたちのやりとりなどを音声で聴きながら、オーディエンスはキャストたちが戯れる様子を想像する。日替わりで異なる影ナレがあるため、毎公演通う=「全通」行為も誘因する。

(9) お見送り

人気が高まるにつれて徐々に行われなくなったが、「お見送り」も『テニミュ』の特徴の一つであった。「お見送り」とは、座席からロビーに出る途中の廊下で、キャラクターのコスチュームを着たままのキャストが、オーディエンスを見送るというものだ。キャストを間近で見ることができ、言葉をかけることもできる。オーディエンスは、「生きているキャラクター」と至近距離で存在を確認できるのである。

こうした特徴が、既存のミュージカルや舞台には見られない独自性を生じさせ、『テニミュ』の世界を作り上げている。「2.5次元舞台」は公演数も増加し、多様をきわめているため、『テニミュ』の特徴がすべての「2.5次元舞台」に共通するというわけではない。しかし、ファンの消費、利用の仕方は、「インティメイト・ストレンジャー」との交流を通じての「嗜好の共同体」形成という点で通底している。

3.2 インティメイト・ストレンジャーとの「嗜好の共同体」形成

上述した『テニミュ』の特徴は、ファンに積極的な関与を促進させる。こうしたファンの行動が、嗜好を同じくする見知らぬ匿名の他者（インティメイト・ストレンジャー）とゆるやかなつながりを作り上げ、やがて「嗜好の共同体」と呼べるようなコミュニティを形成していく。Jenkins et al.（2016）は、ファンの参加とは「ある団体が集団的、個人的に共有された経験に対し影響を与えるような決定をするような文化の特性（12）」だとし、テクノロジーの特性に言及する相互作用と区別している。「集団的、個人的に共有された経験」という点が、インティメイト・ストレンジャーとのファンダムを形成する際に、重要だと思われる。次に、どのように『テニミュ』ファンは、「嗜好の共同体」を形成しているのかを、ネットの活用の事例で分析していく。

（1）「空耳」クリップ

2005年にサービスが始まった動画投稿サイトGoogle video, Dailymotion, Youtubeなどのストリーミングによる視聴は、オーディエンスの情報発信スタイルを大きく変えた。中でもコメント機能をもつニコニコ動画により、ファンの投稿に対するリアルタイムのコミュニケーションが可能になった。そこで出てきたのが『テニミュ』の「空耳」クリップである。「空耳」クリップとは、初期の『テニミュ』のDVD映像において、滑舌の悪いキャストのセリフや歌に、「そう聞こえるような」別のセリフや歌詞を字幕で与えることで、パロディ化した動画である。3.1（2）「キャラクターの再現性」で述べたように、ファンがツッコミを入れられるような歌や演技の未完成性があったために、ファンの参入の余地が生まれた。結果、『テニミュ』を知らないユーザーたちもがコメントを投稿した。そのアクセス数の増加を背景に、数多くの「空耳」クリップが投稿された。ニコニコ動画というプラットフォームにおいて、見知らぬファン同士が『テニミュ』を利用してコミュニケーションすることによって、『テニミュ』ファンダムが形成されていった。実際、まだ地方公演が少なかった頃、東京まで観劇に行けず、DVD購買の金銭的余裕のない若いユーザーが、「空耳」クリップを通じて『テニミュ』に興味をもち、大学生や社会人になって金銭的余裕ができたことで観劇し、オンライン上のファンと会場で交流する例もあった。(注15)

(2) トレーディング

3.1(6)「グッズ展開、お土産の配布」で言及したように『テニミュ』関連グッズの中には、中身がわからないランダムブロマイドやバッジなどのセット売りがある。お目当ての「推し」の写真やバッジなどが手に入るまで買い続けたり、全種類集めるというコレクター欲を掻き立てる仕組みがある。グッズを買わないファンであっても、公演に何度も通っていると、お土産で配られた写真やシールなどの必要のない余剰品が出てくる。そこで始まるのがトレーディング(交換行為)である。

劇場外でトレーディングするファンたち(筆者撮影)

公演会場の外では、「○○譲ります」「○○求む」などの看板やメモを持ったファンや、何種類もの写真やバッジを広げているファンを目にすることがある。ツイッターなどのSNSであらかじめ情報発信をしているファンも多く、物理的に会って言葉をかわしても、本名や素性を知らず、ハンドルネームで呼び合う場合が多い。こうしたトレーディングから観劇仲間になり、次回公演から共に鑑賞する「友だち」になることもあるが、本名、出自、年齢、既婚かどうかなどを明かさないことが多いのである。

(3) 情報交換、互助の精神

トレーディングをきっかけに「嗜好の共同体」を構築するファンがいる一方、ツイッター上での情報交換や助け合いから「嗜好の共同体」にいたる場合もある。熱烈な「2.5次元舞台」ファンであるライターのおーち（2017）は、ミュージカル『刀剣乱舞』（以下、『刀ミュ』と表記）の海外公演に行った時の詳しいエピソードを「実録！海外遠征珍道中」というコラムで描写している。中国の珠海という見知らぬ地での『刀ミュ』鑑賞を思い立ったおーちが、同じ『刀ミュ』ファンから同行の誘いを受け計画を立てたものの、観光地でもない珠海の現地の様子がわからず困っていたところに、香港在住の日本人の『刀ミュ』ファンが、わざわざ現地に行って、写真とともに情報をSNSにアップしたことで、現地の様子が手に取るように事前にわかったという（171）。おーちはそれを「協力体制」と呼んでいるが、見知らぬ匿名の他者に対し、SNSで情報提供をするファンが多数存在し、お互い助け合う事例が少なくない。

4．結論

この章では、ファン研究として「2.5次元舞台」ファンとファンダムを取り上げた。「2.5次元」的空間、つまり虚構（2次元）と現実（3次元）が入り混じった空間で、ファンが積極的に関与することで、「2.5次元文化」が消費、利用されている。アニメ・ファン、アニメ・オーディエンスという限定的な呼称は、メディアミックス状況下ではもはや有効性をもたない。アニメ・ファンがその派生物として声優のコンサートやアニメ原作の舞台やミュージカル（2.5次元舞台）にも足を運ぶこともある。広く2.5次元文化を消費、利用するファンの増加の背景には、ネットやSNSの普及がある。ファンたちは、SNSを通じて、インティメイト・ストレンジャーと情報交換、コミュニケーションを行い、同じ嗜好を持つもの同士で「嗜好の共同体」を形成する。

「嗜好の共同体」の構成員は、見知らぬ匿名の他者（本名、出自、既婚・未婚の別、子の有無、学歴等の詳細を明かさない）であるがゆえ、特定のヒエラルキーやクラスターを意識することなく交流できる。同時に、ゆるやかにつながっているために、共同体への出入りは比較的自由で、理想的な共同体だといえる。

もちろん、トラブルの生じない共同体は存在しない。例えば、会場でマナーの悪いファンを見かけた別のファンが、すかさず匿名でツイッターで批判文を書いたり、それが原因で批判の応酬（いわゆる炎上）が起こることもある。見知らぬ匿名の他者であるがゆえに、暴力性に発展することもあるのだ。しかし、同じ嗜好と経験の共有は、多くの2.5次元舞台ファンを結束させ、あらたなコミュニケーションの場を構築していることは、人との繋がりが希薄になっている現代社会において、社会文化的に意義のあるものだといえよう。

注

(1) ただしテレビ視聴者をviewers、ネット視聴者をusers、映画の観客をmoviegoersなど、メディア別の呼称も存在する。

(2) 2. 5次元文化とは、虚構（アニメ、マンガ、ゲームなどの2次元）と現実（3次元）の間のあいまいなハイブリッド現実/虚構を享受する文化実践［須川、2015］として定義し、論をすすめる。

(3) 1960年代に英国バーミンガム周辺で始まった新しい学問領域。既存の学問で取り上げられることのなかった大衆文化、日常生活に根ざしたものに、実は重要な政治性が隠されている。テレビニュース、昼メロ、ファッション雑誌などのテキストとオーディエンスが学術研究のアジェンダとして取り上げられるようになった。

(4) 日本では耽美、やおい、BL（ボーイズラブ）などと呼ばれる分野。

(5) 岡本（2013）は、アニメ聖地巡礼（コンテンツツーリズム）のコンテキストにおいてインティメイト・ストレンジャーを考察している（16-17）。

(6)「ガチャピンSNS」。アバターは、ガチャピンのイラスト。https://twitter.com/gachapinblog（2017年12月20日閲覧）。2018年4月2日に終了。

(7)「シャイニング事務所公認Twitterアカウント」http://www.utapri.com/sp/twitter/#.WkoKyFSFj3A（2017年12月20日閲覧）。

(8) 日本バーチャルリアリティ学会による説明によると、バーチャルとは決して仮想、虚構ではなく、現実・現物であるが見かけはそう見えないものとされている。https://vrsj.org/about/virtualreality/（2017年12月20日閲覧）。しかし、この章では一般に考えられている実体のないものが現実のように見える技術、またそのイメージをVRとして論を進める。

(9)「テニミュの歴史を知る」、『ミュージカル「テニスの王子様」公式サイト』、https://www.tennimu.com/about/、(2017年11月3日閲覧)。詳細な『テニミュ』の歴史はこれを参照。

(10) 藤原（2015）は、「連載漫画を原作とし連続上演を特徴とすることで、2.5次元ミュージカルがエピソード化(69)」していると分析する。この章では、「連載」という言葉を意識させる意味で、「連載上演」型と呼称した。

(11) セリフによる説明は若干ある。冒頭の歌はメインナンバーであることが多いが、各公演で異なっている。

(12) 複雑なプロットのないテニスの試合であるため、予備知識がなくても楽しむこともできる。実際に、マンガやアニメを知らずに観劇し、その「お祭り的」楽しさで十分満足できるというビギナーオーディエンスに筆者は何名か会ったことがある。

(13) 女性キャラクターは、声のみの出演や、他の男性キャストが女装することで、コミックリリーフとして登場することがある。「チーム男子」スタイルを採用しているのは、舞台『弱虫ペダル』シリーズ、『幕末Rock』シリーズなどがある。

(14)『テニミュ』は、原作マンガのストーリーの最初から最後までを１シーズンとし、2018年現在はサード・シーズンを上演している。キャストがシーズン途中や１シーズンで変更され、１代目、２代目……という呼称がされている。新曲も披露された。

(15) 2016年10月に行った筆者のインタビュー調査による。インタビューは、『テニミュ』の会場やスノーボール式に筆者が出会った女性ファン６名（20代）のグループ討論の形式で２時間程度行われた。

引用文献

［日本語］

池上賢「オーディエンス研究―アニメ・オーディエンス（視聴者―消費者）の分析に向けて―ディコーディング・日常・アイデンティティ」、小山昌弘、須川亜紀子編著『アニメ研究入門―アニメを究める９つのツボ』現代書館、2013年、149-172。

岡本健『n 次創作観光　アニメ聖地巡礼 / コンテンツツーリズム / 観光社会学の可能性』、北海道冒険芸術出版、2013 年。

おーちようこ『2.5 次元舞台へようこそ―ミュージカル『テニスの王子様』から『刀剣乱舞』へ』、星海社、2017 年。

『Otome continue』vol.3, 特集「2.5 次元バックステージ―そこにドラマがある!」、太田出版、2010 年。

大塚英志『物語消費論改』、アスキー新書、2012 年。

大塚英志編『動員のメディアミックス―＜創作する大衆＞の戦時下、戦後』、思文閣出版、2017 年。

片岡義朗「アニメミュージカル 片岡義朗&ミュージカル「DEAR BOYS」」、チームケイティーズ編『TEAM！――チーム男子を語ろう朝まで！』、太田出版、2008 年。

コンドリー , イアン『アニメの魂―協働する創造の現場』、島内哲朗訳、NTT 出版、2014 年。［原典は、Ian Condry, *The Soul of Anime: Collaborative Creativity and Japan's Media Success Story,* Duke University Press, 2013］。

須川亜紀子「ファンタジーに遊ぶ―パフォーマンスとしての二・五次元文化領域とイマジネーション」、『ユリイカ』特集 2.5 次元、2015 年 4 月、41-47。

須川亜紀子「2.5 次元と衣装の関係」、『装苑』2017 年 9 月号、81。

スタインバーグ , マーク『なぜ日本は＜メディアミックスする国＞なのか』、大塚英志監修、中川譲訳、角川書店、2015 年。［原典は、Marc Steinberg, *Anime's Media Mix: Franchising Toys and Characters in Japan,* University of Minnesota Press, 2012.］。

富田英典『インティメイト・ストレンジャー―「匿名性」と「親密性」をめぐる文化社会学的研究』、関西大学出版部、2009 年。

日経トレンディネット「"VR 元年"、何が起こったのか？―PS VR が登場、体験施設が急拡大」、2016 年 12 月 27 日。http://trendy.nikkeibp.co.jp/atcl/pickup/15/1003590/122200708/?rt=nocnt。2017 年 10 月 30 日閲覧。

フィッシャー＝リヒテ , エリカ『パフォーマンスの美学』、論創社、2009 年。

藤原麻優子「『なんで歌っちゃったんだろう？』―二・五次元ミュージカルとミュージカルの境界」、『ユリイカ』特集 2.5 次元、2015 年 4 月、68-75。

マルヴィ、ローラ「視覚的快楽と物語映画」、斎藤綾子訳、岩本憲児、武田潔、斎藤綾子編『「新」映画理論集成 1 ―歴史、人種、ジェンダー』、フィルムアート社、1999 年、126-141。

鎗水孝太「キャラ SNS アカウント―画面の先の、2 次元的リアル空間からのツイート」、『美術手帖』「特集 2.5 次元文化　キャラクターのいる場所」、2016 年 7 月号、115。
ラマール , トマス「消費と生産の間―オタク文化と人的資本」、大崎晴美訳、藤木秀朗編『観客へのアプローチ』森話社、2011 年、255-294。
［英語］
Hills, Matt. *Fan Cultures.* London and New York: Routledge, 2002.
Jenkins, Henry. *Textual Poachers: Television Fans and Participatory Culture.* New York: Routledge, 1992.
Jenkins, Henry, Mizuko Ito, and Danah Boyd. *Participatory Culture in a Networked Era: A Conversation on Youth,* Learning, Commerce, and Politics. Malden, MA: Polity Press, 2016.
Moseley, Rachel. *Growing Up with Audrey Hepburn: Text, Audience, Resonance.* Manchester: Manchester University Press, 2003.
Nozawa, Shunsuke. "Ensoulment and Effacement in Japanese Voice Acting," Patrick W. Galbraith and Jason G. Karlin eds., *Media Convergence in Japan,* 2017: pp.169-199. Available http://creativecommons.org/licenses/by-nc-sa/4.0/. Accessed 7 May, 2017.
de Souza e Silva, Adriana. "From Cyber to Hybrid: Mobile Technology as Interfaces of Hybrid Reality," *Space and Culture,* 9, 2006: 261-278.

第6章　ライツビジネス構想論
――アニメ産業分析の検討と転換への試論

玉川博章

1．はじめに

本章では産業という視点からアニメを検討する。アニメに限らずメディアの産業論・産業研究は多くなされている。本章で扱う産業論とは、作品そのものではなく、作品を取り巻く環境や組織（作り手やそれを流通させるメディア）について扱う研究である。

本章の目的は、製作へのアプローチとライツビジネスに端を発する総合的なアニメ産業・消費の概念化が不完全であるという仮説の下にアニメ産業論のあり方を検討することである。本稿では、先行研究も踏まえ製作重視の観点を導入することで、「クールジャパン」と「聖地巡礼」（観光）を再検討し、既存の言説がアニメ産業を如何に捉え切れていないのかを考察したい。その上で、これまでの見方を転換し、新たなアニメ産業の捉え方を提唱すべく、新たなアニメ産業の構造図を一試案として提示したいと思う。

2．アニメの産業的研究

2.1　アニメ産業研究の現状と課題

まず、アニメに関する産業的研究について簡単に概観したい。様々なディシプリン、分野についての研究が既にされており、①市場全体概況、②アニメーター・制作工程、③経済地理学、④観光学・グローバル化・クールジャパン、⑤製作などに便宜的に整理できる。

市場全体概況は、市場動向や産業構造などを理解するのに役立つ[注1]実務家寄りの立場から書かれたものと研究者によるものがある[注2]。アニメーターおよび制作会社に焦点を当てた研究は労働に焦点を当てたものが目立つ[注3]。また、経済地理学の研究では、主にアニメーション制作会社を調査し、広告代理店、ビデオ会社など広範な意味での「製作」まではフォローされない傾向がある[注4]。今世紀に入りアニメに関する観光や海外輸出が政策に取り入れられ、これらの視点からの研究も行われている[注5]。ただし、多くは各国や各地域での関係者や受容者への分析が中心となり、権利販売や製作の詳細な分析がなされることは少ない。

特に製作に焦点を当てた研究としては、安達や田中、増本の研究が存在する［安達 2011、田中 2009、増本 2006、増本 2016］。さらに、まつもとは「イブの時間」を事例にデジタル化によるアニメ産業の変化を分析した［まつもと 2012］。また、マンガを出発点にアニメやキャラクタービジネスを考察した岡田や、メディア関係者へのインタビューと分析を含む公野『コンテンツ製造論』もアニメ製作研究の一端を成す［岡田 2017、公野 2016］。これらはビジネスモデルを説明するが、具体的な資金の流れにまで分析は及んでいない。一方、純粋な研究書ではないが、福原が製作や資金の流れの説明と問題点を指摘している［福原 2018］。もちろん、当事者には守秘義務があり部外者が情報を知る困難があるが、他分野に比して研究の進展は限定的と見られる。

このように見てくると、製作の研究は課題を抱えており、さらに他の視点による研究は製作へ踏み込まないことが多く、製作へのアプローチが立ち後れているといえる。

2.2「製作」研究：ライツビジネスとしての産業の捉え直し

では、製作についての考察を試みたい。もちろん、本研究はアニメ製作の全ての解明を試みるものではない。製作への分析と他のアプローチとの接続を図り既存研究の補完を行うことで、アニメ産業

買い上げいただいた書籍のタイトル

書のご感想及び、今後お読みになりたいテーマがありましたら
書きください。

書をお買い上げになった動機（複数回答可）

新聞・雑誌広告（　　　　　　　）　2. 書評（　　　　　　）
人に勧められて　4. ＳＮＳ　5. 小社ＨＰ　6. 小社ＤＭ
実物を書店で見て　8. テーマに興味　9. 著者に興味
タイトルに興味　11. 資料として
その他（　　　　　　　　　　　　　　　　）

入いただいたご感想は「読者のご意見」として、 新聞等の広告媒体や小社
tter 等に匿名でご紹介させていただく場合がございます。
可の場合のみ「いいえ」に○を付けてください。　　　　いいえ

社書籍のご注文について（本を新たにご注文される場合のみ）

記の電話や FAX、小社 HP でご注文を承ります。なお、お近くの書店で
り寄せることが可能です。

EL：03-3221-1321　FAX：03-3262-5906
ttp://www.gendaishokan.co.jp/

ご協力ありがとうございました。
なお、ご記入いただいたデータは小社からのご案内やプレ
ゼントをお送りする以外には絶対に使用いたしません。

郵便はがき

お手数ですが
切手をお貼り
ください。

102-0072
東京都千代田区飯田橋3-2-5
㈱ 現代書館
「読者通信」係 行

ご購入ありがとうございました。この「読者通信」は
今後の刊行計画の参考とさせていただきたく存じます。

ご購入書店・Web サイト		
書店	都道府県	市区町村
お名前（ふりがな）		
〒 ご住所		
TEL		
Eメールアドレス		
ご購読の新聞・雑誌等		特になし
よくご覧になる Web サイト		特になし

上記をすべてご記入いただいた読者の方に、毎月抽選で
5名の方に図書券500円分をプレゼントいたします。

的研究のレビューから今後のあり方を探ることが目的である。

ここで「制作」と「製作」という用語について説明したい。「制作」とは映像業界一般でのプロダクション工程に該当し、実際に映像作品を作る部門である。アニメの場合は、絵を描き撮影し映像にまとめる工程が該当する。一方「製作」は、作品を作る資金の調達、管理、回収を行う部門が該当し、作品を利用したビジネスを展開する。制作なしでは作品は作られないが、製作なしでは資金も商品もなく産業と成りえない。(注6)

この「制作」と「製作」は大きく業務内容も異なるが、産業としての規模や概念も異なる。市場統計における「アニメ市場」と「制作費」を見てみよう。

広義のアニメ市場（2016年値、日本動画協会）：2兆9億円
狭義のアニメ市場（2016年値、日本動画協会）：2301億円
制作費（2014年値、増田：2016）：693億円

このように、市場規模として制作はアニメ産業の一部を占めているに過ぎない。製作によって作られた商品による消費者支出は2兆円となるが、制作費は700億程度である。製作部分に焦点を当てれば、700億円の原価（制作費）で、2兆円の消費を生む波及効果の高さを指摘できるが、その高付加価値をビジネスとして動かしているのは製作である。ただし、この額には、例えばキャラクターを描いたノートのノート部分の製造原価も含まれるため、アニメの付加価値が1.9兆円という訳ではないことに注意は必要である。

2.3　事例研究　ゴンゾの検討

製作についての理解・研究を進めるために、ゴンゾを事例に分析したい。同社は安達による先行研究があることや製作委員会を中心とするアニメビジネスを検討するに特徴的であることから事例とする。

同社は1992設立の有限会社ゴンゾと、1996年設立の株式会社ディ

ジメーションを母体する。2000年に二社が経営統合し、2004年に株式上場するも2009年に上場廃止された。その後、広告代理店アサツーディ・ケイ（ADK）による買収が2016年に行われた。簡単にまとめると、同社の歴史は、1990年代：OVA「青の六号」に代表される3DCGを導入した制作システムの確立、00年代：深夜アニメ＋映像パッケージによる製作ビジネスモデルの推進、10年代：製作ビジネスモデル不調による企業規模縮小という流れとなる。

このため、3DCG導入による制作の優位性と深夜アニメによる製作委員会方式等を活用したビジネス展開の二つが同居する。前者は工場としてのラインであり、後者の製作委員会参加は投資のため収益は予測しにくくリスクは高い。

同社の事業を考察するため、同社が公開している事業スキームの図を検討したい。なお、下図は同社に限らずアニメ産業においてはよく見られる典型例である。

図１　ゴンゾによる製作委員会のスキーム図

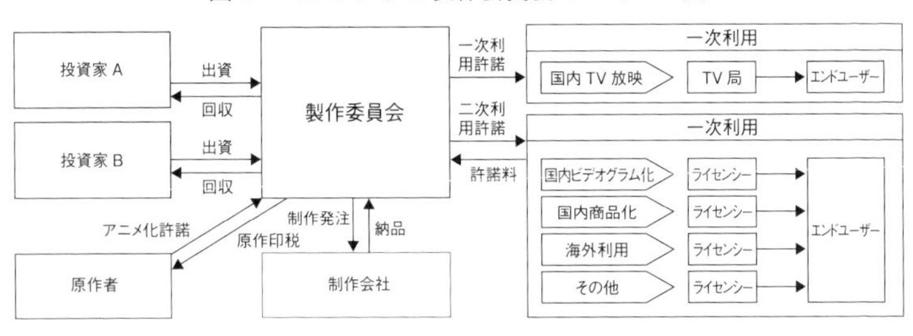

出典：有価証券報告書総覧

このスキーム図には注意点がある。出資する投資家は広告代理店、放送局、出版社等が該当する。つまり、金融機関ではなくアニメ関連企業であり、それらは図左側のアニメを商品として利用するプレイヤーでもある。要するに、図の右側と左側は同一である。(注7)

製作委員会は出資企業内の収益・権利・仕事の分配システムとい

える。テレビアニメでは一次利用となる放送は利益を生まず、深夜アニメなら投資家（製作委員会）が電波料を支払う事さえもある。では、初期投資額を如何に回収するかというと、出資各社が窓口となりビジネス展開を行い、各々が収入確保を行う。出資企業は、放送、出版、DVD、パチンコ台など自社事業でアニメのライツを優先的に活用し、共同利用する一時的な連合体とみなせる。その上で、出資企業外へのライセンスにより、さらなる消費者市場拡大を狙う。例えば、製作委員会外部企業に対して映像、音楽、ライブ、グッズ等の商品化を認め、窓口手数料を控除したそのライセンス収入を製作委員会内で分配する[注8]。

関係者が集まり出資する最大メリットはリスク分散を図るためといわれている。アニメに限らず映画やゲームなどコンテンツビジネスは不確実性が高い。当たれば利益が大きいが、ヒットする保証はなく制作費が回収できないこともある。そのため、一つではなく複数作品に投資することでリスクを低減できる。多数の作品投資を業界内で効率的に行うための仕組みが、アニメにおける製作委員会方式であり、複数企業で小口投資をし合うことで、各企業は資金を分散させることができる。さらに、製作委員会の顔ぶれが同一ではなく、作品により変化することに意味がある。常に同じ組み合わせで製作委員会を組成していては、その企業集団は一蓮托生になってしまう。グループ企業や一企業でまとまらずに、製作委員会（または特別目的会社など）を組成し組み合わせの可変性を担保する。アニメ業界内のフレキシブル化に対応し、ライツを活用したアニメビジネスを行うための仕組みが製作委員会方式と評価できる。

さらに、他の映像業界よりアニメにおいて製作委員会が必要とされた背景として、アニメは「映像」だけでは終わらない特殊性がある。放送だけでは収益確保ができず、他のメディアや業界でのライツ収入が必要とされるからこそ、集団製作がメリットとなる[注9]。

だが製作委員会方式はデメリットもある。特に指摘したいのが長期的利益回収との相反である。製作委員会方式は民法上の任意組合や特別目的会社として組成されるが[注10]、一定の期間を経るとそれまでの収益が出資各社に分配される。大抵は数年間の中期的に利益を確保し分配することが想定されている。放送後数年以後も著作権は消滅せず利用は続けられるが、契約期間内の収益が関係各社の念頭にあるのは言うまでもない[注11]。

そのデメリットを確認した上で、ゴンゾのビジネスモデルについて考えたい。なお、株式上場していた同社は債務超過より上場廃止となり、その後も経営状況は良好ではない。ADK に被買収後、経理上の問題が発覚し、調査が行われた。匿名で部分的とはいえアニメ関連企業のビジネスモデルや資金の流れが明らかにされることは珍しく、その結果をまとめた報告書は研究視点からも有意義である。同書では売上高の過度な計上と、自転車操業状態による不透明な資金移動が指摘された［アサツーディ・ケイ特別調査委員会 2017］。安達は同社の事例分析からビジネスの不透明性と会計基準の不存在を指摘したが［安達 2011］、これが明るみに出た格好となった。これは 2000 年代から続く債務超過が尾を引いていると考えられる。

ゴンゾに限らず、コンテンツビジネス一般において会計は重要な問題である。公野が 2000 年以降の会計厳格化や版権償却の問題を指摘しているが、上場企業の四半期決算や原価回収期間の短縮化は、企画・投資から制作、資金回収と数年間にわたるコンテンツビジネスの事業スパンと適合しない［公野 2016］。会計上、費用化を如何に行い、コンテンツを棚卸資産とするか無形資産として計上し原価償却を行うのかは場合による。長期間利用を前提とし数十年という減価償却期間が設定されることもあるし、より短期間で償却されることもある。設備が消耗し価値が減じる製造業などの償却概念がメディアにも適応されるが、比較的長いスパンで考える従来の映像ビジネスの概念や会計は他産業と差異も指摘できる。その中で、海外会計基準への標準化や他産業に近い償却期間や事業スパン短期化は、従来の映像ビジネスモデルとの齟齬を生んだといえる。なお、アニメ産業内でも、長期のライツ運用を目指す製作と、数ヶ月から数年間の制作受託による制作では、会計や事業スパンも全く異なるといえる。

ゴンゾのビジネスモデルは90年代末から00年代半ばまでしか成立しなかったが、そのベースとなっていたのは映像ソフトのパッケージ販売である。00年代後半に映像ソフトの全体売上は減少し、多くのアニメで販売高が降下した。アニメDVD・BDは発売時の短期間に売れる。2007年の段階で、ゴンゾの持ち株会社GDH社長の石川は「GDHは、（テレビ放送後に）コアなファン向けにDVDを販売して利益を確保していましたが、それが売れなくなっている」と発言しており［小林 2007 p77］、深夜アニメのビジネスモデルは、映像ソフト販売による短期的収益を中心としていたため、打撃をうけた。

なお、ゴンゾを事例に製作委員会方式、深夜アニメを分析してきたが、制作と製作の分離とライツビジネス活用は、宣伝媒体としての夕方のテレビアニメでも同様である。

> テレビアニメシリーズの国産化は、その出発時において営利事業としての体制や基盤を整えておらず、むしろ個人作家の独立プロダクションによって見切り発車的に開始され、その視聴率、海外販売、マーチャンダイジングなどの偶発的な「成功」に注目した他社が、急速に追随をしたものであった。この時、制作原価より、諸権利から発生する利潤が重視されたため、その掌握の如何が、事業の基盤を形成することになったのである。［木村 2015 p251］

初期からテレビアニメは制作費による利潤確保よりも、権利収入をベースとしてビジネスモデルが構築された。本来、制作原価を厳密に見積もり、それ以上の制作費で受注すれば安定的に利益を出せる筈だが、アニメ制作はそのようにならず、コスト部門としての制作に対し、利益を生むライツ（製作）という意識が生まれた。つまり、元請となる大手制作会社は、短期的には制作費で最低限の収入を担保しながら、商品化によって中長期の収益化を図る経営戦略をとる。だが、テレビ局や広告代理店が利益を生む権利確保を強めると、制作は下請化の一途を辿る。今に至るアニメーターのコストカットと、製作と制作の分離による外注化が進行する。

アニメ産業において、ライツビジネスから収入を得る製作が肝要である。だからこそ、テレビ局など関連企業は権利を欲し、映像ソフト事業者も権利料を支払うより製作出資側に回ろうとするのは当然といえる。企業間連携が必用な垂直分業・水平分業した産業構造下の日本において製作委員会は発展し、コンテンツの多様性と量的拡大を実現した［田中 2009］。制作と製作の分離と利潤確保も鑑みれば、当事者同士がビジネスをしやすくし、出資により優先的に権利確保することでライセンサーから権利者になれる仕組みである製作委員会が、アニメで積極的に利用されるのには合理性があろう。

3. 海外と観光へのアニメの広がり

3.1 「クールジャパン」・海外展開

製作について分析を進めてきたが、後半ではこの視点が、既存の研究や分析にどのような新しい寄与ができるのかを検討していきたいと思う。近年アニメへの産業的期待を込めた言説の代表格といえる「クールジャパン」と「アニメツーリズム」の二つの視点について考えてみたい。

アニメの海外展開については先行研究も多く存在する。一般メディアの報道は海外でアニメが人気であるという素朴な内容が多いが、研究レベルでは日本アニメの歴史性、相手国のメディア状況や受容状況を踏まえた分析からアニメの海外流通、受容の複雑性を示すものが多い。

特に一般的言説に欠けているのが、研究レベルでは自明とされるメディアのグローバル化に対する認識であろう。フレデリック・マルテル『メインストリーム』やタイラー・コーエン『創造的破壊』などは、クローバル化による文化的混交と多様性について考察している［マルテル 2012、コーエン 2011］。また、カルチュラルスタディーズも、アニメに限らず様々な分野においてグローバル化による文化やナショナリティのあり方の変容を指摘してきた。

研究レベルでのグローバル状況下のアニメの捉え方やナショナリティ概念と一般的言説の乖離は激しいといわざるを得ない。先行研究を踏まえれば、日本のアニメのグローバル化やクールジャパンは、世界全体で進行するグローバル化の一例である。アメリカ、フランス、中国、韓国、中東等のコンテンツ・文化が相互に行き交う現状では、日本のアニメのみが海外展開している訳ではない。

アニメーション産業化の端緒である東映動画や手塚治虫『鉄腕アトム』では海外展開がキーポイントであった。木村によれば、東映社長の大川は、映画輸出と国際合作を志向し、そのためにアニメーションに目をつけた。その際に指摘されていたのが、アニメーションの無国籍性である。実際に初期長編作品の海外輸出実績は好調で、『白蛇伝』、『少年猿飛佐助』、『西遊記』はそれぞれ約10万ドルの収入を記録し大きな利益を生んだ。ただし、60年代半ば以降はテレビアニメの登場により、東映動画の制作体制は継続しなかった［木村 2015］。

またテレビ番組の海外販売の歴史を整理した大場は、アニメの初期の海外番組販売事例としてNBCに販売し利益を得た『鉄腕アトム』や、現地で大きな話題となったフィリピンの『ボルテスV』やフランスの『グレンタイザー』などを紹介している［大場 2017］。手塚の後に続いた他社も海外輸出を試みた。例えば、劇場作品を中心としていた東映動画もテレビアニメ『狼少年ケン』を制作し、海

外販売を行った。(注12)

60～80年代には、多くの海外放送事例がある。その背景として各国での放送局増加が指摘されており、放送分数増加を埋めるため、廉価な子ども向け番組として各地の放送局が日本からアニメを購入した。自社製作よりも低コストで放送番組国際マーケットにおいて価格競争力を備えていたという評価が可能な一方で、日本企業からすると価格を低く設定したことで高収益取引とはなり得なかった。

テレビアニメのビジネスモデルが確立すると、前述の東映動画のように多くの制作会社や権利者は日本国内放送で制作費を回収し、海外販売収入は副次的なものと考え、海外収益を優先し高価格を追求するよりも競争力を持つ相手が購入しやすい価格で販売した。

価格競争力に加え、無国籍性も海外販売拡大の要因である。つまり、アニメは「日本的」でなくどこでも放送可能であった。(注13)また、メインストリーム向けの放送では、文化や慣例、規則に合致するように輸入番組を修正するローカライズが行われる。さらに、日本の放送番組が輸入できなかった韓国では、アニメは固有名詞や画面上の日本語などを修正することで、日本制作であることを視聴には隠した上で放送されていた［大場 2017］。このように、吹き替え翻訳に加えて、固有名詞や絵、ストーリーに対する変更が加えられる。実写ドラマ以上にローカライズしやすいことがプラスに働き、アニメの海外番組販売は拡大したが、それは視聴者に日本を意識させる可能性は低い。(注14)

例えば、この20年間に米国で成功したアニメとして「ポケモン」を考えたい。99年米国公開の『Pokemon: The First Movie』は8574万ドルの興行収入を獲得し、成功した日本映画といわれている。テレビアニメは、1998年にゲーム発売3週間前から放送開始された。本作は日本での制作段階でグローバル展開を想定して企画され無国籍性を意識していたが、それでもアメリカの子どもには理解しにくい日本の慣習が出てくる場面の削除、固有名詞変更、作中の日本語書き換えなどのローカライズが実施された。大場はポケモンがビジュアル面やコンセプト面で日本のアレビアニメの様式をアメリカの子どもに馴染ませることに成功したと評価するが、それは先のように日本的側面は弱められ、多くの子どもに日本制作と認知されないグローバルな商品である［大場 2017］。

さらに、任天堂という世界的ゲーム企業の作品であり、ゲームとの関係を抜きにポケモンを考えることはできない。つまり、メインストリームの子ども向けテレビ番組は、ゲームなど関連商品を含めてその事業を考える必要がある(注15)。メディアを超えた相互乗り入れと、効率的に消費を喚起するマーケティング戦略がとられ、アニメもその一端をなす。子ども向け商材である玩具と子ども向けコンテンツであるアニメは親和性が高く、それは日本に限らず海外でも変わりない(注16)。

一方で、青少年向けであれば、無国籍性を離れて日本的要素を含む作品も受容されている。忍者をモチーフとした『NARUTO』、日本の学園生活を描く『涼宮ハルヒの憂鬱』などは固有名詞も日本のままで海外展開された。これらは、制作国が受容者に認知されやすくクールジャパンを想起させるものだろう(注17)。

例えば、北米における『涼宮ハルヒの憂鬱』の事例研究を見てみよう。三原は日本から現地への正規ライセンスによる公式トラックと、海賊版による非公式トラックの二つがファンに利用されていたと指摘した上で、公式トラックは日本に比べ商品数が少ない上にタイムラグがあると述べる。『涼宮ハルヒの憂鬱』では、アニメ放送時に原作であるライトノベルが翻訳発売されず、ファンによる翻訳（ファンサブ）がインターネットで利用され、公式トラックの不足を非公式トラックで補う形となっていた［三原 2010］。

公式トラックが不完全でビジネスとして立ち後れが指摘されるが、ライセンス先の現地企業や販路など日本と状況も異なり、おいそれと商品展開ができはしない。岡田は、マンガ、アニメ、商品化が連携する国内のビジネスシステムが海外移転できず、事業連携が機能していないと指摘する［岡田 2017］。任天堂のようにグローバルに活動する企業であればともかく、現地に基盤を築けていない企業が海外展開を国内同様に連携し展開するのは難しいし、ライセンス先の現地企業に頼るにしても、日本のアニメ産業の商習慣に親しんでいなければ、同様の連携をとることは困難を伴うだろう。

ただし、海賊版がネットで見られているように、ネットでの映像視聴が拡大しており、公式トラックの海外展開でもテレビだけでなく動画配信の利用も進み、アニメ製作も変化しつつある。Crunchyroll や VIZ Media といったアニメ販売を行う企業は、英語などに対応した動画配信サイトを運営している。これらはアニメファン向けの専門サービスであるが、一般向け動画配信サイトである Netflix もアニメの配信を実施している。福原も指摘するように、日本のアニメ制作費は国際的な水準から比較すると安く、視聴数の割に費用対効果の良いコンテンツといえる［福原 2018］。また、中国でも配信ビジネスが発展し、アニメ番組確保のため、中国企業の出資も行われている。これら海外企業は他社との差別化のため優先的に配信すべく、以前の相場より高額な配信権の事前購入や製作出資を行う事例も見られる。つまり、製作側もグローバル化をしつつある。(注18)

公式、非公式に日本アニメは海外へと届いている。クールジャパンとして想起される作品はニッチなサブカルチャー向けの展開が目立つが、商品化などに課題を抱え、国内のようなビジネスモデルを築けていない。一方、大規模展開するプロパティは、「ポケモン」「遊戯王」「トランスフォーマー」など幾つか存在する。それらはニッチでは無く、メインストリームの子ども向けコンテンツであり、これらは無国籍性が重視される。さらにアニメだけでなく任天堂や KONAMI、タカラトミー・ハズブロなどの玩具販売と連携し、経済規模は映像より玩具が大きい。

つまり、海外展開を念頭に置いても、アニメ作品のみで考えては産業全体を捉えられない。むしろ、海外販売作品は放送や商品化など各地でのローカライズ・再生産が実施されるが、多くは海外における玩具や放送など各産業の営為となる。結局、海外の産業・ビジネスの研究は途上であり、一般的言説としての「クールジャパン」も含めて、海外でも日本アニメが見られているという理解に止まっている。

アニメの海外展開とその輸出による収入は、日本への収入で459億円、現地での消費額で7676億円（2016年値）とされている［日本動画協会2017］。しかし、大場や木村の研究によれば、アニメは国内市場の収入を中心として、海外は副次的利益とされてきた。国内市場の先行き不透明感から海外展開が求められているが、最初から狙って海外収益を確保することは、既存のアニメとは異なった戦略となる。

一例として北米を考えるなら、グローバルに展開するメインストリーム向け作品であれば、MARVELが理想像といえるかもしれない。コミックからスタートし、ヒット映画となったが、グッズ・玩具販売も行われ、ロゴなどブランド化にも成功している。Disney傘下にある同社だが、このような戦略と、これまでの日本のアニメ産業の海外戦略が大きく異なるのは自明だろう。

クールジャパン政策の一環として、All Nippon Entertainment Works（ANEW）が2011年に設立された。同社は日本の映画やアニメ、漫画などのリメイク権を外国企業に対して販売することを掲げている。つまり、国外コングロマリッドに日本作品をリメイクしてもらい、メインストリームやグローバル市場へと展開させることを目論んだが、MARVEL作品のようになることを狙うが、グローバル展開は外資頼みといえる。

その理由は国内企業の体力不足である。田中が指摘するように、アメリカでは、垂直統合、水平統合されたメディアコングロマリットが存在感を有している。一方、日本は垂直・水平統合度が低く、中小規模の制作企業やメディアの企業グループにより、1社・1グループで全ての分野をカバーできない［田中 2009］。結局、海外でメディア流通や商品化も含めてメインストリーム向けの大規模展開を行うには、現地のメディアコングロマリットに頼らざるを得ない。そして、現地（ないし世界の大部分）に受け入れられるように、ローカライズをすべくリメイクを前提に権利販売を行うのである。(注19)

3.2 アニメツーリズム

次にアニメツーリズムについて検討してみたい。

山村は、2007年放送『らき☆すた』による埼玉県鷲宮町（久喜市）を典型例とし、「地域社会とアニメ製作会社とが協力関係を築き、地域PRと作品PRの双方を兼ねた、共同プロモーションとしてのアニメ・コンテンツツーリズム振興の試みが全国で行われるようになっていった」とする。その上で、「製作者と地域とのタイアップは、ブランド戦略上、双方に利点があるということが明らかになっていく。すなわち、製作者にとって地域の風景や歴史・文化を作品に取り込むことは、アニメ作品のリアリティを強化し、その後コンテンツ市場で消費されるイメージの本物性（オーセンティシティ）を担保することにつながる。一方の地域にとっては、地域資源が作中で魅力的に描かれる（ママ）で、そうした資源がイメージとストーリーで他者に印象的にアピールされ、地域ブランドの強化につながる」［山村 2016 p249］と、アニメツーリズムを評価している。つまり、タイアップ、ブランドという語が示すように、地域とアニメ双方のプロパティを活用したライツビジネスなのである。(注20)

ただし、このブランド価値向上やプロモーションは、アニメを対象とすると従前のフィルムツーリズムなど一般的なメディアと観光にまつわる議論と齟齬が発生する。フィルムツーリズムの議論で言及されるフィルムコミッション（FC）という組織がある。それは、実写映画やテレビの撮影を誘致し作品による地域PRを行うことを目的に、地方自治体やその関連組織が設置する。撮影場所の情報提供や具体的な撮影の許認可申請の補助、宿泊や食事などの手配などのサポートを行う。舞台の認知向上や旅行行動を誘発する目的と同時にロケ誘致は直接的な収入も得られる。大規模な映画撮影では数百人のスタッフと出演者が滞在し、その宿泊や食事は地域に直接的な経済効果を生む。FCは、ロケによる収入とPR効果の二つを狙うが、アニメは舞台となっても、ロケハン程度で大規模な滞在を伴わない。アニメによる地域側メリットは公開後のPR効果と観光や商品化収入によるしかない。

なお、地域振興政策として、地域でのアニメ制作振興や企業誘致の試みもある。京都アニメーションやP.A.Worksは地元を舞台とした作品も制作し、アニメツーリズムの一端を担う。また、富山県は2009年に「富山観光アニメプロジェクト」にて地元のP.A.Worksに映像制作を発注し、地域PRを実施した。一方、都市部のアニメ制作会社が地方に制作拠点を設ける事例もある。ただし、一定の雇用を生むものの、その地域だけでアニメ制作が完結することは難しい［山本2015］(注21)。

アニメツーリズム研究の多くが事例研究である。その限界は成功事例中心となり失敗事例が取りあげられにくいことである。さらに、放送前から放送後まで製作者と地域が連携し始めた時期は様々だが、地域側は観光体制を整え、PR協力やグッズ制作など商品化を行うのが通例であり、製作や制作の主体ではない。アニメ産業全体から見れば地域側はアニメを利用した観光開発を行うライセンサーといえる。そのため、アニメツーリズムは、観光側の視点に寄り、アニメ産業全体を意識したものとはなり難くなると考えられる。

アニメツーリズムは、地域が製作に参加する困難さを抱える。メディア産業研究では、単一作品への集中投資より複数投資がリスク回避のために行われ、リスクヘッジが行われるとされる。つまり、地域が観光のため主体的にアニメを利用するなら、複数作品に関与しヒット作を得られる確率を上げる必要がある。現実的には、地域で利用するライセンス料金は限定的なため数千万円単位となる出資を複数行う地域が現れるとは考えにくい(注22)。それよりも、現状のように主体とならず製作側から舞台にするとオファーされた時に協働することが合理的となる。

山村はコンテンツツーリズムは「『国あるいは地域』の利益が優先され、『ファン』や『コンテンツ製作者』の利益に対する認識が不足している事例が非常に多い。また、緒に就いたばかりではあるが、コンテンツツーリズムに関する学術研究も、自治体の観点に立った地域振興に関する研究か、旅行者行動を分析したいわゆる『巡礼者』論的研究のいずれかであることが多い」とする［山村 2016 p250］。この指摘は本章のレビューと認識を同じくするが、この一因は構造的問題から地域は主体とならないことであろう。配信事業者などと異なり、舞台となる地域側は他との競争がないため、優先的に権利を獲得するインセンティブもなく、成功した作品を後から利用することで、十分に効果を得られるのである(注23)。

この構造下では当事者も研究者も製作側の視点を持ち難いが、アニメ受容者の消費行動としての観光が重要な位置を占めていることを踏まえつつ、アニメ産業論として総体的に捉え直す必要はあるのではないだろうか。

3.3　消費社会とブランド

前述の製作研究の立ち後れがアニメを巡る研究や言説にどのような影響を与えているのかを考えていきたい。

現在のアニメ産業の重要な部分がライツビジネスである以上、製作研究不足は問題となる。つまり、既存研究は、①制作工程と②権利の出口である視聴行為や観光に集中しており、この二つを繋ぐ製作・ライツビジネスが抜け落ちている。製作はメディア業界内でも放送、出版、ビデオ、音楽、さらには玩具、食品、消費財メーカーまで関係する。そのため、研究は幅広い業界をカバーする必要性がある。

ここで広告とアニメの歴史的経緯を考えたい。テレビアニメ以前の日本のアニメーション制作には、娯楽作品制作に加え現在忘れられがちな商業広告映像や教育映画など PR 映像制作の二つの側面があった。その中で、子ども向けの娯楽作品を連続テレビ番組として放送し、それをライツビジネスと結びつけることで両立したのが手塚治虫の『鉄腕アトム』といえる。つまり、直接的広告映像を制作する訳ではないが、スポンサーの商品販売・ブランドビジネスと関連する映像としてテレビアニメは位置づけられる。それはキャラクターの宣伝でありお菓子や玩具の宣伝でもある子ども向け広告フィルムであった。テレビアニメは、キャラクターとスポンサー企業・商品の相互のブランド化を図るものである(注24)。

子ども向けの消費システムの一端として拡大したテレビアニメだが、大人向け、コアなファン向け作品も製作されるようになり、ヤマトブーム、ガンダムブーム以降の「オタク」の成立へと至る。それはその消費形態の変化でもあった。

その変化の象徴的な事例が模型であろう。玩具は子ども向けとしてリアルさは重視されていなかった。一方でプラモデルはリアルを志向し、青少年以上の支持を獲得していった。『宇宙戦艦ヤマト』『ガンダム』でバンダイのプラモデルが支持されたのもそのような背景からである［松本・仲吉 2007］。消費者層の高年齢化により玩具から模型へとリアルさを志向するように変化した。これは、メカを中心とするプラモデルだけでなく、ガレージキットから完成品フィギュアへと移行したキャラクターフィギュアも同様だろう。現在では、アニメキャラクターのフィギュアが当たり前に商品化されるが、それは玩具・模型産業と融合しているからである。

スタインバーグが歴彦型メディアミックスと名づけたように、90

年代以後はキャラクターを核としたメディアミックスが目立つようになる。それは、子どもよりは青少年、それもオタクと呼ばれるようなファンをターゲットとしたものであった［スタインバーグ 2015］。そのゲーム、出版、アニメ（OVA）などをベースとしたメディアミックスは、深夜アニメへと発展した。その背後に、製作委員会方式によるライツ管理のビジネスモデルの発達がある。

アニメの受容・消費は視聴行為で終わるものではない。特に、国内では広告放送を中心としている以上、その視聴は対価を伴う「消費」を生まない。消費者として金銭を支出するのは、DVD や BR、CD などのパッケージメディアや玩具・フィギュア・グッズ、コンサートなどのライブイベントである。アニメ産業全体で考えれば、テレビ視聴は顧客に作品が届く入口であり、その認知が得られた状態である。アニメの消費とは、ファンがパッケージメディアや有料配信に対価を払ったり、観光をしたり、生活の中に作品を取り入れたり、所有するためにフィギュアや「痛バッグ」等を商品として購入するものである。

アニメを映像作品のレベルで捉えれば、その「消費」は観られた時だが、日本のアニメのビジネスモデルはそのような形で成り立ってはいない。テレビアニメの成立によって、日本のアニメ作品はもはや映像作品制作のみで完結して語ることはできなくなってしまったのである。

一方で、常にアニメは作品として語られてきた。それは評論的観点からすれば当たり前なのかもしれないが、産業という観点では不足を生む。PR 映像の側面を含んだものとして、現在のアニメ産業を今一度認識する必要性があるだろう（注25）。

4. 製作研究から見えてくること：ライツ・ブランド・消費

これまで見てきたように、産業論に製作的観点が不足しがちであり、さらに、送り手のみではなく、受容・消費の捉え方も再検討の余地がある。アニメツーリズムは受け手研究としての側面が強いと指摘したが、その観光学の広がりを産業論に接続できれば、受け手を含んだ消費行動を考察できるだろう。

新井らによれば、コンテンツ財はユビキタス的かつプロメテウス的なものである。オリジナルはいくらでも複製し偏在可能で、かつ映画、漫画、アニメ、DVDと姿を変え展開できる。加えて、同人誌の二次創作に象徴的な参加余地を与え消費者の創造的参加を促すマーケティングが行われている。また、現在、他者や社会との関係を念頭に置いたインターパーソナル消費があり、その代表例がコンテンツ消費とされる［新井・福田・山川 2004］。アニメツーリズムはインターパーソナル消費に該当し、アニメグッズを身につけ他者との差異化を行ったり、ファン同士がコミュニケーションするのも同様である。さらに、大場はメディア環境変化によるコンテンツブランドの重要性の高まりを論じている［情報通信学会コンテンツビジネス研究会編 2017］。

このような概念を前提とすれば、アニメは映像作品の視聴のみが消費とはいえない。むしろ、そこを一つのコンタクトポイントとして、グッズ購入、観光、コスプレ、同人誌と様々な広がりをみせる。アニメを産業として、そして受容者の消費行動として考えると、映像作品よりもライツ・ブランドとみなすほうが発展性を持つ。

デジタル化はメディア業界全体の構造変化を引き起こしている。音楽産業では、レコード・CDといったパッケージメディア中心主義から、360°ビジネスと呼ばれる多面化戦略が進められてきた(注26)。深夜アニメにおけるパッケージメディア中心からの変化は、まさに音楽業界とパラレルであり、アニソンや2.5次元ミュージカル、声優アイドルなどは、それら音楽産業側の動向と連動する。アニメ産業研究も、他メディアの産業研究を踏まえつつ、研究を進める必要がある。

メディア産業が変化する中、アニメというライツを核としたビジネスは、広いメディア消費、ブランドビジネスの象徴的存在である。だからこそ、ジェンキンズの「メディアコンバージェンス」やスタインバーグの「メディアミックス」などの概念化も、アニメをこの文脈で評価している。

こう考えると、アニメ産業はキャラクターを利用したライツビジネス・ブランドビジネスとなる。製作とはその中心にいる権利者（ライセンサー）であり、ライツを利用する映像企業や玩具、グッズメーカーなどのライセンシーが無形資産のライツを具体的商品にして消費者に提供する。その際にはキャラクターを陳腐化させずに有効活用するために、キャラクターライセンスマネジメントが欠かせない。それはいつ・どこに出すというメディアと商品の展開戦略であり、作品・キャラクターと商品や各企業のマッチングでもある。[注27]

この産業構造変化を捉えた上で、既存の概念からの脱却をはかり、産業構造図の描き直しを最後に提案したい。

まず、製作の位置づけを考えるために、非常に単純化した模式図（図2）から考えたい。

図2

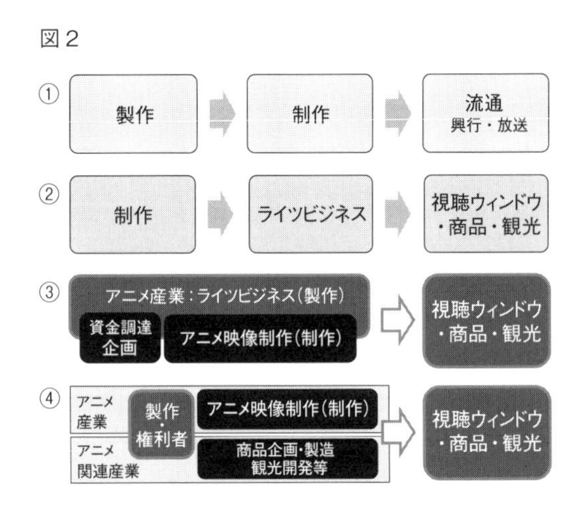

既存の構造図は①のように描かれることが多い。これは映画・映像産業で概念化されてきたもので、時系列で考え、プリプロダクション→プロダクション→ポストプロダクションという作業フローをベースとしている。しかし、ゴンゾの分析でも指摘したが、製作と流通が同一プレイヤーである事例が多いことがこの図では反映されず、またメディア受容が複合化した現状を捉えることができない。

そのため、以下のように構造図を書き換えることを提唱したい。まず、資金調達や企画よりも、映像制作工程と消費の場面である視聴行為や観光（ライセンシー）を繋ぐものとして製作を概念化し、ライツビジネスと捉え、順番を差し替えたものが②である。ただし、②では、本来制作工程に先行して実施される企画や資金調達が描かれない。これを解消したのが③であり、制作工程を制作に付随する実際の映像制作工程として概念化した。なお、アニメ制作会社は製作委員会や広告代理店の発注を受けそれらに納品するため、現実のフローとしても不自然ではない。つまり、製作委員会・権利者のもとで制作され納品を受けた製作委員会・権利者が、それを消費者が視聴・購入可能な形にして提供する流れを重視したモデルである。それをさらに進め、アニメ映像制作以外の消費機会が重要視されつつある現状を踏まえ、消費者が手に取る商品の制作（いわば工場）としてアニメ映像制作や玩具製造などを並列に捉えたものが④とある。これでは、アニメという映像に直接携わる部分をアニメ産業とし、玩具や観光などの分野をアニメ関連産業と区分した。

上の③と④をより詳しくプロットした試案が図 3（p.164）となる。(注28)

図 3 ではアニメ産業の中に製作委員会・権利者が幅広く関与することがわかるが、図が煩雑となっている。アニメ映像制作は製作委員会・権利者に対して映像を納品し、それを利用し権利販売がアニメ映像制作の後に行われる概念となる。だが、アニメ映像制作を委託した段階で、作品を利用した映像制作を許可しているといえる。つまり、玩具やフィギュアがファンにとってアニメ映像と同様に消

図3

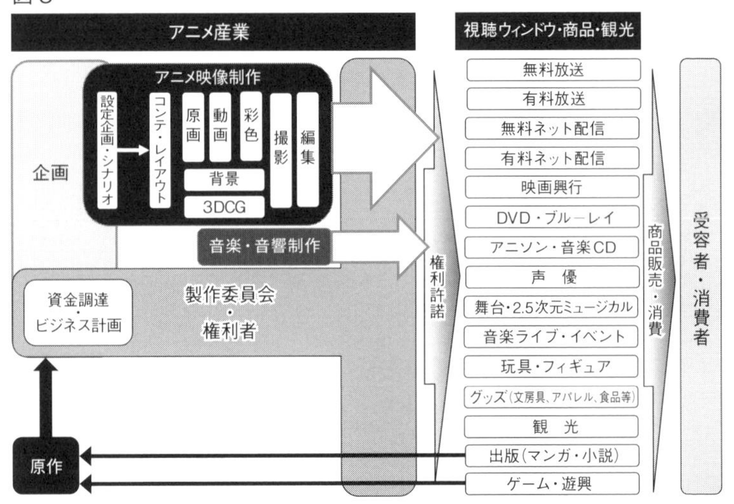

費対象となるのであれば、それらを同列に扱うことはできないのだろうか。まつもとが分析したように、ネット環境の発達により従来のウィンドウ戦略が変化した［まつもと 2012］。これまでは、アニメ映像制作から製作委員会（現実的にはその中の放送局かもしれないが）が納品をうけなされる放送が「一次利用」として特別視されてきたといえるが、無料放送、無料映像配信、有料映像配信、ゲームなどが混在し、どれが「一次利用」でどれが「二次利用」と区別がつけ難くなっている。

それを鑑み、各ウィンドウや商品を並列化すると図4のようになる。製作委員会・権利者が左端に置かれ、一見既存の構造図と変わらないように見えるが、アニメ映像制作と他の分野を並列化し、製作委員会・権利者の直後に権利販売を概念化した。(注29) そして、映像制作や商品企画などが行われ、流通に乗る消費者が消費できる具体的対象物・商品（DVDや配信番組、ミュージカルの公演、プラモデルなど）となることを「商品化」と図示している。(注30) そしてそれが商品販売さ

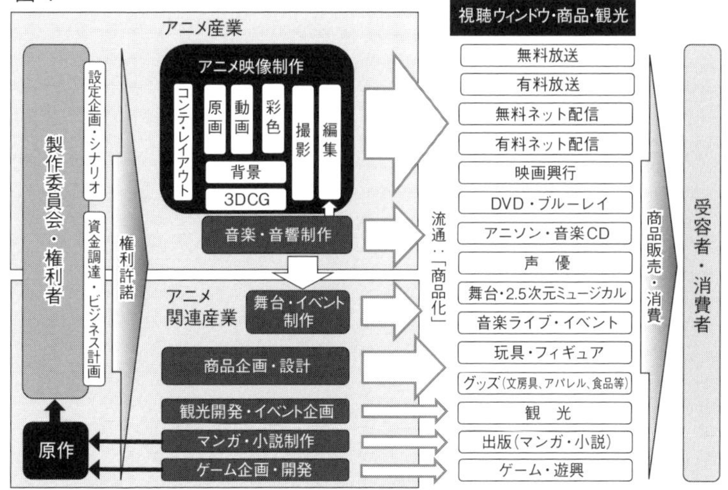

れ消費されていく。

既存の構造図と、提唱した構造図のどちらが正しいということではない。現状に対して様々な見方・整理が可能であることを再認識し、制作工程フローの時系列に則った構造図による概念化とは別の、製作や制作のプレイヤー、そして受け手の作品視聴や消費を総体的に概念化するための試論である。

数土や土居が指摘するように、従来のテレビアニメやDVD中心から配信によるライト層の取り込みがおき、商業アニメとそれ以外「アニメーション作家」との関係性も変化しつつある(注31)［数土 2017、土居 2017］。また岡田は2010年以後の製作委員会出資比率の変化の背景として二次利用収益増を挙げている［岡田 2017］。映画・テレビ・DVD中心のモデルが変わりつつあり、それを捉えるためにも、旧態依然とした映像のみの概念を広げていく必要がある(注32)。

受容・消費の変化は既存のアニメ産業観に変化を迫る。本章ではアニメ産業の概念的拡張を提唱するが、アニメ消費の拡大を受け、反対にアニメ産業を狭く捉えるならば、玩具や観光など多分野の動向はライセンスビジネス研究やキャラクター産業研究としてアニメと別と考え、アニメ産業の概念はアニメ制作へと収斂するだろう。

それであれば、アニメを作る「工場」の制作工程を中心とした産業観は修正すべきではないか。アニメは、映像のみならず、玩具やグッズ、ライブ、観光なども含めて消費される。それらを作り出す企業もアニメ消費の一端を担う。産業概念の転換は、メディア産業研究にとっても、デジタル化とグローバル化により変化する多メディア環境を分析するための一歩となる筈なのだ。

注

(1) 市場動向については業界団体の日本動画協会の年次報告書『アニメ産業レポート』が参考となる。また、行政の報告書も多数あり、中でも公正取引委員会のものは取引関係や産業構造の理解の一助となる［公正取引委員会事務総局 2009］。

(2) 市場全体について、実務家寄りの概論的なものとして増田による一連の著作や柿崎がある［柿崎 2016、増田 2007、増田 2011、増田 2016］。研究者によるものは、産業化の歴史を追った古田や木村、アニメ製作の座組を分析した田中などがある［木村 2015、田中 2009、古田 2009］。また、文化人類学的手法に則りアニメ産業へのフィールドワークをコンドリーは行った［コンドリー 2014］。なお、『コンテンツビジネスの経営戦略』はメディア産業全体を対象としているが、アニメへの言及も多く、特に同書八章では張が日本と中国のアニメ制作企業の比較分析を行っている［情報通信学会コンテンツビジネス研究会編 2017］。

(3) 松永はアニメーターの労働規範と労働条件の受忍を考察し［松永 2017］、清水は東京都のアニメ制作会社とその振興策について研究した［清水 2006］。アニメーターによる団体であるJAniCAや行政の調査で低賃金や劣悪な労働環境が指摘され、学術研究としても労働が観点の一つとなった。

(4) 経済地理学では山本、原・山本・和田編、半澤などが挙げられ、アニメ産業における産業集積や地域との関係性を考察している［山本 2012、原・山本・和田編 2015、半澤 2016］。

(5) 観光学の立場からアニメに起因する観光行動、観光振興を研究した著作として、山村や岡本などがある［山村 2008、北海道大学観光学高等研究センター文化資源マネジメント研究チーム編 2009、岡本 2013、Philip Seaton ら 2017］。海外展開については、海外での受容を検討した遠藤や三原、白石などがある［遠藤 2008、三原 2010、白石 2013］。また、木村や古田の産業史的研究には海外輸出も含まれる［木村 2012、木村 2015、古田 2009］。

(6) アニメは商品として購入されるアニメと、宣伝媒体として他の商品を売るためのアニメの二つのビジネスモデルに整理できる［玉川 2013］。夕方のアニメなど広告放送モデルであれば、スポンサー→代理店→放送局→制作会社と資金が流れ、この流れの中で作品権利を持つ企業が製作者となる。この場合、大抵アニメは後者の宣伝媒体に該当する。一方、深夜アニメは、放送や配信での課金や DVD 販売が主眼であり前者の商品としてのアニメである。ただし、本稿はこの商品としてのアニメが現在の産業観と適合しなくなっていることから再検討を意図するものである

(7) 製作委員会方式は、映画製作にみられたものをアニメビジネスに応用した。元々、外部からの出資を念頭に置いていたが、アニメではアニメビジネス関係者の「寄り合い」となった。なお、アニメのみではなく映画なども含めた製作委員会を巡る議論については、伊藤が検討している［伊藤 2014］。

(8) アニメにおける知的財産権については、日本弁理士会の雑誌『パテント』に法的概念や実際の運用の仕方を説明まとめたレポートが掲載されており、アニメの権利関係の理解の一助となる［中川ら 2008］

(9) 製作委員会の出資比率について公開資料は少ないが、岡田がヒアリングから推定した典型例を紹介しその変化を分析している［岡田 2017］

(10) 増本にあるように、任意組合をベースとする製作委員委方式と特別目的会社は別のモデルといわれるが、SPC も外部資金獲得ではなく複数関係者出資による点から、本稿では同様とみなす

(11) 任意組合である製作委員会では、意思決定は組合員全員の同意が必要となる。全ての関係者がかけることなく、かつ意思の齟齬無く数十年組合を運営し続けるとことは不可能とはいわないまでも現実的ではなく、数年間という中期での合同プロジェクトとして製作委員会が組成されると考えるのが自然である。

(12) 東映動画は海外との共同制作も行い米ビデオクラフト・インターナショナルとの合作でテレビアニメを制作している。これらは当初から米国放送を前

提として制作されたが、国内向け作品よりも制作コストが上昇し赤字となり、その不足分を国内放送で補填する発想に至る。そのため、海外市場を意識すべき合作企画でも、国内市場向けの内容となってしまうという矛盾が発生した［木村 2015］。

(13)『アルプスの少女ハイジ』など童話を原作としたアニメは制作国を意識させることは少なく、ロボットアニメも日本的要素が少なく無国籍なジャンルである。「1980 年になると海外へ輸出されたアニメ番組のうち SF・ロボットアニメが 29%、少女・メルヘンアニメや 27%、名作アニメが 38%を占めていた。実質的に海外に輸出されるアニメ番組はこれら 3 ジャンルに限定されていた。いずれのジャンルも作品の中に日本人や日本独特の風俗、習慣が現れることが少ないことを思えば、海外で受容される可能性が高いことは理解しやすい」と大場が述べるように、無国籍性が重視されていた［大場 2017］。

(14) ローカライズは現在でも変わらない。子ども向け、そしてメインストリーム向け作品においては、無国籍性が重要と考えられる。先行研究でも、小泉は米国でのローカライズを調査し、視聴者層による嗜好の違いを指摘している［小泉 2017］。

(15) ポケモンだけでなく、同時期に成功した「遊戯王」も同様で、興行収入約 2000 万ドルを記録した 2003 年公開の映画「Yu-Gi-Oh! The Movie」やテレビアニメが展開されたが、カードゲームの売上がビジネスを支えた。KONAMI の 2004 年 3 月期決算では、遊戯王カードゲームは北米 2610 億円、欧州では 140 億円を計上し、玩具を売るためのアニメであった。

(16) アニメではなく特撮だが、特撮戦闘シーン以外を日本以上の予算をかけ米国で再制作したパワーレンジャーでは、バンダイ米国法人がライセンスを獲得し玩具で成功した。これにより東映は収入を得たが、消費者が商品として購入するのは映像作品ではなく玩具である。［大場 2017 pp284-295］

(17) ただし、これらの多くはメインストリームよりはサブカルチャーである。日本でも多くの深夜アニメ作品は一部のファン（オタク）に向けられ、社会一般への訴求を生むものではない。日本国内でもニッチなサブカルチャー向け作品が海外でメインストリームを狙うには無理があり、当然にサブカルチャー向けとなるだろう。

(18) 配信を巡る海外企業の動向は数土や福原がまとめており、Netflix や Amazon、そして中国企業の製作出資や日本国内のアニメ関連企業への出資の状況がわかる［数土 2017、福原 2018］。

(19) ANEWの試み自体は、「TIGER & BUNNY」の実写化など計画段階のみで、作品が完成せぬまま2017年に産業革新機構は株式を売却した。なお、リメイクが今後実現したとしても、原作は日本作品だが、「トランスフォーマー」や「パワーレンジャー」同様にそれはグローバルな無国籍コンテンツとなるのではないだろうか。

(20) 増淵がまとめたように、そもそも日本における観光振興やコンテンツツーリズムの盛り上がりは、地域ブランド論の隆盛の一端である［増淵2010］。

(21) 山本は、東京に本拠を置くアニメ制作会社の沖縄スタジオ設立を事例に研究したが、沖縄スタジオのみの生産量では足りず、東京や中国の会社の協力の下で制作を行っていた［山本2015］。宅配便やデータ通信の発達により、従来から指摘される東京西部への地理的近接性が弱くなり、地方で制作事業が行いやすくなる変化は見られたが、分業と協業がアニメ産業の特徴であるだけに地方スタジオも東京を中心とする企業ネットワークに組み込まれざるを得ない結果となった。

(22) 映像製作によるPR事例は、富山県や南栃市のPRアニメ製作や山本が研究した鳥取県による『鷹の爪団』の事例などがある［山本2015］。しかし、地方自治体では、短時間の比較的低コストの製作発注が限界だろう。

(23) 事例研究では、製作側が地域振興目的の著作権利用に対し、便宜を図っている報告が多くある。つまり、地域側は地域振興のためならと製作側から優遇される傾向もあり、今のところその意味で地域は産業の「外側」とみなせるかもしれない。ただし、産業としてみるとこのような位置づけとなるが、本章の範囲を超えるが衰退に悩む地域への社会的意義という観点からは別の評価も可能だろう。

(24) スタインバーグが指摘するように、子どもにとって、テレビアニメはマンガやテレビで活躍する鉄腕アトムがシールなどのオマケや玩具として身の回りに出現する事態を作り出し、その消費システムを手塚治虫と共にメディア（放送局、広告代理店）やメーカーが生み出した［スタインバーグ2015］。

(25) 地域による製作作品の一例である南砺市の『恋旅～True Tours Nanto』はコンテンツと広告の狭間と指摘され［Philip Seatonら2017］、コンテンツツーリズムは観光PR映像ともみなせる側面も含む。

(26) メディア産業研究もその変化を捉え、例えば八木は音楽産業におけるレコード会社の変化を研究している［八木2015］。

(27) 先にアニメツーリズムは地域とアニメのブランド戦略としたが、同様に、メディアやアニメ制作会社、玩具やグッズ製造業にとっても、アニメ作品と相互のブランド化を図るものといえる。バンダイといえばガンダムというように、それは単に商品売上げのみならず、アニメ作品やキャラクターブランドイメージを企業が纏うことある。広告やノベルティでのキャラクタータイアップと同様の効果が、メディア間や商品化でも生じうる。

(28) 注意点として、ここで提示した2図では、従来国内向け流通と区別されていた海外展開を切り分けていない。つまり、例えば図中の配信には国内向けも海外向けも含まれる。現在でも製作委員会内で海外窓口などが消えたわけではないが、海外向け権利販売も放送、配信、グッズ、出版など多岐にわたり、かつ配信権が製作企画段階からグローバルに販売される状態となり、国内と海外で分けるよりも同じとしたほうが構造図を単純化できるためである。

(29) 現実的には、アニメ映像制作に対し制作費が製作委員会・権利者から支払われており、他の分野と全く同一とは言い難い側面もある。一方で、本図では広告放送モデルや製作委員会方式など幅広いケースに対応可能でかつ、アニメ産業全体を捉えるために試案とした。

(30) つまり、従来アニメ産業で玩具やグッズ化を念頭に置く商品化の用語法を拡張しており意味合いは異なるため、この図では「商品化」と表記している。

(31) 数土は大人向けアニメは、パッケージモデル時代の深夜アニメ＝購入する一部ファン向けという構図が薄くなり、サブスクリプション配信など一人あたりの売上げは少なくともより一般層が普通に観るようになり、配信が一般層のヤングアダルトというボリュームゾーンを生み出すとし、また劇場アニメも、ファン向けと同時に一般向けの映画となる変化を指摘する［数土 2017］。一方、土居は劇場アニメーションにおける変化を中心に、「伝統」と位置づけられる商業アニメと、そこからの「部外者」である自主制作の「アニメーション作家」を対比させ、デジタル制作と配信によって、その中間の成立、つまり短編アニメーション作家が映画祭のみならず配信によって一般へも訴求し、売上を獲得するようなったと状況変化をまとめた［土居 2017］。この指摘からは、大資本による商業アニメだけでなく小規模作品でも新たな経済圏が生まれ両者は融合している部分もあるといえ、その点からも本章で提示する構造図は検討の余地があるだろう。

(32) 円谷粲は、商品化を前提した企画をインタビューで否定的に語り「それぞれの市場分野でそれぞれの価値を作り出していかなければならないなかで、映像は第一義的な存在として作られている。映像は共通の言語やイメージとして、各商品分野をつないでいるだけなんです。作品内容の中に小売であるマーチャンダイジングの要素を副次的に入れるというのはいいことなんだけれども、絶対にそれが逆転してしまってはいけない」と述べる［公野 2016 p369］。映像作品と商品、それぞれが緊張関係を持ち、商品側も価値を提示していく。この姿勢からは、各ウィンドウや商品も、その産業の一端とみなすことは不自然ではないだろう。

参考文献

アサツーディ・ケイ特別調査委員会『報告書（公表版）』アサツーディ・ケイ、2017 年。

安達則嗣「日本の商業アニメーションのビジネスデザインに関する一考察」『芸術工学会誌』2011 年、（55）pp. 45-52。

新井範子·福田敏彦·山川悟『コンテンツマーケティング』同文館出版、2004 年。

イアン・コンドリー『アニメの魂』NTT 出版、2014 年。

伊藤高史「日本映画産業における製作委員会方式の定着と流通力の覇権」『ソシオロジカ』2014 年、38（1·2）pp 3-27。

遠藤誉『中国動漫新人類』日経 BP 社、2008 年。

大場吾郎『テレビ番組海外展開 60 年史』人文書院、2017 年。

岡田美弥子『マンガビジネスの生成と発展』中央経済社、2017 年。

岡本健『n 次創作観光―アニメ聖地巡礼／コンテンツツーリズム／観光社会学の可能性』北海道冒険芸術出版、2013 年。

柿崎俊道「アニメはどこから作られるのか」岡本・遠藤編『メディア・コンテンツ論』ナカニシヤ出版、2016 年、pp.21-34。

木村智哉「東映動画株式会社の発足と同社アニメーション映画の輸出に関する一考察」『演劇博物館グローバル COE 紀要　演劇映像学』、2012 年、pp. 147-168。

木村智哉「東映動画の輸出と合作」岩本憲児編『日本映画の海外進出－文化戦略の歴史』森話社、2015 年、pp.225-248。

木村智哉「テレビアニメーションの国産化と初期事業の形成」谷川・須藤・王編『東アジアのクリエイティヴ産業』森話社、2015 年、pp.229-257。

公野勉『コンテンツ製造論』風塵社、2016 年。

小泉真理子「コンテンツのローカライゼーション・フレームワークに関する研究

－米国の日本アニメビジネスを基に－」『文化経済学』2017年、14-2,pp20-32。
公正取引委員会事務総局『アニメーション産業に関する実態調査報告書』公正取引委員会、2009年。
小林雅「「クールジャパン戦略危うし日本のアニメは生き残れるか？」」『日経ベンチャー』、2007年、2007.09、pp.76-77。
白石さや『グローバル化した日本のマンガとアニメ』学術出版会、2013年。
清水強志「アニメーション産業による地域振興」『創価人間学論集』創刊号、2008年、pp.229-257。
情報通信学会コンテンツビジネス研究会編『コンテンツビジネスの経営戦略』中央経済社、2017年。
数土直志『誰がこれからのアニメをつくるのか？』星海社、2017年。
タイラー・コーエン『創造的破壊』作品社、2011年。
田中絵麻「メディアミックスの産業構造」『コンテンツ産業論』東京大学出版、2009年、pp.159-186。
玉川博章「コンテンツ研究　著作・流通システムにおけるアニメ」『アニメ研究入門』現代書館、2013年、pp.194-217。
土居伸彰『21世紀のアニメーションがわかる本』フィルムアート社、2017年。
中川ら「特集　《平成19年度著作権·コンテンツ委員会》　アニメの著作権」『パテント』、2008年、61-8、pp.11-47。
原・山本・和田編『コンテンツと地域』ナカニシヤ出版、2015年。
半澤誠司『コンテンツ産業とイノベーション』勁草書房、2016年。
福原慶匡『アニメプロデューサーになろう！　アニメ「製作（ビジネス）」の仕組み』星海社、2018年。
古田尚輝『『鉄腕アトム』の時代―映像産業の攻防』世界思想社、2009年。
フレデリック・マルテル『メインストリーム　文化とメディアの世界戦争』岩波書店、2012年。
北海道大学観光学高等研究センター文化資源マネジメント研究チーム編『メディアコンテンツとツーリズム：鷲宮町の経験から考える文化創造型交流の可能性』、2009年。
増田弘道『アニメビジネスがわかる』NTT出版、2007年。
『もっとわかるアニメビジネス』NTT出版、2011年。
『デジタルが変えるアニメビジネス』NTT出版、2016年。
増本貴士「日本におけるコンテンツ産業の現状と発展可能性　制作委員会方式·

SPC 方式を中心に」『情報通信学会年報 2005 年度』、2006 年、pp.27-35。
増本貴士「コンテンツビジネスの新たなあり方：アニメ番組の制作と二次利用を中心に」岡本･遠藤編『メディア･コンテンツ論』ナカニシヤ出版、2016 年、pp.201-218。
増淵敏之『物語を旅するひとびと』彩流社、2010 年。
マーク・スタインバーグ『なぜ日本は〈メディアミックスする国〉なのか』角川書店、2015 年。
松永伸太朗『アニメーターの社会学―職業規範と労働問題―』三重大学出版会、2017 年。
三原龍太郎『ハルヒ inUSA』NTT 出版、2010 年。
八木良太『音楽産業 再成長のための組織戦略―不確実性と複雑性に対する音楽関連企業の組織マネジメント』東洋経済新報社、2015 年。
山村高淑「アニメ聖地の成立とその展開に関する研究：アニメ作品「らき☆すた」による埼玉県鷲宮町の旅客誘致に関する一考察」『国際広報メディア・観光学ジャーナル』、2008 年、pp.145-164。
山村高淑「コンテンツツーリズムというアプローチ：アニメコンテンツと地域社会をめぐる新たな潮流とその特性から」岡本・遠藤編『メディア・コンテンツ論』ナカニシヤ出版、2016 年、pp.235-251。
山本健太「アニメーション産業の分業関係と地域政策」伊東・柳井編著『産業集積の変貌と地域政策：グローカル時代の地域産業研究』ミネルヴァ書房、2012 年、pp.195-215
まつもとあつし『コンテンツビジネス・デジタルシフト』NTT 出版、2012 年。
松本悟･仲吉昭治『僕たちのガンダム･ビジネス』日本経済新聞出版社、2007 年。
Philip Seaton, Takayoshi Yamamura, Akiko Sugawa-Shimada（2017）"Contents Tourism in Japan: Pilgrimages to "Sacred Sites" of Popular Culture", Cambria Press.

第7章　文化政策論
――『ガールズ&パンツァー』にみる非政治的な政治性

須藤遙子

1．はじめに

本章では、アニメ(注1)を国家の文化政策を含むナショナルな政治性との関連で考えていく。アニメを政治や政策の観点から分析する研究はまだまだ少ないが、戦中はプロパガンダの手段としてアニメが利用されたことはよく知られるところだ。1990年代後半からは海外における日本のアニメやマンガの人気を受け、その経済的・産業的影響力からコンテンツという概念が普及し、2000年代に入ってからは知的財産の観点からアニメを含むコンテンツ産業政策が本格化している。ポップ・カルチャーとしてのアニメには、政治や政策という言葉はいかにも馴染まないが、「クールジャパン」を旗印に国家がアニメを文化として振興しようとしている現状を考えても、その政治経済的な動きを無視することは不可能である。

一般的な文化政策論においては、文部科学省や文化庁あるいは自治体などによる芸術文化振興政策、つまり筆者の定義では「狭義の文化政策」のみを扱うのが通例である。しかし、ミシェル・ド・セルトーが喝破するように、「文化政策」という表現は「非政治的なものにさせられた文化」と「非文化的なものにさせられた政治」(強調は原文)との間にある緊密な関係を覆い隠している[ド・セルトー：257]。よって本章では、他の省庁や経済界なども参入するような国家政策を「広義の文化政策」と位置づけて分析対象とする［須藤 2013：22-23]。アニメは産業としてもかなりの経済規模があり、メディア会社を中心とする参入企業や国・自治体の思惑に注視すべきである。

また同時に、受容する側に作用する権力の問題も考える必要がある。アニメの受容には、純粋な作品の視聴から関連グッズの購入、近年盛んな「聖地巡礼」、SNSでの交流・発信など、多様な消費とコミュニケーションの形態が含まれる。これらはすべて消費社会の特徴を顕著に示している。浅見克彦はカルチュラル・スタディーズの観点から、現代の社会文化を分析する際の「消費」というキーワードの必要性を主張し、「消費がささえる予防的な体制安定化メカニズム、そこにはまぎれもなく権力と支配の問題がある」[浅見：13]と主張する。本章ではこうした消費の権力構造にも注目し、女子高生が戦車に乗って戦うアニメ『ガールズ&パンツァー』(以下、ガルパン)を対象として、アニメの政治性を見ていきたい。

ガルパンに関する先行研究はかなり増えているが、主としてその経済効果を無批判に礼賛する地域研究、観光社会学によるものがほとんどで、作品の製作背景や内容を分析しつつその政治性に言及する研究は皆無といえる。戦車という軍事兵器がストーリーのメインとなっているにもかかわらず、研究上での批判がほぼ見られないというのも異様だろう。筆者の先行研究［須藤 2016］では、「文化圏」という概念を提起して産官民が結託するなかでのナショナルな相互依存関係を指摘したが、本章ではガルパンの表象と消費状況をより丁寧に見て、内在する権力的イデオロギーを指摘したい。最初に断っておくが、本章は「戦車＝戦争賛美＝右翼的」という単純で粗暴な構図でイデオロギー批判をするのではなく、先行研究同様に、むしろガルパンが「非イデオロギー／脱イデオロギー的」だからこそ権力と親和的な政治性を持つという立場を取るものである。この立場は、自衛隊が協力する映画を分析しての知見をふまえている［須藤 2013］。

本章では、まずアニメに関連する政策の現状として、アニメを芸術とみなす文部科学省や文化庁による「狭義の文化政策」、コンテンツとして振興対象とする経済産業省や総務省を中心とする「広義の文化政策」について考察を行う。次にガルパンの舞台である大洗における経済効果を概観し、メディア企業・地方自治体・地元の商工会等との密接な関係のなかに政治性を指摘する。また、「萌えミリ」というジャンルに分類されるガルパンの作品分析から、そのイデオロギー性を考察し、消費の問題にも言及する。最後にガルパンと防衛省・自衛隊とのタイアップに注目し、アニメがナショナリズムの問題と無縁ではないことを指摘したい。

2. 芸術文化振興政策におけるアニメ

まずはじめに、アニメを芸術として扱う芸術文化振興政策の現状をみていく。文化庁の芸術文化振興施策に関しては、根木昭が詳しく先行研究を行っている。根木によると、「昭和」の時代には戦中の文化統制に対する負の記憶から「文化政策」という用語が避けられていたという［根木：30］。現在では「文化政策」という言葉に政治性をみることは皆無といえ、たとえば軍事政策などと対置させて平和的民主的に捉えることが自明となっているので、この指摘には特に重みがあるだろう。昭和の終焉と重なる1989年には文化庁内に「文化政策推進会議」が設置され、1990年代に入ったあたりから、自治体レベルでの「文化行政」から国家レベルへの「文化政策」への飛躍が開始されることになったとされる。これ以降、アニメをはじめとするポピュラー文化を国家の重要な「芸術」とし、同時に資金源ともみなすような政策が次々と打ち出されていった。このように「文化政策」のあゆみが、戦争の記憶と直結した昭和からその過去を捨象した平成への転換と軌を一にしていることは興味深い。

1990年の時点で、芸術文化振興政策において「芸術」と認識されていたのは、伝統音楽・クラシック音楽、日本舞踊・バレエ・現代舞踊・舞踏、近代演劇・伝統演劇・演芸、書・工芸・デザインなども含む美術、文芸、そして映画だった。(注2) いわゆる「高級文化」「伝統文化」が「芸術」として認識されており、ポピュラー文化のなかで最も歴史が古く、よって文化政策の対象としての歴史も長い映画のみが、辛うじて芸術の一端とされていたことが分かる。1990年には政府と民間による出資で芸術文化振興基金が設けられ、そのなかで「劇映画」「記録映画」「アニメーション映画」の製作への支援が行われるようになった(注3)。敗戦から50年近くを経て、半官半民の組織による助成をきっかけにアニメが再び「国家の芸術文化」となったといえるだろう。

1997年の文部省編纂『我が国の文教施策』平成9年度版では、初めて「コンテンツ」と「メディア芸術」が言及された。また、1991年に設立された財団法人マルチメディアソフト振興協会が、財団法人マルチメディアコンテンツ振興協会（現、財団法人デジタルコンテンツ協会）という名称に改組されたのが1996年なので、「コンテンツ」と「メディア芸術」という概念が90年代後半に同時に日本の文化政策に登場したと考えられる。産業としての意味合いが強い「コンテンツ」に関しては次節で詳しく述べることにし、本節では「メディア芸術」としてのアニメをみていくことにする。

文化庁における最初の「メディア芸術」の規定は、1997年に文化政策推進会議内のマルチメディア映像･音響芸術懇談会による「21世紀に向けた新しいメディア芸術の振興について」という報告で確認できる。ここでは、「映画、マンガ、アニメーション、コンピュータ・グラフィックス、ゲームソフト等」の「様々な映像･音響芸術」が「メディア芸術」とされている。この報告により、新しいメディア芸術、つまり古いメディア芸術である映画以外の芸術への支援として、「アート、エンターテインメント、アニメーション、マンガの4部門において優れた作品を顕彰するとともに、受賞作品の鑑賞機会を提供するメディア芸術の総合フェスティバル(注4)」としての文化庁メディア芸術祭が開始された。平成29（2017）年度には第20回となり、ここ数年の応募総数は4,000件を超え、海外からの応募が半数以上を占めるなど、イベントとして順調に成長している。このうちアニメーション部門への応募件数は全体の約15%から20%ほどで、そのほぼ9割が「短編アニメーション」への応募、残り1割程度が「劇場アニメーション」「テレビアニメーション」「オリジナルビデオアニメーション」への応募となっている。過去にはジブリ作品をはじめ、『エヴァンゲリオン』『ドラえもん』『クレヨンしんちゃん』などのテレビシリーズや劇場版も入賞している。

以上みてきたような1990年代の文化政策の流れを受け、日本の文化政策の基礎となる法律として文化芸術振興基本法が2001年に施行された。そして2017年6月23日、2020年の東京オリンピックを視野に入れた改正が行われ、文化芸術基本法（以下、基本法）として新たにスタートした。基本法では、伝統芸能・文化財・国語等に関する条項と並び、第9条として「メディア芸術の振興」が以下のように規定されている。

> 国は，映画，漫画，アニメーション及びコンピュータその他の電子機器等を利用した芸術（以下「メディア芸術」という。）の振興を図るため，メディア芸術の制作，上映，展示等への支援，メディア芸術の制作等に係る物品の保存への支援，メディア芸術に係る知識及び技能の継承への支援，芸術祭等の開催その他の必要な施策を講ずるものとする。(注5)

改正前は「メディア芸術の製作、上映等への支援その他の必要な施策を講ずるものとする」となっていたので、出資者の意味合いが強い「製作」から現場での実際の作業を指す「制作」へと文言が変わったことは大きな変化といえよう。そして、2015年5月22日に閣議決定された「文化芸術の振興に関する基本的な方針――文化芸術資源で未来をつくる――（第4次基本方針）」における具体的な施策として、「メディア芸術の振興」は以下のように述べられている。

> 我が国のメディア芸術は，優れた文化的価値を有しており，世界的にも高く評価され，我が国のソフトパワーとして国内外から注目を集めている。メディア芸術の振興は，我が国の文化芸術振興はもとより，コンテンツ産業や観光の振興等にも大きな効果を発揮するものであることを踏まえ，次の施策を講ずる。
> ・文化庁メディア芸術祭の一層の充実を図るとともに，関連イベントとの連携を推進する。また，我が国の優れたメディア芸術を積極的に諸外国へ発信する。
> ・メディア芸術に関する貴重な作品や関連資料等について，所在情報等のデータベースの整備や，作品のデジタルアーカイブ化等を支援するとともに，文化施設，大学等の連携・協力により実施する共同事業を推進する。
> ・大学や製作現場等と連携しながら若手クリエーターに専門的研修や作品発表の場を提供することにより，次代を担う優れた人材を育成する。
> ・日本映画・映像作品の水準向上を図るため，国際的な評価の高まりを踏まえながら，その製作環境の整備，国内外への発信や人材育成，国際共同製作に対する支援，東京国立近代美術館フィルムセンターにおける映画・映像作品の収集・保管等を推進する[注6]。

ここでまず注目されるのが、「我が国の」という文言である。歴史的には下位文化（サブ・カルチャー）そして対抗文化（カウンター・カルチャー）の要素も含んでいたアニメが、いまや国家文化（ナショナル・カルチャー）となって国家の包摂対象となっていることがよく分かる。むろんアニメは昔から人気のある国民文化（ナショナル・カルチャー）であり、国家の振興となったからといって、作品の内容が国家に忠実なものになるわけでもないし、製作／制作体制が完全に管理されるわけでもない。しかし、「コンテンツ産業や観光の振興等にも大きな効果を発揮」

とあるように、「芸術」としてのみならず「産業」としての重要さが認知されることと併せ、アニメの政治経済的重要性が増してきていることもまた間違いない。さらに、大学との連携が触れられているように、2000年代に入ると大学に「マンガ」「アニメ」「メディア」等の学部、学科が続々新設され、アニメはついに産学官協働分野の一つとなっていった。こうした背景には、次節で述べる「広義の文化政策」が大きく関係している。

3. 経済産業政策におけるアニメ(注7)

文化を対象とした経済産業政策においては、アニメは「コンテンツ」の一つとして扱われ、「産業」として政策対象となっている。経済産業省では、「映画、アニメ、ゲーム、書籍、音楽等の制作・流通を担う産業の総称」を「コンテンツ産業」と定義づけている(注8)。

アニメ産業政策が明文化されたのは、2004年に議員立法として成立した「コンテンツの創造、保護及び活用の促進に関する法律」通称「コンテンツ促進法」(以下、促進法)である。促進法の第一条では、「国民生活の向上及び国民経済の健全な発展に寄与することを目的とする」と謳われており、「経済効果」がこの法律の最重要課題であることが読み取れる。この理由は、2002年に成立した知的財産基本法が「国民経済の健全な発展及び豊かな文化の創造に寄与するものとなること」を目的としており、促進法が知的財産基本法に準じているためだ。

知的財産基本法や促進法の成立には、2002年にダグラス・マグレイが『フォーリン・ポリシー』誌に掲載し、「クールジャパン」という表現を広めることになった「日本のグロス・ナショナル・クール」[McGray]という有名な記事が大きく影響しているだろう。2010年には経済産業省のなかに「クール・ジャパン海外戦略室」が設けられ、2017年には「クールジャパン政策課」へと改組された(注9)。この経済産業省の「クールジャパン政策」とは別に、内閣府の知的財産戦略推進事務局でも「クールジャパン戦略」(注10)が出されている。「クールジャパン関係省庁」としては、総務省、外務省、国税庁、文化庁、農林水産省、経済産業省、観光庁、環境省が列挙されており、まさに国をあげての大事業となっている。これは、秋菊姫(チュークッキ)によれば「日本政府のコンテンツ産業に対する支援は、日本ポピュラー・カルチャーのグローバル化による日本政府の国際化政策」［秋：68］であり、「経済政策と文化政策の境界があいまいになった政策」［同前：62］ということになろう。

促進法成立同年の2004年に出された「知的財産推進計画2004」により、NPO法人映像産業振興機構（VIPO）が設立された。「日本のコンテンツ産業を国際競争力あるものとし、さらには日本経済の活性化に寄与することを目的」(注11)とするVIPOの会員には、映画配給会社・テレビ局・広告代理店・映画製作会社・レコード会社・商社などに加え、アニメ制作会社や一般社団法人日本動画協会も加わっている。現在VIPOは「人材育成」と「市場開拓」の2つの柱を中心に、「若手映画作家育成プロジェクト」や「京都国際マンガ・アニメフェア」、日本のコンテンツの権利関連情報が検索できるデータベースなど、さまざまな事業を展開している。

以上の官民一体となったコンテンツ産業政策の実施にもかかわらず、世界のコンテンツ市場が2020年には約85兆円まで拡大すると見込まれるなかで、日本のコンテンツ市場は2006年の14兆2493億円をピーク(注12)に、ここ数年約12兆円と横ばいが続く(注13)。2010年には1968年以来続いてきたGDP世界第2位の座を中国に明け渡したことも打撃となり、政府関係者の焦りは強い。アニメ産業市場だけに注目すれば「配信、遊興、ライブエンタテイメントといった収益ウィンドウの増加が招いた結果」としての「第四次アニメブーム」ともいわれ、2016年のアニメ産業売上は過去10年間で最高の2兆9億円となり、初めて2兆円の大台を突破した(注14)。一方でアニメーターの平均収入高は10年間で約4割も減収(注15)し、劣悪な労働条件を改善す

るために経済産業省が描画ソフトの共通規格を導入した。[注16]

このように経済的利益を目的としたさまざまなアクターたちの動きを見ても、アニメを含めた「コンテンツ」を考える際に国家の存在を抜きに語ることはもはやできない。国家文化（ナショナル・カルチャー）としてポピュラー文化を包摂し、その上で直接的に経済利益に結びつけようという試みがコンテンツ政策といえるだろう。以上、本節で扱ったコンテンツ政策は、海外市場を睨んだ「対外」経済政策の側面が強いが、次節ではガルパンを例として、「国内」経済においてもアニメが政策対象となっていることを考察していく。

4.ガルパンにみるアニメの経済効果[注17]

アニメやマンガの舞台となった場所やゆかりのある土地をめぐるアニメツーリズム[注18]、いわゆる「聖地巡礼」が近年非常に盛んであり、ファンがもたらす大きな経済効果によって地方自治体や企業からも「町おこし」として大きな注目を集めているのは周知のとおりである。ガルパンの舞台となっている茨城県大洗町も、このアニメ町おこしの成功例として注目を浴びている。

ガルパンには製作に携わる複数のメディア企業のほか、大洗町、地元の商工会などが大きく関わっており、後節で詳述するが、戦車戦がストーリーのメインとなっていることから自衛隊も関与している。

写真1

大洗駅にある看板（筆者撮影）

ガルパンは、2012年10月から東京メトロポリタンテレビジョン（TOKYO MX）で放送されたアニメーションで、大和撫子のたしなみとして茶道や華道などに並ぶ架空の武道としての「戦車道」で女子高生たちが戦うというストーリーである。戦うといっても殺し合うわけではなく、ヘルメットさえ着用せずに撃ち合っても怪我すらほとんどしないという徹底したファンタジーとなっている。放送が終了してから人気が上がり、2015年11月に公開された『ガールズ＆パンツァー 劇場版』は2年近くにわたる驚異的なロングランを記録、2017年8月現在で興行収入25億円のヒットとなっている。(注19) 2017年12月9日に公開された『ガールズ＆パンツァー 最終章 第1話』は、上映時間47分、鑑賞料金が一律1,200円というイレギュラーな形態にもかかわらず、2018年1月17日までの累計動員が42万5236人、累計興行収入が5億2618万円と好調だった。(注20) ファミリーレストランのココスとのタイアップやテレビ放送開始5周年を記念した「ガールズ＆パンツァー博覧会」など、イベント企画も続々と打ち出されている。

製作には、バンダイビジュアル、ランティス、博報堂DYメディアパートナーズ、ショウゲート、ムービック、キュー・テックが参入しており、放送前から先行コミカライズが行われるなど、典型的なメディアミックス戦略が取られた。メディア会社のバンダイビジュアルがストーリーを含めたプロジェクト全体を企画し、事前に大洗町への調査やストーリーへの登場許可などの根回しを行い、現在は商店などの著作権も管理している。

大洗町は、茨城県のほぼ中央にあり、太平洋に面した小規模の自治体である。沿岸漁業が盛んで、夏になると海水浴客で賑わい、冬には名物のあんこうが獲れる。東海村と並んで原子力関連施設が多く、1967年には既に日本原子力研究所が設置されている原子力の町でもある。2011年3月11日に起きた東日本大震災の際には、最大で4.2メートルの津波を観測して大きな被害を受けた。さらに福島第一原発事故の影響により、年間500万人を超えていた観光客は激減した。ガルパンを使用した町おこしには、この津波と原発事故からの復興の意味が第一に込められている。ガルパンのプロデューサーであるバンダイビジュアルの杉山潔（きよし）氏は、「美少女と戦車」というコンセプトでの作品を企画中に震災が起こり、「アニメで被災地を応援できないか」という思いと結びついて、幼少時代に海水浴に来ていた大洗を舞台とすることになったと述べている。(注21)

町おこしでまず中心的な役割を果たしたのは、大洗町商工会青年部である。ガルパン放送後となる2013年開催の「海楽フェスタ」で初めてコラボを行い、地元の商店街にキャラクターパネルを設置する「ガルパン街なかかくれんぼ」を企画した。この企画は人気を博し、パネル数と地域を拡大して2018年6月現在も継続されている。「海楽フェスタ」には近年8万人がコンスタントに訪れており、1998年から毎年11月に開催されてきた「あんこう祭り」もコラボ以降に来場者が激増し、2016年、2017年には2年連続でガルパン放送前に比べて約3倍となる13万人が押し寄せたという。(注22)大洗町の人口が約1万7千人であることを考えると、まさに驚異的な数字である。

こうした経済的恩恵にあずかろうと、町内はもちろん近隣の水戸市や茨城県内全域までガルパンブームに我先にと乗っている感がある。水戸と鹿島を結ぶ途中で大洗を通る鹿島臨海鉄道はガルパンのラッピングが施され、ガルパンファンの利用急増により長らくの赤字路線を脱し、2016年度決算では7年ぶりの2期連続黒字を記録した。(注23)その大洗駅にある観光案内所は、もはや「ガルパン案内所」（写真2）といったほうがふさわしい。2014年には、「ガールズ&パンツァー製作委員会」が水戸市をホームタウンとするJ2所属のサッカークラブ「水戸ホーリーホック」のスポンサーとなり、2018年現在はプラチナパートナーとして選手の正式ユニフォームにガルパンのイラストが入っている。茨城空港のターミナルビルでは、「茨城空港ガルパン応援計画」というイベントが夏から秋にかけて毎年催され、2013年9月8日投票の茨城県知事選挙の際には、投票率向上キャンペーンでガルパンが使用された。まさに産官民こぞってのガルパン狂想曲である。

写真２

大洗駅観光案内所内部（筆者撮影）

社会現象となるような人気アニメは、多かれ少なかれ同様の状況をもたらすとはいえる。しかし、ガルパンの最大の特徴は、製作者・ファン・地元関係者・官公庁の関係が異常なまでに緊密であり、「ガルパンはいいぞ」(注24)の連呼のなかで生産／消費／再生産が加速度的に進み、物語世界と現実世界である大洗町や茨城県がもはや不可分の関係になっている点にある。つまり、町おこしのためにアニメを広報・広告に使用している状態を超え、ガルパンが大洗をモデルにしているのか、大洗がガルパンをモデルにしているのか、もはや判別不可能なほどなのだ。

かつてジャン・ボードリヤールは、「起源も現実性もない実在のモデルで形づくられたもの、つまりハイパーリアル」をシミュレーションと呼び、「地図こそ領土に先行する」というたとえで「シミュラークルの先行」について述べた［ボードリヤール 1984: 1-2］。実在／空想、現実／虚構の二元論など軽々と超越したガルパンと大洗の関係性は、まさしくシミュラークル（虚像）のシミュレーション（模造）といえるだろう。

大塚英志は、マーク・スタインバーグによるメディアミックス論の解説において自身の過去の理論を振り返りながら、「八〇年代のニューアカ的『知』の象徴的存在であったジャン・ボードリヤールの『消費社会の神話と構造』あたりをほろ苦く思い出しもする（傍点は原文）」［スタインバーグ:352-353］と述べ、ボードリヤール理論の古さを示唆しているが、「イメージや事実によって一般化された消費も、現実の記号によって現実を祓いのけ、変化の記号によって歴史を祓いのけることを目的としている（傍点は原文）」［ボードリヤール 1979: 24］とする理論にはまだまだ有効性があると考える。スタインバーグは、「ポストフォーディズム」というそれこそやや懐かしい概念を用いて、詳細な産業分析から日本のメディアミックス状況を分析しており、従来のマルクス主義的概念としての「生産」と「消費」という二項対立では捉えきれない現状に目を向ける姿勢は本章と共通しているが、消費のイデオロギー性に対する視点は不十分である。

次節では、シミュラークルとしてのガルパンの作品分析を行いつつ、内在するイデオロギーを見ていきたい。

5.「萌ミリ」の政治性

前述のように、ガルパンは「美少女と戦車」という「萌え＋ミリタリー＝萌ミリ」というコンセプトのもとで製作されている。では、そもそも「美少女」「萌えキャラ」とは何なのか、そこにどんな意味があるのだろうか。

アニメやゲームにおける「美少女」の年齢設定は、ほとんどの場合が中学生から高校生までのティーンエイジャーとなっている。つまり身体的には成長しているものの、性的経験の無い処女が想定されていると解釈できるだろう。男性視聴者らが空想のなかで「美少女」を思いのままにすることが可能となるように、彼女たちは高い声と離れ気味の大きな瞳で無力な存在としての幼児性をアピールしつつ、成熟した女性のような不自然に豊かなバストや極端な腰のくびれを併せ持つ。ミニスカートを履き、しばしば内股のポーズを取っているのも特徴だ。また、萌えアニメに共通する重要なポイントとして、男性キャラクターがほぼ登場しない＝「美少女」たちは一切恋愛しない、という点が挙げられる。これは、キャラクターに恋愛する権利をファンが独占しているということだ。

詳細なジェンダー分析を行う紙幅はないが、こうした極度に様式化された設定自体に、男性から女性への権力的なまなざしが含まれていることは明白である。ガルパンを含め「萌えキャラ」は制服を着ていることが非常に多いが、制服が意味するのは規律と支配である。男性視聴者は、「美少女」たちをユニフォームという「統一された（uni）形態（form）」に押し込め、その支配下に置いているのだ。

「萌えミリ」作品の場合、もう一つの要素である「ミリタリー」という設定から、「美少女」たちは戦うことを必然的に強いられている。とはいえ、誰も死なずに怪我すらほとんどしないのが「萌ミリ」作品のお決まりのパターンであり、前述のようにガルパンもその例に漏れない。少女による戦車戦を前提としつつも、「残酷な作品は作りたくない」というスタッフの思いから「戦車道」という部活動（スポーツ）にする着想が生まれたという(注25)。しかし、その発想そのものに政治性があるといわざるを得ない。

ガルパンにおける「戦車道」では、1945 年 8 月 15 日までに設計・試作されていた車輌や部品を使用しなければならないという規定になっており、第二次世界大戦期に実在した世界各国の戦車が、3DCG 技術の駆使により相当リアルに描かれている。さらに、7.1ch や 11.1ch などのマルチチャンネルオーディオでの「爆音上映」、シーンに合わせて座席が動いたりスモークが出たりする 4DX や MX4D

などの音響技術や上映技術の発達もあり、実弾を使用するという設定のガルパンにおける戦闘シーンの迫力は増すばかりだ。一方で、派手に戦車がひっくり返っても少女たちはかすり傷程度しか負わず、キャラクターも視聴者も安心して戦闘を楽しめるようになっている。しかし、殺傷能力を無効にするために日本戦車道連盟公認による特殊加工の実弾や装甲材を使用するという設定こそ、大戦期に大勢の人間の命を奪った実在の兵器であるこれらの戦車の実態を物語っている。いうまでもなく、普通に戦っていれば必ず死傷者が出てしまうからだ。また、各チームの戦車に付けられた「可愛い」動物のマークも、実際あった戦争の歴史の矮小化、忘却に一役買っているといえよう。

ガルパンにおけるこうした「リアル兵器のファンタジー性」と思いがけぬ親和性があったのが、兵器で敵を殺傷した経験のない幸運な軍事組織である自衛隊だ。ガルパンの制作にあたっては、スタッフが茨城県の土浦武器学校を訪問し、走行中の車内の振動・音・会話等を体感するために、戦車に交代で乗せてもらったという。これは、航空自衛隊のドキュメンタリー・ビデオシリーズを長年手がけてきた杉山プロデューサーに、自衛隊とのパイプがあったからだ。(注26) ガルパンのストーリーには、陸上自衛隊の最新ハイテク国産戦車である一〇(ひとまる)式戦車に乗った女性自衛官が教官として登場するが、ガルパンと自衛隊との相互依存関係は双方の広報・宣伝にまで広く及んでいる。

大洗町のある茨城県には自衛隊地方協力本部（以下、地本）があり、陸上自衛隊の勝田駐屯地、土浦駐屯地、霞ヶ浦駐屯地、朝日分屯地、古河駐屯地、航空自衛隊の百里基地など、もともと自衛隊関連施設が多数存在する土地である。よって、県内のマラソン大会や各種イベントの際に自衛官募集の広報ブースが出されたり、駐屯地で花火大会が催されたりするのが恒例だ。7月の「大洗海の月間」では、「艦艇公開 in 大洗」として海上自衛隊の艦艇が海開きの時期に毎年派遣されている。この艦艇公開自体は全国各地で行われているが、大洗ではガルパンとのコラボによってイベントの規模が大きくなり、展示される自衛隊の装備も陸自や空自を巻き込むかたちで増えてきている。2013年の「海楽フェスタ」では74式戦車が展示され、同年7月の「艦艇公開 in 大洗」では、当時は展示されることがほぼ無かった最新の一〇式戦車が展示され、批判を含めて大きな話題となった。

自衛隊という実在の軍事組織がその広報にアニメを利用することの政治性は、アニメ愛好者、アニメ研究者ともよく考える必要があるだろう。アニメがいかにイデオロギーを否定し、中立性や非政治性を主張しようとも、それを利用する側が同じように思っているかは甚だあやしい。自衛隊広報における大々的なガルパンのフィーチャーには、近年の自衛官募集ポスターにおける萌えキャラの流行も背景の一つにある。徳島地本が2010年度に初めて萌えキャラを起用して以来、どの地本のポスターも萌えキャラのオンパレードとなっている。前述したように、萌キャラに内在する支配のまなざし、権力の構造は、軍事システムと非常に親和的なものだ。

自衛官への実際の志願者は激減している(注27)とはいえ、平成30（2018）年1月に発表された内閣府による「自衛隊・防衛問題に関する世論調査」では、自衛隊に対して「良い印象を持っている」とする割合が89.8%にものぼっている(注28)。災害派遣等での活動実績に加え、広報のソフト化が功を奏しているのは間違いない。軍事というのは、言うまでもなく政治のなかでも最もハードな分野である。それがアニメというソフトと結びつくことで、次節で述べるようなプロパガンダが有効に機能してくることになるのだ。

6. おわりに

プロパガンダ・アニメのアメリカにおける例としては、ドナルドダック・シリーズ第43作として製作された、ディズニーの短編映画である『総統の顔』（ジャック・キニー監督、1943年）がある。ドナルドが夢のなかでヒトラーの肖像やハーケンクロイツに囲まれ、不自由で貧しい強制的な労働をするというストーリーになっている。途中には、東条英機やムソリーニなど枢軸国を象徴する人物も登場し、そのカリカチュアライズされた敵の表象により、鑑賞した子どもたちは、ドイツ・日本・イタリアに対して大いなる反感を持ったことだろう。

日本のプロパガンダ・アニメとしては、『桃太郎の海鷲』（瀬尾光世監督、1943年）や姉妹編の『桃太郎　海の神兵』（瀬尾光世監督、1945年）が有名である。日本映画全般の特徴として憎々しげな敵は登場しない［上野：112］かわりに、完成度の高い美しい絵で、明るく希望に満ちた「五族共和」を描いていた。また、連合国軍による日本占領期時代に日本人向けプロパガンダとして上映されていたCIE映画においても、衛生啓蒙作品でアニメが使用されていたことが判明している［身崎：228-230］。

現代でも、アニメは政治的なメッセージをソフトに伝える手段として機能している。たとえば、2013年4月に公開された『名探偵コナン 絶海の探偵（プライベート・アイ）』（静野孔文監督、東宝）では、海上自衛隊が全面協力していたことにより、イージス艦が過剰なまでに持ち上げられていた。予告編や公式ホームページでは「防衛省・海上自衛隊全面協力」がこれでもかと宣伝され、外観や内部が精密に描かれたイージス艦の機能がテロップ付きで丁寧に紹介されていた。ストーリー内では、イージス艦の見学に訪れているキャラクターたちが、それぞれ「カッコいい！」「すごい！」と連発しているのが目を引く。劇場用プログラムでも見開き2ページにわたってイージス艦に関するデータや歴史などさまざまな情報を載せており、静野監督以下主要スタッフらは、横須賀や舞鶴で停泊中のイージス艦に乗って取材した際の感想を「興奮」と「感謝」とともに書いている。

プロパガンダ映画を見ると、政府や軍事組織が映画会社・アニメ会社に「強制的に」作らせたような印象があるが、そこには留保が必要である。なぜなら前節で強調したように、産業側も常に経済的、あるいは技術的な理由などから、権力とのコラボレーションを模索している場合がほとんどで、その関係性はどこまで行っても「相互依存」でしかないからだ。この構図は、現在も戦時中も全く変わらない。

「わが国最初の文化立法」としてジャーナリズムからも歓迎された1939年制定の「映画法」は、文化を規制した総動員体制を象徴する悪法とされることが多いが、当時の映画業界の混乱を終結させるために映画産業側からも熱望された法律であったことが指摘されている［加藤 2003：68］。「戦時体制下で政治における文化・芸術の意味が変化」し、「映画を含む文化・芸術は、国家・国民のアイデンティティを内側から支えるものとして見なされるようになり、さらには、文化・芸術の社会的影響力を利用して国民を動員するという発想が生まれた」［加藤 2005：30］とされているが、この発想は現在でも脈々と受け継がれているといえるのではないか。

第2節で考察した基本法は、文化を振興したい地方自治体や企業、そして金銭的工面と発表の場の確保に常に苦労が伴う芸術家の間では好意的に受けとめられている。しかしその内容を読むと、国家的・国民的アイデンティティを構築あるいは再構築しようとする意図が見受けられ、日本古来の文化を「伝統」という言葉でパッケージ化するような本質主義を漂わせている。基本法の前文には、以下のような文言が見られる。

> （略）文化芸術は、それ自体が固有の意義と価値を有するとともに、それぞれの国やそれぞれの時代における国民共通のよりどころとして重要な意味を持ち、国際化が進展する中にあって、自己認識の基点となり、文化的な伝統を尊重する心を育てるものである。(注29)（※下線は引用者）

前文には「表現の自由」「自主性を尊重」という文言も書かれてはいるが、個人の持つ集団的アイデンティティの一つにすぎないはずの国家的・国民的アイデンティティが強調されていることには、大いに注意を払うべきだろう。国家が文化によって再統合を図ろうとしていること、そこで振興される文化には本来権力への抵抗文化（カウンター・カルチャー）の意味も持っていたアニメを含むポピュラー文化も含まれること、大企業がコンテンツの利益を目当てに政策に参入してきていること、さらには自衛隊という軍事組織すら独自に映画やアニメにアプローチしていること……これらすべてを考慮しながら、現代における文化政策を見据える必要がある。コンテンツ政策、アニメ産業政策という経済政策を含め、現代の文化をめぐる状況を政治的に分析する姿勢がますます重要となっている。

国家権力による文化政治（カルチュラル・ポリティクス）の最たるものが文化政策（カルチュラル・ポリシー）なのである。現代の文化政策において目を引くのは、ポピュラー文化振興に対する国家の熱意である。アニメはそのなかでも、最も熱い視線が注がれているといえよう。さらにインターネットの発達した現代においては、政治力・経済力を持った国家・企業・メディアだけではなく、商品の消費とSNSやブログを使用した情報発信・受信を不可分の行為とする消費者／再生産者たる無数のファンたちがメッセージの拡散を担っている。アニメに興じるファンたちの無邪気で主体的な広告・宣伝は、権力にとって非常に都合のよい政治的なメッセージになり得ると強調したい。

注

(1) 本章では、「アニメ」と「アニメーション」の厳密な区別はしない。なぜなら、政策上でこの二つの用語の区別がされていないからである。研究上の定義については［小山他　4-10］を参照のこと。

(2) 文化庁『我が国の文化と文化行政』1988年、pp.105-127。

(3) 平成29（2017）年度の「アニメーション映画」への応募件数は9件、採択件数は7件で、助成金交付予定額は4,810万円となっている。日本芸術文化振興会HP『芸術文化振興基金』http://www.ntj.jac.go.jp/kikin/about/results.html（2018年6月29日最終閲覧）。

(4) 文化庁メディア芸術祭HP『文化庁メディア芸術祭について』http://archive.j-mediaarts.jp/about/（2017年8月19日最終閲覧）。

(5) 文化庁HP『文化芸術基本法』http://www.bunka.go.jp/seisaku/bunka_gyosei/shokan_horei/kihon/geijutsu_shinko/kihonho_kaisei.html（2017年8月19日最終閲覧）。

(6) 文化庁HP『文化芸術の振興に関する基本的な方針（第4次基本方針）の閣議決定について』http://www.bunka.go.jp/koho_hodo_oshirase/hodohappyo/pdf/2015052201.pdf（2017年8月19日最終閲覧）。

(7) 本節は、[須藤　2013] 11章、12章の一部を改稿した。

(8) 経済産業省HP『コンテンツ産業』http://www.meti.go.jp/policy/mono_info_service/contents/index.html（2018年3月11日最終閲覧）。

(9) 経済産業省HP『クールジャパン政策について』http://www.meti.go.jp/policy/mono_info_service/mono/creative/file/170802CooljapanseisakuAug.pdf（2017年8月20日最終閲覧）。

(10) 内閣府HP『クールジャパン戦略』http://www.cao.go.jp/cool_japan/about/about.html（2017年8月20日最終閲覧）。

(11) VIPO HP『VIPOとは』https://www.vipo.or.jp/about/value/（2018年6月29日最終閲覧）。

(12)『デジタルコンテンツ白書2009』財団法人デジタルコンテンツ協会。

(13) 経済産業省HP『コンテンツ産業政策について』http://www.meti.go.jp/policy/mono_info_service/contents/downloadfiles/shokanjikou.pdf（2017年8月20日最終閲覧）。

(14) 日本動画協会HP『アニメ産業レポート2017サマリー』http://aja.gr.jp/jigyou/chousa/sangyo_toukei（2018年6月29日最終閲覧）。

(15) 2016年のアニメ制作企業全体の収入高は1813億4700万円、一方、4割強のアニメ制作企業で減益。帝国データバンクHP『アニメ制作企業の経営実態調査（2017年）』https://www.tdb.co.jp/report/watching/press/pdf/p170803.pdf（2017年9月3日最終閲覧）。

(16) SankeiBiz 2018年3月23日付『アニメ制作現場「脱ブラック」へ　経産省、描画ソフトに共通規格で作業負担軽減』http://www.sankeibiz.jp/macro/

news/180323/mca1803230500002-n1.htm（2018年3月23日最終閲覧）。

（17）4-6節は、［須藤　2016］の一部を改稿した。

（18）2016年9月に「私たちは、アニメに携わる全ての人に寄り添い、アニメ業界と地域の発展を願いつつ、'世界から選ばれる地元と日本' に貢献します。」という理念のもとにアニメツーリズム協会が発足し、メディア企業、旅行会社、航空会社などが会員となっている。より広義の用語としては「コンテンツツーリズム」がある。https://animetourism88.com/ja/shadan/about（2018年3月11日最終閲覧）。

（19）animate Times HP 2017/8/16 記事 https://www.animatetimes.com/news/details.php?id=1502849214（2018年3月11日最終閲覧）。

（20）アニメーションビジネス・ジャーナル 2018年1月20日付ニュース http://animationbusiness.info/archives/4766（2018年3月11日最終閲覧）。

（21）常陽リビングHP『町民と育てたご当地アニメ』2014年7月14日記事 http://www.joyoliving.co.jp/topics/201407/tpc1407020.html　及び　水野博介「「アニメの聖地巡礼」諸事例（2）」埼玉大学紀要（教養学部）第50巻第1号、2014年。

（22）茨城新聞クロスアイ 2017年11月21日付「13万人、町に熱気　大洗あんこう祭」http://ibarakinews.jp/news/newsdetail.php?f_jun=15111815697682（2018年3月11日最終閲覧）。

（23）毎日新聞茨城版 2017年6月20日付　https://mainichi.jp/articles/20170620/ddl/k08/020/119000c（2017年8月20日最終閲覧）。

（24）『ガールズ&パンツァー劇場版』が公開された後、観たファンがネット上でこぞって発信した言葉。全体としてガルパンの男性ファンは比較的年齢層が高く、彼らを指す「ガルパンおじさん」という言葉も定着した。

（25）同註21 HP。

（26）ガルパン取材班『ガルパンの秘密』廣済堂出版、2014年、pp.30-35。

（27）2016年度は、「自衛官候補生」「一般曹候補生」「一般幹部候補生」とも2014年度から比べ、2割強の落ち込みを見せている。防衛省HP「平成28年版防衛白書・資料17 自衛官などの応募及び採用状況（平成27年度）」http://www.mod.go.jp/j/publication/wp/wp2016/html/ns017000.html、および「週プレNEWS」2017年2月10日「海外派遣どころじゃない！ 自衛隊が志願者激減で、なりふり構わぬ異例の「縁故募集」…その実態とは？」http://wpb.shueisha.co.jp/2017/02/10/79992/2/（いずれも2017年5月15日最終閲覧）。

（28）内閣府大臣官房政府広報室『平成29年度自衛隊・防衛問題に関する世論調査』https://survey.gov-online.go.jp/h29/h29-bouei/2-2.html（2018年3月18日最終閲覧）。前回の平成26（2014）年度調査では「良い印象を持っている」が92.2%で過去最高だった。

（29）同註5。

引用文献

浅見克彦『消費・戯れ・権力』社会評論社、2002年。

上野俊哉「他者と機械」上野俊哉他『日米映画戦——パールハーバー五十周年』1991年。

加藤厚子『総動員体制と映画』新曜社、2003年。

加藤厚子「映画政策研究の方法論とその可能性」『メディア史研究』18号、2005年。

小山昌宏・須川亜紀子編著『アニメ研究入門』現代書館、2013年。

須藤遙子『自衛隊協力映画——『今日もわれ大空にあり』から『名探偵コナン』まで』大月書店、2013年。

須藤遙子「「文化圏」としての『ガールズ&パンツァー』——サブカルチャーをめぐる産官民の「ナショナル」な野合」朴順愛他編著『大衆文化とナショナリズム』森話社、2016年、pp.139-167。

秋菊姫（チュー・クッキ）「「クール・ジャパン」ネーション——日本のポピュラー・カルチャー振興政策」『サブカルで読むナショナリズム——可視化されるアイデンティティ』青弓社、2010年。

ド・セルトー、ミシェル『文化の政治学』山田登世子訳、岩波書店、1999年。

根木昭『芸術文化政策Ⅱ　政策形成とマネージメント』放送大学大学院テキスト、2002年。

ボードリヤール, ジャン『シミュラークルとシミュレーション』竹原あき子訳、叢書・ウニベルシタス136、法政大学出版局、1984年。

ボードリヤール, ジャン『消費社会の神話と構造』今村仁司・塚原史訳、紀伊國屋書店、1979年。

マーク・スタインバーグ『なぜ日本は〈メディアミックスする国〉なのか』監修／大塚英志、訳／中川譲、角川EPUB選書020、2015年。

身崎とめこ「衛生家族の誕生——CIE映画からUSIS映画へ、連続される家族の肖像」土屋由香／吉見俊哉編『占領する眼・占領する声』東京大学出版会、2012年。

McGray, Douglas 'JAPAN'S GROSS NATIONAL COOL' "Foreign Policy" 2002, May-June

第8章　アニメ史研究原論
――その学術的方法論とアプローチの構築に向けて

木村智哉

1．はじめに

学術的なアニメ史研究は存在しうるのか。またそれは、いかに可能になるのか。

歴史研究は、アニメ研究の中で主たる領域を占めていると思われることがある。しかしこれは歴史研究に対する漠然としたイメージに基づく誤解である。少なくとも学術性を備えた成果は、未だ少ない。

アニメの歴史に関する検証は、長らくファン活動と、そこから発生した商業メディアの出版物に牽引されてきた。これはその論考が、一定の特定性を持ちながら非専門的な読者を対象にし、しかも論考の商品価値を担保する新奇な個性や差異を伴う必要があったことを意味する。そこに先行研究の参照と批判に基づき、成果を共有しつつ徐々に深化していくアカデミックな研究との違いがある。

学術論文の多くは非売品の学会誌か、ごく少部数の出版を前提とした論文集などの形態で、一般的な書籍の商品流通とは異なる場を形成しており、より専門的な少数の読者に向けて書くことが可能である。学術研究の担い手は、この社会的機能の相違を意識する必要がある。学術研究が既存のそれと同様のナラティヴになるならば、そもそも学術領域の構築など必要ない。

では、学術的なアニメ史研究とは、いかなる方法論や視点によって可能になるのか。過去のアニメにまつわる雑学的知識を累積しても、それは学術的アニメ史研究とは言えない。

そもそも学術的な歴史研究とは何か。いわゆる「歴史学」の方法論や成果を当てはめれば、学術的アニメ史研究になるのであろうか。
それでは「歴史学」とは何か。「学」としての境界線が揺らぎ、学際的研究が求められる現在、ここから説き起こさねばならないこと自体、学術的なアニメ史研究の立ち遅れを示している。しかし原論なしに学術研究を深化させることは不可能だろう。
アニメ史研究は歴史学から少なからぬ方法論を学ぶことができる。とはいえ、それがどのように有効なのかは、対象やアプローチによっても異なる。以下、いくつかの事例を挙げつつ検証したい。

2.「歴史学」的研究のために

2.1 「事件史」からの脱却

歴史学には、政治史に代表される「事件史」に対して、「社会史」が提起された経緯がある。「社会史」は、文書史料が残りやすい法制度や外交を中心的な対象とする「事件史」に対し、再度総合的な視点から、人間社会の諸現象の間に説明的な関係を確立することを試みた。(注1)
フェルナン・ブローデルは、歴史における時間の層を三つに分解し、その構造のモデルを提示した。その基盤にあるのは、長期的な変化を遂げる地理的条件であり、表層にあるのは個別的で短期的な「事件」である。そしてこの二つの中間には、社会制度や経済、人々の心性や生活文化といった、比較的緩やかな変動を遂げる層がある。「事件史」が教科書や年表に載る出来事と、その歴史的意義を論ずるのに対し、「社会史」はこの、緩やかに変化していく、人々の価値観や社会構造について記述する。(注2)
一方、文化人類学や、イギリスにおけるカルチュラル・スタディーズの源流となった民衆文化研究からの刺激は、政治・経済とその主導者を中心とした歴史著述や、消費文化の興隆への対抗的意図と相まって、それまで「傑作」や「巨匠」にまつわる逸話を記述してきた文化史の記述を、民衆の生活自体を対象とする「新しい文化史」

へと展開させた。(注3)

歴史学において、著名人やその逸話の集積を歴史とする手法に疑問が付されて久しい。E・H・カーは、「個人の才能を歴史における創造力」と見ることは「歴史的意識の原始的段階の特徴」だとしている。(注4)そして、人間が必ずしも意識した動機に基づいて行動しないことに注意を促し、歴史家が研究すべきなのは「行為の背後に潜んでいるもの」だと述べる。(注5)

「傑作」や「巨匠」を編年的に並べる記述は、その背後にある様々な動因を等閑視し、あたかも個人や作品が歴史を主導してきたかのように語る。しかしそれは、山麓を見る際に、最も高く美しい山頂の景観のみに注意を払うようなものである。そうではなく、山並みや地層そのものに着目せねばならない。

とはいえ、社会史や新しい文化史の既存の成果に、ケーススタディとしてアニメ史を加えるだけでは、極めて狭い検証にしかならない。この場合、より幅広い社会文化への言及を行う、マス・カルチャー研究の一つの検証材料となる方が、適切と思われる。(注6)

現状でアニメの社会史的分析とされているものは、作品や、それにまつわる現象を社会思想とその変容に関連づけて論じるようなアプローチであろう。たとえば、時代ごとにヒットしたアニメのテーマの変遷を、高度成長期やポスト・バブル期の心性を示す事例として読み解くような議論である。

しかしこれは、アニメに関する史的記述というより、社会思想の変動に関する記述であって、そのフレームワークに合致する事例が引用されたに過ぎない。ここで、商品として生産されるアニメの内容が、社会思想の影響下に変動する構造が論証されているとは言い難く、ともすればそれは、歴史学が重んずる実証性に背離しているように思われる。

社会史や新しい文化史から我々が学び取るべきは、その研究成果と直結させてアニメの内容の変化を論ずることではなく、「傑作」

や「巨匠」という目立った諸点を繋ぐことによる歴史著述から離れ、作品や「作家」が形成される史的諸相を、可能な限り実証的に描き出すことである。

筆者は、産業史ないし企業史と言われるアプローチを採っている。アニメ製作を行う業界全体を俯瞰して論ずる際には産業史となるし、ケーススタディとして特定の制作会社をとりあげる際には企業史となる。時に後者は「スタジオ史」と言われることもあるが、厳密にはそれとは異なるものと考えている。「スタジオ」という言葉で表されるのは、主として制作実務の機能や所属するスタッフの特徴であるのに対し、「企業」と言った場合にはそれを事業として捉える経営的側面も注目される。したがって「制作事業史」と言う方が、より適切かもしれない。

これにより筆者は、社会思想の従属物でもなく、また「傑作」や「巨匠」に牽引されるのでもない、経済的な構造の中に位置づけられて変転する文化創造の過程の史的ダイナミズムを素描しようと試みてきた。それはビジネスとしての成功例と、その変遷を羅列していくようなものではなく、業界構造の変化という巨視的な分析と、それが有形無形に波及する個別の制作現場の微視的な分析とが、相互に響き合うように配置される、複雑な構造を描出することを目指すものである。

2.2　トリビアリズムからの脱却

いま一つ重要なのは、個別の事例検証の無文脈な累積に留まるべきではないということである。

個別事例を深く調べること自体は否定しない。しかし、エピソードを個別に並置するならば、それらはトリビアとして消費されるか、あるいはそもそも関心を向けられないであろう。

トリビアリズムは対象への強い執着から生じやすく、それがしばしば深い調査を行う動機を形成する。しかしそのアプローチは、客観化の過程を経ることによって、学術研究の成果たりうる。トリビアリズムを楽しみたいのであれば、そもそも学術研究を名乗る必要はない。

遅塚忠躬は、愛着ある対象に関する知識を得たいという、最も単純かつ根源的な欲求による歴史学的研究を「尚古的歴史学」と分類する。だが同時に、「歴史が好きだという動機と目的さえあれば、それだけで尚古的歴史学が成立するわけではない」ことに注意を促す。「学問(科学)にとって必要な条件」を満たしていない「単なる「歴史好き」は、趣味の一つとしての尚古趣味」であり、対して「学問としての尚古的歴史学は、その対象を孤立して取り扱うのではなく、同時期の周囲の状況との相互連関や、時間の推移の中での因果関係において、その対象を取り扱う」のである。(注7)

したがって「アニメ好き」の先に学術的関心が発生したならば、その関心は「尚古趣味」ではなく「尚古的歴史学」へと展開せねばならない。では、それはいかにして可能になるのか。

トリビアリズムや尚古趣味的アニメ史研究は、史的文脈よりも、個別の情勢を解説することに充足するから、それぞれの事例は実は非歴史的に配置され、極端に言えば手塚治虫から新海誠まで、僅かでも過去に属する事柄が雑多な話題を形成する。これは、漠然とした一つのアニメ史なる領域があり、その研究者は全ての事例の専門家である、という錯覚によっていよう。ここで必要なのは、対象や領域の時代的・空間的な限定による専門化である。

むろん、専門的研究者は専門領域だけを見るわけではない。(注8)しかしそれは、全ての時代と領域が専門であることを意味しない。専門領域は知識や関心の対象の範囲とは違う。

筆者は自身の研究について問われた際には、ひとまず「日本の商業アニメーションについて産業・労働史的な研究をしており、東映動画(現·東映アニメーション)株式会社の企業史を専門としている」と述べることが多いのだが、すると東映動画にしか関心や知識がないかのように誤解されることがある。

実際には筆者が東映動画を専門研究の領域として選んだのは、同社が短編アニメーション制作から長編制作に至り、さらにテレビアニメ制作へと進出した後にキャラクター・ビジネスを開始したその過程が、日本におけるアニメーション産業の史的変遷を探るケーススタディとなるのではないかと考えたからであり、当然ながら「同時期の周囲の状況との相互連関や、時間の推移の中での因果関係」に注意を払う。それでも筆者が先のように「専門」を定義するのは、少なくとも東映動画に関する限り、一次史料やオーラル・ヒストリーの蓄積と分析をもとに、実際に複数の学術論文を執筆してきたからである。

自身の専門性は、一次史料や口述史料を独自に入手・分析し、学術論文を執筆した経験と実績をもって定義される。「自分の専門とする研究領域とそれに対応する史料群」を持った上で、「その研究テーマが選ばれた由来はなんであれ、テーマ選択の切実さはいつしか喪われて、想い出や自己弁明程度のもの」となった頃、その研究者は「やっといくらか一人前に近づく」[(注9)]。こうして「尚古趣味」は学術研究へと昇華される。

学術的な歴史著述を行う時に重要なのは、具体的な検証を加える対象と時期を限定し、それ特有の意義について実証的に論じて、最後にそれを再び巨視的な歴史像の中へ位置付けることである。同じアニメを論じているからといって、ある時代の分析を、現代の問題と直結させることはできない。似たような現象があったとしても、形態的類似は因果関係の同一性や関連性を保証しない。

アニメ史研究の学術化は、尚古趣味的な無限定性と無文脈性から離れ、専門的深化を通した普遍的問題意識を培うことによって実現されるであろう。

2.3　単線的発展史観からの脱却

アニメ史の記述はしばしば、単線的発展史観に留まっている。記述を構成する要素自体は多様でも[注10]、その変化が最終的に、現在という一点へ収束する発展の歴史として合理化されてしまうのである[注11]。しかし歴史とは本来、複雑に絡み合った大小様々な幹と枝からなるものであって、単線的なレールの上を進むものではない。

仮説を立て、それをもとに史料を収集・分析すること自体は否定しない。しかし仮説を立証するためにのみ史料を用いるならば、それは恣意的な叙述に陥るであろう。

学術研究において仮説は、突き崩されるために用意されると言っても過言ではない。史料に向き合うことで先入観からなる仮説が崩壊し、より豊饒で立体的な、新たな仮説が構成される。史料を読み進めることで自身の分析が研磨されるのである。この作業の先に、構成された仮説と史料の分析から彫琢された歴史像とが一致する瞬間がある。この時、その分析は単線的ではなく多様な要素を含む、立体的な変化の層を記述するに至っている。

単線的発展史観はまた、サクセス・ストーリーとしてのビジネス史とも合致しやすい。ヒット作の歴史的変遷から、アニメ文化と業界構造が、一見して追えるように見えるからである。

とはいえ、歴史上の転換点としてヒットした作品を想定することは、はたして妥当だろうか。表層的に見れば、あるヒット作が市場を拡大し、類似作品を増やして、一つのジャンルやビジネススキームを形成したように見えるかもしれない。しかし実際には、ある需要の潜在的転換が先にあって、それを偶然にも摑み得た作品が、結果としてエポックメイキングになったのであり、作品が歴史を変えたと考えるのは主客が転倒してはいないか。ヒット作とは本来、ある現象の起点ではなく帰結点なのではないか。

単線的発展史観の、いま一つの問題は、「事件史」的な対象の選定やトリビアリズムと結合し、研究の意義が未知の対象を扱うことで決定されるという過誤を生み出すことである。山頂のみを見る手法からすれば、新たなピークを見出し、それを発展史上に位置づけることでしか、論述の意義を問えないからである。

対象が研究の価値を決定するならば、論述によって対象の価値を引き上げねば、研究の意義が生じない。したがって研究者は出来うる限り、対象を顕彰する必要が生じる。それにより研究の意義が向上するからである。これは歴史的検証として、客観性を欠いている。結論としての顕彰が、研究者に内在する動機としてあらかじめ決定されているからである。学術的なアニメ史研究の意義は、対象の価値ではなく、そこに自身の問題意識と方法論を投射することで、新たに客観的かつ説得的な結論が得られたか否かという、論証自体の質により保証されねばならない。

そして、こうしたスタイルを採るならば、単線的発展史観からは距離をとらざるを得ない。ある作品をとりあげるにしても、その作品が商業的ないし芸術的に成功を収めたか否かではなく、論術上で意義を見出しうるかどうかが重要になる。たとえ大きなムーブメントに繋がらなかった対象でも、ある時代を記述する恰好の事例と見なせるならば、論じる価値が生じるのである。

3. 史料とその分析手法

3.1 アニメ史における「史料」とは何か

ここまで定義することなく用いてきた「史料」という語句は、「資料」とは異なる固有の意味を持つ。渓内譲は「史料」を、「歴史のある主題の研究に必要な情報が記録された文書その他の客観的データ」と定義している(注12)。これは歴史について書かれた研究書などの文献とは区別される、情報のソースそのものを意味する。

しかし、アニメ史研究を行う上での史料的制約は大きい。アニメ雑誌は基本的にファン向けの情報誌であり、産業界全体を俯瞰しうる数値的情報が掲載され続ける機会は、長らく極めて稀であった。

加えて、アニメ制作会社をはじめとして、関連企業が詳細な経営状況を公開している事例も少ない。決算公告や有価証券報告書は、編年的な経営状況の変動を知る目安になるが、それが時代ごとの個別事例と、どのように絡まり合ってきたのかは、この史料のみからはうかがい知れない。

より深い情報を知りうる史料の公開性は極めて低い。[注13] 作品に紐づいた収益や予算額などのデータについて、「公開された作品のものなのだから、どこかにあるだろう」「聴きに行けばわかるだろう」と漠然たる印象で言われることがあるが、これは謬見（びゅうけん）である。

一般的にアニメ制作関連の資料で保存対象として優先されるのは、原画や絵コンテ、シナリオなど、直接に作品へ帰結する中間成果物である。しかしこれらだけが残されても、作家・作品論の構築や商品化、企画展の構成には有用だろうが、歴史研究に寄与するところは少ない。[注14]

御厨貴（みくりやたかし）は、アメリカにおける企業史編纂者の社会的意義を、経営幹部の流動性が高い一方で、訴訟が発生しやすい社会において、当時の関係者がいなくとも対応が可能なように、当面の記録を作成しておく必要が生じるという背景から説明している。[注15] そうした背景を欠く日本の場合、社史編纂室は閑職としてのイメージが強い。とはいえアニメ業界の場合、ライセンス管理から流動性の激しい制作スタッフの掌握まで、契約が重要なことを考えれば、社史ないしそれに類する文献が少ないことは大きな欠落であろう。

テレビ局、広告代理店、スポンサーとなる大手メーカーなどは、アニメ事業にどの程度の紙数を裂くかは別としても、社史を編纂しているケースが多い。これら製作会社の記録に比して、その事業方針が波及した制作会社の社史が少ないのである。

多くの制作会社の関連文献は、作品に紐づいた記述になっている。これは年代や主要スタッフなど、作品ごとの基本事項を確認するには有益だが、それ以上の分析のためには、隔靴掻痒（かっかそうよう）の感が強い。

より深い分析を行うならば、社内文書を検証する必要がある。社内報や、人事・組織改編を告知した文書など、社内情報が集約された文字史料は、日々の企業動向そのものを示す重要な手がかりである。もっとも、こうした史料を公開している企業はまずないから、古書市場やネットオークションなどで出品されたものを入手するか、あるいは後述するオーラル・ヒストリーの実施に際して個人蔵のものを閲覧できる機会を探るほかない(注16)。企業情報の体系的なアーカイブ整備が望まれる。

3.2　史料と史料批判

社史や社内文書はあくまで、編纂主体となる企業に利する記述であり、都合が悪いことには触れない可能性もある。しかし編纂者の意図によって記述が恣意的に構成されることは、あらゆる史料に共通している。史料の記述を自明の事実と考えず、それが編纂された意図や文脈といった、記述を拘束した偏差までを意識し、妥当性を吟味することを史料批判という。第三者の歴史家が真摯な史料批判を行い、複数の史料を重層的に検証するならば、社史や社内文書は第一級の史料としての意義を持ちうる。

史料をただ講読するだけでなく、史料批判の過程を通して浮かび上がるものがある。以下、東映株式会社の『東映十年史』を事例に確認してみたい。

同書はしばしば、東映動画創業の経緯を記した重要史料として用いられてきたが、それは記述内容の素朴な利用に留まっており、記述形式自体の意味は問われてこなかった。しかし実際には、その形式自体が、編纂時の東映グループ内における東映動画の位置づけを物語っている。

初期の東映動画は、アニメーション制作実務を本社から一定額で受託する、一事業所としての性格が強く、企画課が東映本社の機構内に置かれていた時期さえあった。加えて64年までは、本社社長である大川博が社長を兼任しており、さらにその名は生前中、常に劇場用長編の「製作」に表示されていた。

こうした事実を踏まえて『東映十年史』の構成を見ると、動画については本社事業の部で多く記述され、傍系会社の部では基礎的な東映動画の企業情報のみが記載されていることが眼を引く。つまり同書の記述には、動画事業は東映動画ではなく東映本社のものであり、東映動画はその実務を下請けする傍系子会社に過ぎないとの認識が強く表れているのである。このように史料は時に、意図せずして編纂者の認識を強く物語る。史料は、研究者が自覚的に働きかけて、初めて十全な意義を発揮するのである。

市販される商品にも掲載されることのある、企画書も史料たりうる。(注17) 企画書に複数のエディションがある場合、書誌学的な手法により、作品に登場するキャラクターやストーリーなどの、時系列的変化を追うことができる。しかしそれだけでは、作品に関する「創作の秘密」を探るトリビアリズムに留まってしまう。ここで導入されるべきなのは、この変化がいかなる動因によって引き起こされたのか、という視点である。

企画書はアニメという文化の商品性がいかに構築されるかを示す豊饒な史料群である。企画の変化は創作上の動機からもたらされたのか、あるいはマーチャンダイジングや、競合番組との差異化の必要性などによって工夫が施されたのか、などを、文字史料や、オーラル・ヒストリーの成果と組み合わせて分析できる。

ただし、企画書を読むにあたっては、その事業上の位置づけを勘案する必要がある。実際に編纂された企画書には、しばしばもっともらしいことが書いてある。これは企画書が、関係各社に資本を投下し、あるいは人手と時間をかけて作品製作を行うよう呼び掛ける文書であることを考えれば当然である。いかにその企画が時宜を得ているかという時事性、いかなるターゲットを捉えると予測されるかという事業としての確実性、そしてそれが既存の企画とどのように違うのかという差異性などから、企画書は作品の商品価値を訴える。しかし実際には、もちろん全ての企画がその通りに完成されるわけではない。

文化産業は調整された差異を必要とする。[注18]複数エディションの企画書を読み解く機会があるならば、作品内容の変化を読むに止まらず、文化商品の差異の調整過程を検証することが可能になる。

3.3　オーラル・ヒストリー

文字史料の蓄積が心もとない場合でも、その欠落を補う、質的な別の「史料」を蓄積し、ある程度の客観性へと接近できる。たとえば関係者の事後的な発言やインタビューを参照するのである。さらに史料としての活用を当初から前提して行う、オーラル・ヒストリーもまた、有効である。

歴史著述における口述史料の意義は、様々な形で指摘されてきた。第二次大戦後の日本においては、社会史的な関心から、女性や労働者、在日外国人や民間の戦争体験者など、大文字の歴史に残りにくい人々の語りを記録に留める試みが行われてきた。そして80年代には歴史学研究会が、オーラル・ヒストリーに関するシンポジウムの開催や、書籍の刊行を行った。[注19]オーラル・ヒストリーの意義が認められるにつれ、口述史料は文献史料と相互に補い合うものであるとの認識が普及してきた。

オーラル・ヒストリーの重要性は、近年のアニメ業界でも唱えられ始めている。しかし未だその正確な理解は普及していない。ここではオーラル・ヒストリーについての原則を確認したい。

政治史の領域では、人物を対象にするジャーナリズムのそれと、組織を対象に、著名な政治家や官僚以外にもアプローチするアカデミズムのそれとを区分した事例がある。[注20]

学術研究におけるオーラル・ヒストリーは、著名人インタビューとは全く違う。それは口述史料を蓄積する、ひとつの工程である。

放送メディアにおける会見の中継のように、それ自体をリアルタイムに社会へ提供するものではなく、あくまで研究の素材を、対象者と研究者が共同で作り上げる過程として理解せねばならない。

オーラル・ヒストリーはまた、単一の手法ではなく、政治家や財界人など社会的エリートを対象に、大文字の歴史を叙述するため行われるものと、一般市民を対象にした「下からの歴史」の叙述を目的に行われるものに大別できる。[注21]

尚古趣味的アニメ史研究では、主として監督やアニメーターなどへの、作品に紐づけたインタビューが行われてきた。しかし政治史や経済史の領域におけるオーラル・ヒストリーの実践者からすると、芸術分野のインタビュイーは感覚的な発言が多いとされることがある。もっともこれは、政治家や経済人の話法を論理的なものと考えているからではないだろうか。制作実務を行う人間でも、そこには独自のミクロコスモスが存在するのであって、それを踏まえて聞き書きを繰り返せば、そこに単なる「感覚」とは片づけられない、固有の論理や法則を見出すことが可能である。これは社会学のライフヒストリー実践が、主観からなる個々の聞き書きを多数蓄積することで、ある程度の客観性へと迫る「飽和のプロセス」に繋がるとともに、[注22]「作家主義」とは異なる、制作スタッフの生活史の叙述を導く。[注23]

一方で、アニメ史におけるオーラル・ヒストリーの対象を、制作実務の担当者に限る必要もない。現場スタッフから見た回想のみで、歴史叙述を構成するには限界がある。業界構造や慣行の分析などを行う際に、作品の質的管理者である監督に話を聞いても、量的な視点が出てくるはずもなく、結果として感覚的な発言が多くなるのは必然であろう。逆を言えば、適切な対象者ならば、量的な視点で語り得るのである。たとえば企画や制作といった職種の人々は、キャリアが長ければ長いほど、プロデュースやマネジメントについての経験の体系化を行っている。そして、経営者にオーラル・ヒストリーを実施すれば、それは必然的に、経済的視点を含んだものとなる。狭義の作家主義的アプローチを捨て、経営と創造とを繋ぎとめている職種へとアプローチする必要がある(注24)。個別の経験は全体のフローの中に位置づけられてこそ、その史的意義が浮かび上がる。そのためには、経営者やマネジメントスタッフの俯瞰的な視点と、止揚(しよう)された叙述が目指されるべきである。

ただし、オーラル・ヒストリーに限界があることも認識しておかねばならない。たとえば政治史では、公文書の分析による確度の高い仮説構築が前提としてあり、さらにオーラル・ヒストリーによって細部を埋め、あるいは文書の意味自体を問いなおすという工程を想定できる。だが、アニメ史研究においては、文字史料の公開が進んでいないから、むしろオーラル・ヒストリーを通して文字史料も収集するという順にならざるを得ない。

業界構造や数値的な領域の検証に関しては、文字史料の欠落を埋めることは難しい。業界のインサイダーだからといって、産業構造の成立要因や情勢を精緻に把握している保証はどこにもない。むしろこれらの人々は、最も構造的要因の虜にならざるを得ない存在であり、その発言は事象の客観的陳述というより、主観的な見聞からなる言説なのである(注25)。

人はそれぞれ、限られた視野と立場から仕事に取り組むのであり、その内側からしか物事を知り得ないし、伝聞により後日、事実認識が改められている場合もある。ある発言が定説に近いものだった場合、それが定説を補強する証言なのか、あるいはインタビュイーもまた定説にとらわれているのかを、注意深く検証する必要がある。インタビュイーが置かれてきた業界内での立ち位置を考えて質問が構成され、応答が聞かれるべきなのである(注26)。それは口述史料に対する史料批判である。

オーラル・ヒストリーもまた、文字史料と同じく、厳密な史料批判を経て、初めて価値を持つと言える。

4．史的研究の視点とその実践例

4.1　制作事業史としてのアプローチ

筆者は制作事業史的な調査を行うにあたり、作品と企業経営方針との関係性を視覚化するための、以下のような図表を作成する。これを仮に、ライン表と呼びたい。

1988年	1月	2月	3月	4月	5月	6月	7月	8月	9月	10月	11月	12月
TV										①→	→	→
映画							②					
OVA							③→	→	→	→		
OVA				④								
OVA						⑤						

①それいけ！アンパンマン

② AKIRA

③エースをねらえ！２

④ルパン三世 風魔一族の陰謀

⑤六神合体ゴッドマーズ 十七歳の伝説

ここには、東京ムービー新社（現トムス・エンタテインメント）が当該年月に、各媒体で発表した作品と、その時期を図示した。これは同社が、一時的に国内向けテレビシリーズの制作を停止し、大作の劇場版『AKIRA』とOVA、そしてここでは体系的情報が明らかでなかったため表記していないが、海外企業との「合作」へと[注27]、そのリソースを割り振っていた時期から、長期のテレビシリーズとなる『それいけ！アンパンマン』の放送開始時期までの変化についてインタビューを行った際に、事前準備として作成したものの一部である。本来、図示したいのは制作期間そのものなのだが、それを包括的に示す史料が公開されていないため、発表時期から類推するための目安として作成している。

発表媒体別に区分するのは、第一に媒体ごとに、作品に投下される労力や予算が変化すると考えられるからである。(注28) そうした作業密度や人員数と、それぞれの作品の尺の違いなども図示することができれば、ライン表は制作会社の経営規模をかなりの程度視覚化する資料になる。第二に、恒常的に一定本数を生産することが経営と制作体制の安定化に資するテレビシリーズと、より長い期間をかけて生産される劇場作品や単発の OVA では、事業上の位置づけが異なるはずだからである。前者はフローとしての性格が強いが、後者はおそらくストックとしての傾向が強い。

この点で、中間成果物に付随するカット袋の記載のように、スタッフの担当箇所やローテーションなどを読み解ける史料は、一級の一次史料たりうる。それは、誰がどのカットを作画したかといったトリビアリズムや作家主義を越えて、いかに制作班が編成され、その規模が構成されてきたのかを物語る史料へと昇華されるのである。

とはいえ、そこまでを把握することは、あくまで理想にすぎない。まずは個別の内容と高名なスタッフの働きだけから歴史を見ないために、前記のような図示から始めればよい。

ライン表は、生産規模の拡大・縮小や、事業構成の変化の目安を図示しているから、生産ラインがどの程度増減したかを見ることで、作品という「事件」を下支えする企業の経営方針が、いかに変容し、あるいは変動を迫られたのかを把握する準備に有益である。これをもとに文字史料や口述史料の収集や分析を行うことになる。(注29)

4.2　ジェンダー史としてのアプローチ

人文・社会科学の領域においてジェンダーという語は、性差に基づく社会的構造を記述するために用いられるようになった。これは社会的役割分業を身体的性差に基づく自然科学的な根拠としてきた既存の価値観を、批判的に再考するための概念であった。

この概念が既存のアニメ研究で利用される際には、批評理論として用いられることが多く、そこに時代ごとのテーマや描写の変遷という視点が加わると、それがアニメのジェンダー史的な研究と考えられてきた。しかし本稿では制作事業史との兼ね合いで、ジェンダー概念の導入を再考してみたい。

現在では女性のアニメ演出家や作画監督が珍しくなくなったとはいえ、それを史的に自明のものとして考えることはできない。わけても作家主義的言説の受け皿として機能する監督のネームバリューでは、未だ男性が量的に優位である。

業務ごとに男女比率の推移がいかに起こってきたのかを論じるだけの数量的データはそろっていないが、たとえば女性の演出家はおそらく、70年代末から見られるようになり、その後徐々に増加してきたのではないかと思われる。これに対して動画やトレース、彩色に女性が従事する割合は、60年代には既に高かったと見られる。こうした史的諸相を論ずる際に、ジェンダーの視点を踏まえることは必須である。

ジェンダー史的に制作事業史を見るならば、単に女性スタッフの活動を個別に論じ、その業績を顕彰するだけでは不十分である。「女についての新しい情報を発掘する」という「素朴実証主義」では、「過去における女たちの存在を実証」できても「女たちの活動にたいして与えられる重要度（もしくはその欠如）を変えること」はできない。(注30) それぞれの制作工程への女性の参入が、時期や割合を異にしているならば、性差がいかに職務と結びつけられ、それがいかに時代とともに変化したのかを探るのが、ジェンダー史の営みとなる。

筆者がオーラル・ヒストリーを試みたインタビューでは、漫画家の刀根夕子が70年前後の動画マン時代に受けた指導について、興味深い回想を行っている。男性の動画マンには、後に原画マンへキャリアアップし、長らくアニメ業界で働くことを前提とした修正指示があったが、女性の場合は、結婚や出産によるキャリアコース

からのドロップアウトがあることを自明として、指導者自身が修正してしまう傾向が見られたという。(注31)

これは個別の指導者のジェンダー認識に留まる問題ではなく、女性アニメーターのキャリアコースが業界内でいかに構想されていたか、という巨視的問題の具体的展開事例として捉えられる。女性の勤続が想定されていない場合、キャリアアップを前提とした教示がないために、行程的に下流へ位置づけられる動画やトレース・彩色などが、その職域として固定化され、それがまた、細やかな技術を必要とする作業と女性性を結びつける、ジェンダー認識の再生産を進行させたであろう。

したがって女性職員についての記述は、現場に女性が配置されていたか、職務が均等に割り振られていたか、といった表層的把握に留まらず、その職務の継続性やキャリア形成の問題と絡めて論じられる必要がある。前述のような事例からは、70年頃までには、女性アニメーターは未婚者の一時的な職であって、長期的に勤続するものではないという通念が、一定程度あったのではないかという仮説が導ける。

これはたとえば、60年代初頭の東映動画において、女性社員は結婚後に退職すべき旨の書面に署名させられていたという事例とも符合する。その後も、いわゆる「小田部問題」(注32)や、72年に同社が人員削減を行った際の指名解雇対象の選定条件に有夫者があったことなどに見られるように、女性職員の勤続は労使間における重要な争点であり続けた。使用者側は既婚女性の勤続を、イレギュラーなものと捉えていたのに対し、少なからぬ女性職員は、結婚後も勤続を志向していたのである。

加えて、経営危機下における有夫者の優先的解雇という判断からは、彼女らの賃金が企業側に、家計補助的なものと捉えられていたことがうかがえる。(注33)女性職員のキャリア形成を考える上で注視すべきは、この家計補助的労働という要素である。

その収入が家計を支えるものであれば、定期昇給と結びついたキャリアアップの志向が形成されよう。しかしそれが家計補助的なものとして自認されていた場合、キャリアアップや昇給の代わりに、低廉でも一定した収入と勤続が主たる関心となろう。業界的には下部行程の単純労働と見なされる、低廉な報酬の職務に長期的に勤続する女性労働者が、こうして担保される。これは女性を長期勤続によるキャリアアップから排除する構造の結果であるが、同時にそれを利用する女性労働者が少なからず存在したことにも目を向ける必要がある。

70年代の女性雑誌には、主婦へ向けた仕上の内職従事者を求める広告が見られる。これは使用者側にとって、不足する労働力を廉価に調達する手段だったであろうが、同時に主婦たちにとってそれは、家庭を離れることなく、したがってジェンダー規範から外れることなしに、自宅やその近隣で可能な、賃金獲得の手段でもあったようだ。

仕上専門の下請企業として発足したスタジオキャッツは、東京ムービーの仕上部門を退職した女性職員の工藤秀子によって設立された。工藤によれば、両親の介護をしながら、自宅で細々と仕上の仕事を個人請負で続けるうち、周辺の主婦が集まって、スタジオを形成するに至った。ここで仕上を請け負った主婦層の労働者は、当然ながら正規雇用ではなく、その報酬も決して高いものではなかったが、勤続への志向は強く、これは長らくスタジオが存続する一つの要因になったという[(注34)]。

松永伸太朗は現役アニメーターへのインタビューを通し、キャリア継続を優先する職業規範が賃金の非主目的化をもたらしていると分析する[(注35)]。こうしたアニメ業界内で、かつて女性の労働力は、より周縁化され、キャリアアップからは排除されてきたとともに、そこで彼女らが独自のキャリア継続の論理と実践を紡ぎ、長期的には女性の活動する領域を押し広げてきた可能性がある。このパラドキシカルな女性労働者のあり様を、その雇用の不安定性や報酬の低廉さ、知名度の低さにもかかわらず、単なる従属的な現象として、一方的に低く評価すべきではない。それでは根本的に、既存の男性労働者のキャリアコースや働き方を唯一のモデルとして自明視することになる。

使用者側の需要と、被使用者側の需要の結節点として、アニメ制作事業の中の女性労働者に、いかなる職業意識とキャリアコースが形成され、またそれがどのように変化してきたかを記述することができれば、それはアニメ史の領域に留まらない、ジェンダー史上の巨大な業績となるであろう。

以上はあくまで、筆者がこれまでに集積したいくつかの具体的事例を、ジェンダーの視点から捉え直して構築した仮説に過ぎない。今後、厳密な検証が必要な領域である。

4.3 グローバルなアプローチ

国境や国籍によって文化を区分することは本来、根本的な困難を伴う。同時代的な影響関係は、しばしば政治的に限定された空間を超えて表れるからである。たとえばアジア圏のアニメ制作者たちが、いかにディズニーのアニメーション映画を意識化したかという問題は、通時性と地理的条件を踏まえてなされるべき、芸術史上の大きな研究テーマといえる。

また、アニメ制作事業は国境を超えた垂直的分業によって構成され、日本からアジア諸国への発注が行われてきた。一方で、日本企業が海外から下請けをした事例も少なくない。日本の人件費が欧米のそれより低く、円安だった時代には、多くの企業が欧米からの受託制作で、国内作品より大きな利益を得ていた。

日本企業のスタッフが関与するものを全て「アニメ」と定義することは不可能である。このような定義をすれば、たとえば欧米企業が企画・製作を行い、日本企業が元請けとなり、韓国企業が下請けを行ったような作品は、いったいどの国に属することになるのだろうか。

筆者は現状では、企画・製作の主体となった企業の、登記上の所在地による分類が適切だろうと考えている。しかしそれでもなお、分類が困難な事例も存在するし[注36]、今後もそれは、グローバリゼーションの拡大とともに増加していくだろう。

国際的分業関係の歴史的な構築過程をグローバルな視点で捉えた歴史研究は、文化的な影響関係と産業構造の構築両面にかかわる、重大な学術的成果たりうる。この実践例については、既に紙幅も尽きたため、別稿にて示すこととする。

おわりに

学術的アニメ史研究は、未だ確立されざる分野である。したがって方法論の構築を、個別研究の累積とともに行わねばならない。しかし参照すべき方法論そのものは、既に豊かな蓄積がある。もしそれが眼に入らないならば、それはアニメ領域に関する言及だけを見ているからである。

とはいえ、既存の歴史学の手法をそのまま当てはめるだけでは、実証性を欠いた方法論の絶対化、すなわち教条的な営みになる危険性がある。対象に沈潜することによって方法論をも問い直していく、研究対象と手法との葛藤を維持し続けることが求められる。

これは史料収集やその分析とともに、研究者にハードワークを強いる。アニメ史研究が、実証的な産業史研究を行うならば社会科学に接近するであろうし[注37]、ある作り手の思想やモチーフの時代的変遷に迫ろうとするならば、人文学に接近する。そして、その変遷を時代状況と関連づけて論じようとすれば、社会科学と人文学双方を必要に応じて参照せねばならない。これは歴史学がその間に存在するとともに、アニメもまた文化であり商品であることからくる必然である。

経糸（たていと）が史料であるとすれば、それを束ねる緯糸（よこいと）は方法論である。現状ではこの二つの糸を紡ぎながら、研究そのものを構築していくほかない。その歩みはいかにも迂遠で鈍重である。労力からしても、成果の見栄えからしても、学術上の史的アプローチを採るよりは、アニメを社会像の挿絵のように扱い、時に現代思想の哲学的なタームを交えて軽やかに社会批評をしてみせる方が、よほどスタイリッシュに見えるだろう。しかし、この多大な労力を払う過程の先に立体的に構成される歴史像に魅力を感じる者だけが、歴史研究に耐えうるのである。

注

(1) 高橋清德「訳者解説」ブロック，マルク『比較史の方法』講談社学術文庫、2017年。

(2) ブローデル，フェルナン『歴史入門』中公文庫、2009年。

(3) バーク, ピーター『文化史とは何か　増補改訂版』法政大学出版局、2008年。

(4) カー，E・H『歴史とは何か』岩波書店、1962年、p.62。

(5) カー・前掲書、pp.68-69。

(6) これはカルチュラル・スタディーズが深化させてきた、オーディエンス研究やファン研究の成果に基づく、動態としての文化受容の史的変動を探るアプローチに近づくだろう。

(7) 遅塚忠躬『史学概論』東京大学出版会、2010年、p.35。

(8) これは美術史や文学史の研究者を想定すれば分かりやすい。日本中世の絵巻を研究する美術史家が、他の時代や地域の美術を全く知らないということはあり得ないし、現代イギリス文学の研究者がシェイクスピアについての知識を持たないということは考えられない。

(9) 安丸良夫「さしあたっての一冊」石井進編『歴史家の読書案内』吉川弘文館、1998年、p.202。

(10) 産業規模、技術、表現、主題、人物、スタジオなどである。

(11) たとえば「なぜ日本ではアニメが盛んなのか」「なぜ日本はアニメ大国なのか」といった問題意識のもとに、その淵源を過去に探る試みは、史学的アプローチとは言い難い。それは十分な検証を欠いた現在の価値判断に合致して見える過去の諸点を、十分な検証なく繋ぐ試みである。

(12) 渓内謙『現代史を学ぶ』岩波新書、1995年、p.123。

(13) 客観的データが公刊されないのは、映画史研究においても同様である。井上雅雄は芸術的観点に立つ研究に比して、産業的研究が日本に欠如しがちなのは「日本の映画会社のクローズドな性格＝情報秘匿の壁によるところが少なくない」としている。井上雅雄『文化と闘争　東宝争議1946-1948』新曜社、2007年、p.402。

(14) 具体的な指示などが記されていれば、作品構築過程を物語る史料となりうるが、その意義は、既存の作品論の位置づけに依存するところが大きいだろう。

(15) 御厨貴『オーラル・ヒストリー　現代史のための口述記録』中公新書、2002年、pp.27-29。

(16) 筆者が専門的な調査の対象とした東映動画においては、労働組合や制作デスクへのアプローチによって、一定の史料群を参照することができた。

(17) 企画書には、たとえばテレビアニメならば、制作会社やテレビ局、パッケージメーカーなど、企画を主導する企業により、放送枠や期間、基礎的なストーリーやキャラクターの設定などに加え、企画意図や作品のセールスポイント、ターゲット層、商品展開の予定などの概要が適宜表記される。

(18) ホルクハイマー，M、アドルノ，T『啓蒙の弁証法』岩波書店、1990年、pp.197-198。

(19) 日本におけるオーラル・ヒストリーの史的展開については以下を参照。大門正克『語る歴史、聞く歴史――オーラル・ヒストリーの現場から』岩波新書、2017年。

(20) 御厨・前掲書、p.31。

(21) 前者については御厨・前掲書を参照。後者については以下が詳しい。トンプソン，ポール『記憶から歴史へ――オーラル・ヒストリーの世界』青木書店、2002年。

(22) ベルトー，ダニエル『ライフストーリー　エスノ社会学的パースペクティブ』ミネルヴァ書房、2003年。

(23) たとえば演出家は絵コンテを、いつどこでどのくらいの期間をかけて描き、どの程度の報酬を得るのか。諸業務のエフォートはどのように割り振られるのか。キャリアやライフコースはどのように構成されてきたのか、といったアプローチがありうる。

(24) 特に制作デスクや制作進行が目を向けられることは、未だ稀である。しかしこの職務では、業界や企業の構造変化を肌で感じながら、日々の業務をこなすことになるから、制作事業史を追跡するためのオーラル・ヒストリーの対象としては、むしろ適切である。制作の論理を理解することは、事業としてのアニメ制作枠組みと、その史的変遷を把握するのに、避けては通れない過程と言える。

(25) 既存のアニメ史研究を拘束している誤解に、当事者が見聞きした現場や時代のことであれば、正確に伝達・評価できるという確信がある。しかし個人の見聞が普遍性を持つ保証などない。むしろ個人的な経験によって、視点にバイアスがかかる可能性の方が大きい。

(26) 業界でキャリアが長い人物に新人時代のことを質問したとして、新人がその企業の構造や詳細な経営状況などについて知りうる機会は、ほとんどないのだから、有益な回答が得られるとは考え難い。現在は著名人であっても、より職掌の小さな時代についての質問は、その職掌の規模を理解した上で構成されねばならない。

(27) この具体的検証も史的研究において重要な課題であるため、後述する。

(28) たとえば劇場作品は、テレビ画面とは比較にならないほど巨大なスクリーンに投影されるため、密度の高い画面構成が要求され、テレビ作品よりも高額の予算と長期の期間を投じて制作されることが多い。

(29) これを作成する着想を得たのは『東映動画40年の歩み』(東映動画株式会社、1997年)や『東京ムービーアニメ大全史』(辰巳出版、1999年)が、作品年表を類似した形で構成していたためである。また、企画のラインに紐づいた複数スタジオ制をとってきたサンライズの『サンライズ全作品集成 SUNRISE CHRONICLE 1977 ~ 2007』(サンライズ、2007年)が、作品ごとに第何スタジオで制作されたものかを記載していたことも、この構想を補強することになった。それは作品の変遷だけでなく、企業の経営規模とリンクした作品本数の増減を視覚化する、ライン管理の思想を表した史料として読み解けたのである。ただし、その意味するところを完全に理解したのは、制作デスク経験者へのオーラル・ヒストリーを進める過程であった。オーラル・ヒストリーによって文献史料の編纂意図が解釈され、それが分析手法の深化に繋がったのである。文献史料か口述史料かという二者択一ではなく、また狭義の作家主義に捉われることなく研究を進めることで、制作事業の歴史著述を構成するための手法が醸成されたと言える。

(30) スコット,ジョーン・W『増補新版 ジェンダーと歴史学』平凡社ライブラリー、2004年、p.27。

(31) 刀根夕子氏へのインタビューによる（2014年4月6日、於・渋谷区）。

(32) 小田部問題の史的意義については以下の拙稿を参照。「商業アニメーション制作における「創造」と「労働」―東映動画株式会社の労使紛争から―」『社会文化研究』第18号、2016年。

(33) 一般的に男性労働者の賃金には、自身だけでなく労働力の再生産をも賄えるよう、妻子の扶養費が含まれることで、性別役割分業が社会構造として成立する。スコット・前掲書、p.295-296。

(34) 工藤秀子氏へのインタビューによる（2017年4月18日、於・豊島区）。

(35) 松永伸太朗『アニメーターの社会学　職業規範と労働問題』三重大学出版会、2017年、pp.180-205。

(36) たとえば二国以上の企業が出資比率から利益配分までを応分する合作だった場合は、スクリーン・クォーター制度を採用している国の判別基準が、ある程度は参考になるだろうが、完全な区分は難しいだろう。また、キャラクターの創案や権利に日本企業が深く関わりながら、多くの映像作品の製作主体が海外資本であったケースも、分類を困難にする。

(37) 言うまでもないことだが、ここで「社会科学」として指しているのはsocial scienceであって「社会学（sociology）」ではない。社会科学は人文学や自然科学と並置される、知の体系の大きな領域の一つである。

第9章　物語構造論（ナラトロジー）
――アニメ作品の物語構造とその特徴について

小池隆太

1．はじめに

一般的に物語とは、「作者」や「語り手」といった創作者や伝承者によって、顕在的な「読者」あるいは「聞き手」に向けて語られた、筋道や因果関係のあるストーリーを示す言葉として理解されている。昔話や民話など口承によって伝えられてきたものや語られた内容を文字に書き起こしたものからはじまって、小説や随筆などの散文表現や、文字と図像を組み合わせることによって成立しているマンガ・絵本、さらには映画・アニメなどの映像作品やビデオゲームに至るまで、我々は「物語」というフレームによって、創作表現における伝達行為をメディア毎の特質やその違いを超えた一般的な作用として統一的に扱うことに成功している。

そうした「語られたもの」としての物語について、その語りの行為や語り方、あるいは語られた要素の関係性などに基づいて分析するための理論体系が、いわゆる物語論、より詳細には物語構造論／ナラトロジーといわれるものである。本章では、物語構造論／ナラトロジーの理論に立脚して、アニメ作品を研究・分析する際の手法と課題について述べる。

2．物語と「構造」：物語構造論について

物語論の枠組みにおいて物語を分析しようとするとき、我々はまず「構造 structure」という概念に注目する。物語論における「構造」とは、物語の登場人物や事物・現象、そしてそれらの機能とい

うさまざまの要素について、その相互の関係に基づいて成立している、物語に通底する関係性のネットワークの総体を示す用語である。この構造に着目することで物語作品の考察を試みようとする、具体的にはウラジミール・プロップやアラン・ダンダスらによる民話や民間伝承の研究に端を発した理論体系を物語構造論という。

物語作品についてその構造を抽出／分析するというのは、物語を要素とその関係において記述し、解釈するということである。この作業によって、複数の物語を比較・対照し、物語中の要素の記号的意味や象徴性、あるいは基底にあるイデオロギーを明らかにすることが可能になる。物語の構造を見出す作業は、ジャンルやメディアの異なる複数の物語を一つの体系として分析するための共通の形式を与えることからはじまる。

例えば、日本の昔話『桃太郎』は、「桃太郎が犬・猿・雉という３匹の動物を家来として伴って、鬼が島へ鬼を退治しに行く話」と、構造を登場人物とその数という要素によって記述することができるが、この「３匹を伴って（どこかへ）行く」という部分に着目すると、中国の『西遊記』は、「三蔵法師が猪八戒・沙悟浄・孫悟空という３匹の妖怪を弟子として伴って、天竺へ経文を取りに行く話」として記述することが可能であり、「リーダーが３匹の動物の部下を伴って目的地へ向かう」という共通の構造を有していることが分かる。この点に即していえば、横山光輝の『バビル２世』も同様の構造（バビル２世／ロプロス・ポセイドン・ロデム）を有しているといえる。このように物語の特徴的な要素を抽出し、その関係性を「構造」として理解することが物語論の基本的な考え方である。物語の構造の記述とは、単なるストーリーの概略の説明ではない。

ここで注意しなければならないのは、『桃太郎』『西遊記』『バビル２世』が「同じ構造を有する」と示すことの意義である。これらの物語には、確かに「リーダーが３匹の動物の部下を伴って目的地へ向かう」という共通の構造があるが、この３つの物語は文化的・

歴史的に相互に参照された上で同一の構造を有しているというわけではなく、むしろ、そうなるように要素を抽出し、その関係性に着目すれば同じに見える、という以上の積極的な意味を持たない。実際のところ、物語論においては、「三重化 triplication」という概念が知られており(注1)、「３人兄弟である」「３つの願いごとを叶える」「３つの試練がある」などというように、神話や民話において「３」という数字が物事の反復において頻出する数値であり、時代や文化の違いを越えて普遍的に観察できる事象であることを理解していれば、先に示したような構造の記述とその共通性を以て『桃太郎』『西遊記』『バビル２世』を統一的に分析・解釈しようとすることの危険性が理解できるだろう。

３．アニメにおける物語構造

別の例を挙げる。『機動戦士ガンダム』（1979 年）では、主人公・アムロは自分の父親が開発に携わったロボット兵器「ガンダム」に搭乗するが、この「自分の親が開発したロボット兵器に子が乗る」というのは、『新世紀エヴァンゲリオン』（1995 年）における碇シンジとゲンドウ（＋ユイ）と同様の構造になっている。この場合は単なる偶然ではなく、『エヴァ』のＴＶシリーズ第１話は、監督の庵野秀明が『ガンダム』の第１話を入念に研究した上で制作されていたことがインタビューや当時のスタッフの談話により明らかにされており(注2)、同一の構造であることに因果関係が確認できる。しかも、『ガンダム』の場合は、オールドタイプからニュータイプへの世代的継承が、『エヴァ』の場合は、人類補完計画による人類の「進化」が、それぞれ物語全体に通底する主題となっており、この主題において「親→子」への力の継承が、積極的な意味を有していることも窺える。

歴史的・文化的な系譜や直接的な因果関係の有無などの諸要因が存在することを理解した上で述べれば、物語を要素とその関係性によって記述・分析する物語構造論は、客観的な比較・対照を可能にするという点で有効な手法である。こうした物語構造論の代表的な研究者が、ウラジミール・プロップである。

プロップは『昔話の形態学』において、ロシアの魔法物語約100編を分析し、その叙述内容の基本的な構造が「だれか（登場人物）が何かを行う（行為）」という形で記述可能であること、そして、登場人物たちの「機能」が物語の普遍的な要素となり得ることを考察した。プロップはその機能を類型化し、登場人物を「ロールモデル」として定型的かつ統一的に取り扱うことで、ロシアの魔法物語を一般的構造として記述することが可能であることを示した。(注3)

プロップは、例えば物語の冒頭においては、悪者が主人公の家族の一員に損害を与えたり（加害）、あるいは家族の一員に何かが欠けていたり（欠如）、という状況があり、その加害や欠如に対して、主人公が依頼／命令を引き受け、冒険に出発するというような定型的なパターンが見られるということを指摘している（ちなみに冒険の終わりは、主人公の結婚ないしは王位継承となる）。本書ではプロップの挙げたロシアの魔法物語の３１の機能について詳細に取り上げることはしないが、プロップの方法論は、登場人物を容姿や性格などといった個々の「キャラクター性」ではなく、他の登場人物や事象との関係性における「機能」において物語の構造を一般化・定型化して記述したことにおいて、物語を「構造」として捉えようとする物語論のその後の展開に大きな役割を果たしている。(注4)

プロップが分析した、物語の叙述内容に着目して記述された構造を、とくに物語の「深層構造」という。深層構造は、登場人物の機能や生じた出来事など物語の内容面についてその関係性を捉えた構造であり、物語の形式やメディアの違いなどに関わらず応用が可能であるため、後のさまざまな研究者がプロップの方法論から派生させた独自の分析手法を考案することになる。代表例をいくつか挙げると、Ａ・Ｊ・グレマスの行為項分析(注5)やクロード・ブレモンのシーケンス分析(注6)、あるいはアラン・ダンダスのモティーフ素による民話研究などがある。

4．物語構造分析の手順

ここではプロップの方法論をネイティブ・アメリカンの民間伝承研究に応用したアラン・ダンダスによる物語構造研究に基づいて、アニメ研究において物語構造の分析を行う際の基本的手順について考察する。

物語構造論は、物語をプロット（物語における主要な出来事・事件を概略的に示したもの）の連鎖として捉え、そのプロットにおける登場人物やその行為を物語における要素として理解することで、パターンを抽出する方法論であると考えると分かりやすい。

プロップの理論においては、物語における機能の配列順（物語内の出来事として生じる順番）が原則として一定であったのに対し、ダンダスは「話全体の概念」と「話の細部の要素」を弁別する必要性を論じた上で、「別個のいくつかの話を共通の形式の枠内での内容的に可能な異動という観点」から体系的に研究しようと試みる[注7]。ダンダスは「民話はモティーフの総和に等しい」とし、「少数の比較的単純な構造的型」を一群の分析対象において「発見」することによって、物語を構造的に把握するための方法論を議論する。ダンダスによれば、類型論には形態論が必要であり、形態論には構造的単位が必要とされる。すなわち、分析者は物語を「構造的に」把握するために、

(1) 物語内の構造的単位。物語の細部の要素やその機能。
(2) 構造的単位によって形成される物語の形態。プロットの流れとしての物語。
(3) 物語全体の類型。概念的に理解された物語の全体。

という３つのレベルを弁別しなければならない[注8]。さらにダンダス

は、プロップの「機能」について、「モティーフ（＝機能全体）」「モティーフ素（機能を構成する要素）」「異モティーフ（機能を別のモティーフ素で入れ換えたもの）」という3つの区分で細分化し、モティーフ素を対になった構造的単位として記述する。それは「欠乏／欠乏の解消」「課題／課題の達成」「禁止／違反」「欺瞞／成功」「結果／脱出の試み」といったものである。

モティーフ素という構造的単位の「発見」は、蒐集（収集）→分類→分析（理論化）という手順において行われるが、ダンダスは複数記述の可能性、すなわち、同一の物語が複数の分析者によってそれぞれ別のモティーフの集合として記述されかねない問題への注意喚起を行っている。

すなわち、物語の体系に内在しない外部のコンテクストからモティーフ（モティーフ素）を分析者が「創造」する視点のあり方＝「エティック etic」と、物語の体系に内在し元から体系の部分を構成しているモティーフ（モティーフ素）を分析者が「発見」する視点のあり方＝「イーミック emic」という、2つの記述の態度があるということである(注9)。「科学」としての普遍性・蓋然性を持った物語記述というのは分析者の永遠の課題であるが、体系に内在するモティーフ（モティーフ素）の「発見」という視点の重要性は強調しておきたい。

それでは実際のアニメ作品の物語構造分析において必要な手続きを見ていこう。ダンダスにおいては、ネイティブ・アメリカンのグループや地域ごとに民話を収集するところからスタートするが、アニメ作品研究においては、第一に研究の対象自体を確定しなければならない。研究対象のジャンル・種類・メディアなどを限定するわけだが、アニメの場合、量が膨大であるということで年代や制作者、あるいは視聴者層などの参照枠を設定することが要請される。その上、アニメの場合、マンガやライトノベル原作からのアニメ化（あるいはその逆）というメディアミックス環境を考慮する必要もあり、

原作との比較・対照ということも重要である。(注10)

二番目に収集である。アニメの場合、近年の作品については映像ソフトの入手は比較的容易かつ豊富であり、民話伝承などにおける聞き取り・記録という困難は基本的に発生しない。もちろん、特定のアニメ作家の初期作品や絶版の古典作品などはこの限りではないだろう。むしろ困難があるとすれば、作品鑑賞に一定の時間が要請されるという点である。

三番目に分類である。物語を類型としてグループ化するという作業である。先に述べたように、ダンダスによれば類型論には形態論が必要であり、形態論には構造的単位が必要とされるが、実際の作業としては、類型／形態／構造的単位の分析と記述以前の段階で、何らかの基準に基づいたグループ化を行うことが必要となる。構造的単位を発見・記述していくうちに、分類のプロセスそのものを一からやり直すことも起こり得ると考えなければならない（事によると収集や対象の確定のプロセスからやり直すこともあり得るだろう）。アニメにおいては、テレビ放送のように毎回パターン化された物語形式のものは比較的容易に分類可能である一方、劇場長編アニメ作品やインディーズ作品、あるいはテレビ放送でもパターン化された形式を持たないものなどはやや困難な部分もあるだろう。

そして最後に分析（理論化）となる。類型ごとに形態や機能・モティーフ・モティーフ素を構造として記述していくことになるが、ここでは作品の文化的・社会的側面や歴史的起源などについても参照しながら考察を加えていく。アニメの場合、制作資料などが豊富に残されており、比較的入手が容易なものについては起源の考察が具体的に可能であるが、基本的に集団制作ということもあり、いわゆる作家性に依拠した考察が難しい場合もある。

5．アニメにおける物語構造の多様性

例として、ＴＶシリーズの『ドラえもん』（テレビ朝日版、1979年〜）

を題材にアニメ作品の物語構造論のあり方を考察する。『ドラえもん』における1話の典型的なパターンとしては、以下のようなプロットを挙げられる。

(1) 主人公・のび太が、ジャイアンやスネ夫から加害を受ける／自らの無能力で失敗する。
(2) のび太が、その加害／失敗を解決するための道具をドラえもんから借りる。
(3) のび太が、道具を用いて加害を取り除く／失敗を解決する。
(4) のび太（あるいは他の登場人物）が、自分の欲望のままに道具を用いるか、あるいは道具の誤った使用によって、自らの破滅を招く。

『ドラえもん』の例をダンダスの理論の枠組みから捉えると、類型としては「道具を用いた課題解決」の物語であり、形態としては(1)～(4)のプロットに沿った流れの物語であり（最後の(4)が存在しない場合もある）、構造的単位としては「加害／失敗」「道具」「加害の除去／課題の解決」をモティーフとして挙げることができる。

ここで「加害／失敗」というのは全体としては「のび太に与えられた課題」というモティーフをなしており、そのモティーフ素は例えば「ジャイアンによる加害」、異モティーフ（各話における差異）としては「スネ夫による自慢」「しずかちゃんからのお願い」「学校の先生からの難題」などを挙げることができる。また「道具」も基本的には毎話ごとに異なるものが用いられている（異モティーフ）。

一方、プロップの理論の枠組みに基づいて、登場人物の行為を機能としてとらえると、「主人公」であるのび太は、本来的には能力を持たず、「敵対者」であるジャイアンやスネ夫から加害を受けたり、失敗を重ねたりするが、「援助者」であるドラえもんから道具を受け取ることで特殊な能力を獲得し、その能力で「敵対者」を退けたり、課題を成功させたりすることができるようになる、ということになる。つまり、のび太の機能が、ドラえもんの道具によって、物語の途中で劇的に変換されるところに『ドラえもん』の物語構造の要点がある。一般的なヒーロー物アニメや特撮などでは、多くの場合、主人公は「変身」によってその機能を「増幅」させるが、『ドラえもん』の場合は、マイナスの地点からスタートしたのび太が、ドラえもんの道具によって、正負を一気に逆転させるくらいの機能変換を行っていることになる。この観点からすると、『ドラえもん』は変身ヒーロー物の変形版と捉えることが可能である。

例えば『魔法のプリンセス ミンキーモモ』（1982年）は、類型としては「変身による課題解決」の物語であり、形態としては、

(1) 主人公・ミンキーモモが、周囲の人々の問題や事件に遭遇する。
(2) ステッキで「大人（18歳のスペシャリスト）になる」。
(3) 変身後の能力で問題を解決する。

という流れになっている。構造的単位としては「問題／事件」「変身」「問題の解決」というモティーフを挙げることができる。ここで、『ドラえもん』と『ミンキーモモ』が「類型」「形態」「構造的単位」の３つのレベルのいずれにおいても類似した物語構造を有していることが看取される。逆に違いに着目すると、ドラえもんが「未来の世界」からやってきた「援助者」であるのに対し、ミンキーモモは「夢と魔法の国」からやってきた「主人公」である点で、この点に鑑みると『ドラえもん』と『ミンキーモモ』が、「援助者」と「主人公」を構造的に変換したものであることが分かる。ある事象について、「援助される者」を「主人公」にしているのが『ドラえもん』で、「援助者」を「主人公」にしているのが『ミンキーモモ』である。この構造に着目すると、『ドラえもん』の「道具」が、『ミンキーモ

モ』での「変身」＝「大人になる」ということの異モティーフであり、そもそもアニメにおける「変身」の意味が、「子どもの機能増幅」にあることが窺える。(注11)

『ドラえもん』は、基本的な物語構造として「道具による課題解決」という類型を有しているが、多くの場合、道具の力には正負両方の側面があり、便利な道具も使い方を誤ったり、私利私欲のために利用したりすると、逆にトラブルを招くものとなることがある。『ドラえもん』は、加害や過度の欲望追求に対してはそれなりの罰が与えられるという点において、「教育的な」物語として子どもを主とした視聴者に呈されている。

こうして抽出された物語構造の類型をある種のマンネリズムとして捉えることも可能であるが、物語構造論の要点は、定式化されたパターンを示すことにのみあるのではなく、逆に、パターン化された構造に対しての何らかの「逸脱」を見出し、そのことによって本来見えていなかった別の構造を暴露することが可能な点にある。

『ドラえもん』の「一生に一度は百点を」というエピソードでは、どんな問題でも解くことができる「コンピューターペンシル」という道具が登場するが、この回は『ドラえもん』の通常のパターンとは異なったエピソードである。この「一生に一度は百点を」は以下のようなプロットになっている。

(1) のび太は宿題が終わらない。（モティーフ素：宿題）
(2) のび太はドラえもんから「コンピューターペンシル」を借りる。（モティーフ素：道具「コンピューターペンシル」）
(3) のび太は「コンピューターペンシル」を用いて自分や友人たちの宿題を終わらせる。（モティーフ素：宿題の解決）
(4) のび太はテストの際に「コンピューターペンシル」を使おうとするが、ドラえもんに軽蔑されると思い、使用を思いとどまる。（モティーフ素：道具「コンピューターペンシル」の「不使用」)

(5) のび太の「コンピューターペンシル」を盗んだジャイアンが百点を取るが、「不正をしたに違いない」と自分の父親から叱られる。(モティーフ素:道具「コンピューターペンシル」の「過度の使用」による「失敗」)

この回は、最終的にのび太が「道具を使わない」という決断をする点において、『ドラえもん』の類型的な物語構造からは逸脱している。また、のび太ではない他の登場人物が道具を悪用する(そして罰を受ける)というのも稀ではないが特徴的である。のび太が自ら道具の負の側面に気づき、道具を使わないことによってドラえもんから人間的な成長を認められるというこのエピソードの構造は、『ドラえもん』の基本的な構造である「道具による課題解決」をメタ的な視点から捉え直すものであり、逆に『ドラえもん』の「道具による課題解決」という類型的な構造が、実は、のび太とドラえもんの信頼関係や道具の使用に際する倫理観の存在というより高次の構造によって裏付けられていることを示している。

物語構造論は、物語を要素とその関係性によって記述することによって、物語という人間の創作表現を内容の面から一般的に定式化しようとする試みであるが、定式化というのはあくまでも手段であって目的ではない[(注12)]。定式化することによって、一見しただけでは分からないような物語の深層構造を理解しやすいように示し、そのことでパターン化された物語構造からの「逸脱」や、個別の作品の特徴を他の作品群との「差異」が意識できるように分析するというのが物語構造論を理論的枠組みとして用いる目的である。逆説的であるが、物語構造が同一である/類似しているということが定式的に示されることによって、その定式から外れた個々の作品や特定のエピソードの「個性」や物語における構造の「変換」がはじめて意識されるようになるのである。

また、物語構造論は、物語の分析のための理論としてだけではなく、制作者の側が登場人物と行為の機能に着目して物語を構造的に創造するための手本としても活用されている。例えば、大塚2013は、プロップの機能分析を整序し、小説やマンガ・アニメなどの創作者が物語のプロットを作る際のマニュアルとして書かれた著作であるが、これも物語構造をプロットの連鎖としてのストーリーとして定式的になぞりながら、その枠組みの中で「物語る技術」を洗練することによって、かえって制作者の「固有性」が現れてくるという立場に立った、徹底した創作の技術論である。(注13)

6．物語と「語り」：ナラトロジーについて

ここまで物語構造論として、叙述された内容に着目し、その記述から物語の構造を見出す方法論について述べてきた。一方、叙述された内容ではなく、物語の叙述のされ方（語られ方）に着目し、物語の叙述そのもの構造（「表層構造」）として記述・分析する方法論が、「ナラトロジー」（語りの科学）である。ジェラール・ジュネットがその代表的な研究者として知られている。

ジュネットは『物語のディスクール』において、物語を「物語行為」という立場から捉え直し、だれが・どのような視点から・語っているのか、という物語の「語り手」を分析の主題として考察している。ナラトロジーが分析の対象とするのは、基本的には小説であり、語り手や登場人物によって発話されることによって生じた「文」の語られ方である。ジュネットは、物語を物語言説（＝テクストとしての物語。作品の叙述そのもの）、物語内容（＝内容としての物語。物語構造論においてプロットの連鎖として示される叙述の内容）、物語行為（＝語りの行為としての物語。例えば小説中の会話文は登場人物による「語り」として、地の文は小説の語り手による「語り」として、それぞれ物語行為を形成している）という３つの相として区別し、それらの関係を「時間」「叙法」「態」という３つの範疇から分析している。こ

の３つの範疇を下位区分を含めて整序すると次のようになる。(注14)

（1）時間

（1a）順序：語られる事柄の順序。錯時法。

（1b）持続：語られる事柄の長さ。物語内容の時間と物語言説の時間の関係。

（1c）頻度：一つの事柄が語られる回数。

（2）叙法

（2a）距離：物語からの情報提供の量。語り手の物語への介在の度合い。

（2b）パースペクティヴ：物語における視点。物語が提示される認識上の位置。

（3）態

（3a）語りの時間：語りが「いつ」行われているか。現在か、過去か、未来か。

（3b）語りの水準：語りが行われているのが、物語世界の「外」か「内」か。

（3c）人称：誰（１人称、３人称、無人称）が語っているのか。

ジュネットの理論のすべての視座を取り上げることはできないが、以下何点か解説しておく。まず「時間」についていえば、「物語内容の時間」とは物語内の出来事を時系列順に並べたものであるが、実際の作品においては、出来事は必ずしも時系列順に語られるわけではない。語り手の「現在時」から過去の出来事が「回想」として語られたり、何十年もの時間の経過を数行の文章でまとめたり、あるいは逆に一瞬の出来事を長々と説明したりすることが可能である。こうして「物語内容の時間」とは別のものとして、実際に語られたものが「物語言説の時間」ということである。ジュネットは、「物語内容の時間」と「物語言説の時間」との順序の不一致や叙述の速度との対応関係、さらには事象の回数と叙述の回数の関係について、それぞれ「錯時法」「持続」「頻度」という概念を用いて分類している。

次に「叙法」であるが、物語の情報を統御する要因としてジュネットは「距離」と「パースペクティヴ」という２つの概念を挙げる。とくに「パースペクティヴ」は、だれが・どのような視点から・語っているのかという視点の問題を扱う概念としてアニメの分析においても重要である。ジュネットは「焦点化」という概念によって、「物語の提示に採用される認識上の位置」を次の３種類に細分化している。

(1) 焦点化ゼロ：物語内のあらゆる場所・時間、あらゆる登場人物の内面が叙述される。いわゆる「全知の語り手」（神の視点、ともいえる）によって物語が叙述される。
(2) 内的焦点化：特定の登場人物の知覚や内面に依拠して物語が叙述される。
(3) 外的焦点化：登場人物は外面においてのみ叙述される。内面の叙述は行われない。

内的焦点化については、「内的多元焦点化」という形で、複数の登場人物の知覚や内面にそれぞれ別個に基づいて物語が叙述される方法も取られる。『エヴァ』のＴＶシリーズはこの典型例であり、とくに最終2話は、シンジ・ミサト・アスカという３人の登場人物の内面の語りによって構成された「内的多元焦点化」を極端なまでに突き詰めた物語叙述(注15)となっている。

最後に物語行為を行う語り手の「語り」の水準について扱っているのが「態」であり、具体的な例としては直接話法や間接話法、あるいは自由間接話法など語り手の「語り方」をジュネットは分析している。例えば『涼宮ハルヒの憂鬱』（2006年）は、ライトノベル原作に忠実に、主人公・キョンの視点から内的焦点化された叙法となっており、「語り」の水準としての「態」は、基本的には各話の終了時点の未来から過去を語りながら、時折自由直接話法によるツッコミが現在時として入る１人称の物語となっている。

このようにナラトロジーにおいては、物語の内容面ではなく、表現面・描写面に着目して叙述そのもの、「表層構造」の分析が行われる。しかし、ジュネットが分析の対象としたような、言語のみによって構成された表現形態である小説を前提として考えられた理論をアニメ作品に同様に適用するのは難しい。「時間」に関していえば、アニメは小説とは異なり、鑑賞者に対して常に物語における「現在」を示す表現形式であって、「物語言説の時間」を小説と同様に統御することはできない。ナレーションやキャプションによって、時間の経過を示すことは可能であり、また画面を白黒やセピア色にすることによって「回想」を示すことも可能であるが、これらは小説における「語り」のあり方とは異なる「表層構造」であると考えなければならない。

またパースペクティヴや焦点化という概念についても、小説とアニメを同様に考えることは難しい。１人称視点ということで、特定の一人の登場人物の視点や認識からのみ構成された映像によるアニメ作品を考えることは可能であるが、きわめて実験的な作品になるであろうことは容易に想像がつく。映像によって外形的に物語を指し示すメディア表現であるという時点において、アニメにおけるパースペクティヴは、「映像的には」外的焦点化としての叙述であることをやめることができない。

そこで本章では、運動や変化を表現する方法としてのアニメについて新しい物語構造の枠組みを提案する。ここまで見てきた物語構造論とナラトロジーは、物語の構造について表層構造／深層構造という二分法に基づく物語の分析手法であり、基本的には「語り」の側面と内容・プロットの側面について考えるという言語表現としての小説の特性に由来するものである。ナラトロジーをアニメに適用する困難については先に述べた通りであるが、物語構造論に関してもいくつかの難点を指摘することができる。

物語構造論は、物語の内容を類型に還元し、物語を要素とその関係性によって記述・分析する試みであるが、アニメにおいて我々が観賞するのは、ストーリーの流れとしての物語だけではない。アニメはその言葉の原義において、登場人物や物象の運動・変化を表現するメディア表現であり、我々はそうした運動・変化をアニメを構成する最大の「要素」として捉えている。しかし、物語構造論においては、そうした運動や変化は、専ら「機能」の面からのみ理解されるものであり、その感覚的な要素は無視されている。それが「物語構造」の分析である、と割り切るのは簡単だが、ここではアニメ特有の物語構造のあり方について試論を展開したい。小説において言語が物語構造を規定する単位になっているように、アニメにおいては、映像表象が物語構造を規定する単位として考察されるべきである。

7．アニメにおける「語り」の表象

本章では、これまでの物語構造論やナラトロジーの成果に加えて、アニメにおける物語構造を「語りの表象」「物語内容」「物語様態」という三つの概念から補足することにする。この3つの概念は以下のようにまとめられる。

(1) 語りの表象：「語り」を生成する機能を有した表象。映像による物語表象、キャプションによる物語表象、音声による物語表象の3つに大別される。
(2) 物語内容：物語構造論やナラトロジーにおける「物語内容」に同じ。内容としての物語。物語構造論においてプロットの連鎖として示される叙述の内容。
(3) 物語様態：アニメにおいて映像として構成される要素と運

動・変化の様態。「シネマ」「アニマ」「ドラマ」の3つに大別される。

語りの表象は、映像によって行われるもの、キャプションによって行われるもの、音声によって行われるものの3つに分類できる。映像による物語表象の例としては、過去の回想シーンを白黒・セピアで表現することや「暗転」や「ワイプ」などが挙げられる。キャプションは物語外の語り手による「説明」として捉えられるものであり、『エヴァ』においては多用されるが、受け手においては「語り」とは捉えられず、むしろ「メタ的に」鑑賞される。このことは物語の表層構造上の問題というよりは、むしろ「アニメ」というジャンルに係る問題であろう(注16)。

音声による物語表象のうちで最も分かりやすいものは、ナレーション narration である。ナレーションは語義通り物語を物語ることであり、アニメのみならず映画や演劇などでも用いられる。従来、物語論においては、物語の叙述面である「語り」を表層構造とし、叙述された内容を扱う深層構造とのセットで考えてきたが、これは小説のように言語でのみ構成されている作品においてのみ有効な区分であり、映像を主として展開されるアニメのような作品においてこの区分を同様に適用することはできない。

ナレーションには物語の枠構造を生成する機能がある。例えば、細田守監督の『バケモノの子』(2015年)の冒頭は、百秋坊と多々良のナレーションからはじまる。このナレーションによって、『バケモノの子』が、その時点でいつとは分かっていない「未来時」から語られた過去の話として成立しているという枠組みが生成される。と同時に物語がナレーションから開始されることによって、主人公である九太と鑑賞者との間に一定の「距離」が形成されることになる。「距離」というのはナラトロジーにおいては、「語り手の物語への介在の度合い」を示す術語であるが、アニメにおいては「焦点化されている登場人物が、語り手として物語にどれくらい介在しているか」を示す概念になっている。

アニメが小説と異なり、映像によって物語を示すメディア表現である以上、単なる「語り手」というものは存在せず、むしろ登場人物の「焦点化」の度合いと鑑賞者との「距離」が、「物語への介在の度合い」を示す尺度として機能する。『バケモノの子』は、冒頭のナレーションによって、物語内容的には主人公として内的焦点化される九太を、同時に「語られる」存在として客体的に見られる対象として提示し、そのことで鑑賞者が九太の主観に偏りすぎることなく、むしろ物語全体を寓話的なものとして捉えるための物語論的な「視座」を生成している。

一方、同じく細田守監督の『おおかみこどもの雨と雪』(2012年)では、ナレーションは全く異なる物語表象の機能を果たしている。『おおかみこども』は、終始一貫して、姉の「雪」のナレーションによって物語の「未来時」から語られる物語となっており、雪が出生する以前の両親の出会いや出産当初の話は、母親からの「伝聞」として語られる。物語が雪の主観において構成されたものとして提示されることによって、内面を表象されない弟の「雨」が、やがて「山の主」として野生に戻っていき、雪の方は中学校から寮に入り、「人間」としての生活に順応していくという両者の対比がより鮮明なものとなる。ナレーションによって生成された枠構造が、物語の見え方自体を構成している。

さらに、アニメにおいて興味深いのは、ナレーションによって事後的に枠構造を設定することも可能だという点である。宮崎駿監督の『紅の豚』(1992年)においては、作品終盤のポルコとカーチスの決闘が決着した後、中盤以降ポルコと行動を共にしていたフィオがジーナの飛行艇に無理矢理乗せられることになるが、ここで突如としてフィオによるナレーションが入り、その後ミラノに帰るまでポルコに会えなかったことやジーナとの友情関係、さらにはカーチスや空賊たちのその後までが、映像と共に語られる。当初、存在していなかった枠構造が出現し、これまでの物語全体があたかもフィオによる回想であるかのように変化する。(注17)

アニメの物語表象においてナレーションが果たす役割は想像以上に大きいが、もちろん映像による物語表象こそがアニメにおいてより主体的に働くものである。『バケモノの子』においては、ある時期からの九太の「成長」が要約法（「時間」の「持続」において、物語内容における時間よりも物語言説の速度が相対的に短縮された形で描写する技法）によって表象されるが、ナレーションやキャプションではなく、季節の移り変わりと道場の樹木の成長を自然に推移させることによって、8年という時間経過が「ゆるやかな」映像による物語表象として示される。

また、新海誠監督の『君の名は。』（2016年）においては、高校生の男女の「入れ替わり」が物語の動因となるが、瀧と三葉の二人の映像をクロスカッティングの技法で断続的に入れ替える映像表現は、中身の入れ替わりを含めた「焦点化」を映像的に表象したものである。ここで映像を細切れにカウントして、二人が「何回」入れ替わったとか、あるいは「曜日のズレが反映されないのは矛盾している」などと物語内容に即した批評を展開することにはあまり意味がない。物語表象としては、「二人が何度も入れ替わった」ということを「要約法」的に示しているに過ぎない。

8．アニメにおける物語の３様態：「シネマ」「アニマ」「ドラマ」

最後に、「シネマ」「アニマ」「ドラマ」という３つの物語様態について解説する。(注18)アニメ作品を「構造的に」観察する際、我々は物語の内容面から深層構造を「類型」「形態」「構造的単位」の３つのレベルで分析していた。しかし、アニメが「運動」を表象する体系である以上、それはあくまでも「静的な構造」の把握にすぎない。むしろアニメにおいて映像として構成される要素とその運動・変化の様態こそがアニメの物語としての本質的な要素をなすのではないだろうか。

マリー＝ロール・ライアンは、物語を定式化された事象の連鎖としてのみ捉えるのではなく、「可能世界」として、予測や空想、あるいは記憶・心象などといった潜在的な様態を含んだものとして捉えようとした。ライアンは、物語の「筋」を「状態間の遷移」として考察し、

S_1：原状態　S_2：避けられるべき状態　S_3：結果状態　S_4：目標状態

という「運動」において動機付けられたものであると考えた[(注19)]。ここで重要なのは、必ずしも S_1 から S_4 へ至る継起的な流れとして物語の「筋」が捉えられるのではなく、むしろ物語のある瞬間において、「$S_1 - S_4$ の関係はさまざまに変りうる[(注20)]」ものであって、「目標状態」に向けた「作用因」を生じさせるものとしてそれぞれの「状態」がまずはじめに想定されている。我々が「物語」だと考えているものは、事後的にその遷移が把握されたものだということである。

それでは、アニメにおける「状態」、次の可能的な「状態」へと遷移するものは何であろうか。ライアンにおいては、それが潜在的な「可能世界」であれ、「状態」はやはり物語内容に係るものである。一方、我々がアニメを鑑賞する場合に最も基本的な「状態」は画面上の映像として構成されたものであり、その「状態」は次の「状態」へと遷移する潜在的な作用因を含んだものとなっている。ここで新しい概念として、「シネマ」「アニマ」「ドラマ」という３つの物語様態を導入したい。

(3a) シネマ：個々の要素がそれぞれ独立した運動体として示される様態。主として運動を表象する。
(3b) アニマ：画面全体が複合的な運動体として全体的に示さ

れる様態。主として物語世界の構造を提示する。

(3c) ドラマ：画面や要素それ自体が静止、あるいは目立った運動をしておらず、それ以外の物語表象によってストーリーが進行している様態。

「シネマ」と「アニマ」の概念については、トーマス・ラマールの『アニメ・マシーン』における「シネマティズム」「アニメティズム」をめぐる議論から多くを借りている。ラマールは、一点透視図法による奥行きの感覚を可動的なカメラの運動によって生み出そうとする「シネマティズム」と、多平面的なレイヤーのコンポジティングとしての「アニメティズム」の両概念を対比させ、その相互補完的関係から「運動の芸術」としてのアニメについて議論している。(注21)

ここでは「動き」というギリシャ語の原義も踏まえた上で、画面上の個々の要素が空間上でそれぞれ独立した運動を行うことで、主として「運動」が表象されている様態を「シネマ」と名付けることにした。一方、「アニマ」はラテン語の原義においては「生命」「魂」の意味であるが、ここではラマールの議論に即して多平面的なレイヤーのコンポジティングによって物語内の世界やその構造が「生き生きと」「全体的に」表象されている様態を「アニマ」と名付けた。そして、「ドラマ」は、「演劇」の意味において捉えることのできる、物語内容上の演劇的様態とした。(注22)

アニメは、基本的にはこの「シネマ」「アニマ」「ドラマ」という３つの様態の遷移として捉えられるべきものである。実際の作品を挙げると、例えば大友克洋監督の『AKIRA』(1988年) の冒頭部では、この三つの様態をバランスよく遷移させることによって物語の表象が行われている。

『AKIRA』冒頭部の物語様態：

(1) 1988年の東京。巨大な球体に飲み込まれる：「アニマ」

(2) 2019年のネオ東京の上空。クレーター。タイトル：「アニマ」
(3) 春木屋でのやりとり：「ドラマ」
(4) 鉄雄と金田のバイク：「ドラマ」
(5) 金田・鉄雄・山形、バイク始動：「シネマ」
(6) ネオ東京のビル群。サーチライト、ネオン広告：「アニマ」
(7) 道路を走り回る暴走族たち。抗争：「シネマ」

まず(1)(2)については、補足的に説明する必要があるだろう。(1)(2)は物語の導入部として、本筋とは切り離されたものとして捉えることも可能だが、(1)の巨大な球体が画面中央から旧東京を飲み込むシーンは、続く(2)のクレーターへの「状態遷移」として解釈されるべきものであって、この状態遷移によって(1)(2)は物語世界の様態を全体的に指し示している。球体とクレーターの間のネオ東京の上空からの画像を含めて、継時的に物語世界を提示する「アニマ」であると捉えたい。

続く(3)(4)は、演劇的に表象された物語表象であり、「ドラマ」と捉えるが、ここで(4)の金田のバイクが次の(5)への状態遷移を導き出す「作用因」となっていることに注目されたい。金田のバイクの前輪が大写しになった後、金田が発進。その後ろに山形・鉄雄が続く。作品全体を通して終盤に至るまで、金田のバイク（途中でアーミーの飛行機械が同様の機能を果たす）は、その「シネマ」としての運動シーンが見所となっているとともに物語の状態遷移を引き起こす作用因としての要素を担っていることにも気づくだろう。

その後、いったんバイクから離れて画面はバイクからの主観ショットに近い視点をとりながら、(1)(2)で示されたネオ東京のマクロな「アニマ」に対して、ビル群・サーチライト・ネオンなどを示す(6)の「アニマ」へと状態遷移する。近代的な高層ビル街と道路、スラム状の下町が物語の舞台として上下の構造として提示される。そしてその(6)で示された「アニマ」を今度は遠景に据える形で金田たちとクラウンとの抗争が、(7)「シネマ」として繰り広げられることになる。

導入としてのマクロな(1)(2)の「アニマ」から、(3)(4)の「ドラマ」に「状態遷移」し、(5)の「シネマ」によって物語を展開させたと思いきや、ミクロな(6)の「アニマ」によって、これからはじまるであろう「シネマ」の舞台を提示し、その後(5)の続きとなる本格的な(7)「シネマ」へと移行するのである。

別の作品の例を示そう。細田守監督の『サマーウォーズ』(2009年)においては、冒頭で携帯電話が示された後、その画面の中へとカメラの視点が移行し、インターネット上の仮想世界である「ＯＺ」が映し出される。「アニマ」として、現実世界とは異なるこの作品のもうひとつの舞台としての「ＯＺ」がアバターの移動とともに示される。ここではアバターの移動が「ＯＺ」の疑似空間を示すために用いられていることに留意されたい。

そしてこの「アニマ」として示された「ＯＺ」の中で二人の男子高校生の会話として「ドラマ」がはじまるが、それはすぐに現実世界の高校での会話としての「ドラマ」に引き継がれる。こうして『サマーウォーズ』は、現実世界に加えて、現実世界と表裏一体の関係となったインターネット上の仮想世界「ＯＺ」という二重の世界構造の中で展開される物語であることが理解される（そして、この二重の世界構造は、物語終盤までこの作品の二重の舞台として機能する)。その後、クライマックスを予期させる「シネマ」としてオープニングロール冒頭でキングカズマのアクションが短時間示されるのである。

物語中盤での状態遷移の例としては、宮崎駿監督の『天空の城ラピュタ』(1986年）でのラピュタ到達の場面が挙げられる。

『天空の城ラピュタ』中盤の物語様態：

(1) 海賊船の凧の中で会話するパズーとシータ：「ドラマ」

(2)「竜の巣」を発見:「アニマ」
(3)「竜の巣」へ引きずり込まれる凧。激しい雷:「シネマ」
(4) 雷雲が切れてラピュタに凧が着陸:「シネマ」→「アニマ」
(5) 雲が晴れてラピュタの全体像が提示される:「アニマ」

この一連のシークエンスが印象的なのは、目標状態である「ラピュタへの到達」が、凧を作用因としながら、雷雲「竜の巣」への侵入という状態遷移を経て、雲が晴れた状態「アニマ」として受け手に呈されるという点である(ラピュタの全体像が現れたときの視点が、どの登場人物の視点でもない無人称的な位置からなされていることに留意されたい)。それまで画面上にはパズーの父親の写真と想像図でしか示されなかったラピュタは、多平面的なレイヤーの重なりである「アニマ」としてここではじめて全体像を我々に見せるのである。(注23)

ここまで、『AKIRA』『サマーウォーズ』『天空の城ラピュタ』と劇場アニメ映画作品について取り上げてみたが、劇場作用品については、この「シネマ」「アニマ」「ドラマ」という区分は、アニメという映像による物語における叙述の構造的な枠組みとして、「状態遷移」としての物語の展開に結び付いた概念として機能しているように思われる。一方で、同じ細田守監督作品でも『おおかみこどもの雨と雪』は、中盤、雪原で親子の疾走する「シネマ」を除けば(物語全体からみるとこのシーンは重要な転回点になっているが)、ほぼ全体が「ドラマ」として展開されており、状態遷移のあり方としては、アニメよりはマンガ・小説に近い。このことはたいていの毎週放送のテレビアニメ作品についていえることである。(注24)この点に関してはさらなる考究が求められるだろう。

以上、「語られたもの」としての「物語」について、その伝達行為を「構造」として捉え、一般的な作用として統一的に扱う「物語構造論」の手法について解説した後、ナラトロジーの観点を踏まえて、アニメ作品特有の性質を映像表象そのものを構造的単位として捉えようと試みた。理論的な課題は山積しているが、一つの足掛かりを提示できたと思う。

注

(1) プロップ 1987、pp.116-117 においては、機能の補助要素「三回化 trebling」として繰り返しにおける程度の違いが説明されている。プリンス 1991、p.49 ならびに pp. 203-204 も参考のこと。

(2) 大泉 1997、pp.68-69。ならびに竹熊 1997、pp.158-159。

(3) プロップ 1987。

(4) プロップの機能分析の詳細については、大塚 2013 が創作者向けに書かれたものだが分かりやすい。理論的展開としては、高田 2010、pp.54-85、ならびに小山・玉川・小池 2016、pp.240-243 を参考のこと。

(5) グレマス 1988。マンガ・アニメ研究への応用としては、小山・玉川・小池 2016、pp.242-250 を参照のこと。

(6) ブレモン 1975。アニメ研究への応用としては、高田 2010、pp.88-90 ならびに pp.155-163 を参照のこと。

(7) ダンダス 1980、pp.23-30。

(8) 同書、pp.40-41。

(9) 同書、pp.86-88。

(10) 原作とアニメ化作品の比較・対照という観点については、竹内・小山 2006 が詳しい。

(11) 変身しないタイプのヒーローの例としては、『それいけ!アンパンマン』(1988 年〜)のアンパンマンを挙げることができる。アンパンマンは、最初からヒーローたる存在として登場するが、ばいきんまんの攻撃やその他の加害・障害によって、「顔が濡れて力が出ない」という無力な状態に陥ることがしばしば発生し、その際には、ジャムおじさんやバタコさんという「援助者」によって、顔を付け替えることで本来の力を取り戻す。この「顔の付け替え」は、『ドラえもん』における「道具」と同様の機能を有している。

(12) 物語構造論についてしばしば指摘されるのは、そうした分析が果たして物語の面白さや魅力を十全に反映したものにならず、むしろ物語を単純化された構造に還元してしまうことによって、骨組みだけのつまらないものにしてしまうのではないかという点である。例えば、先に取り上げた『ドラえもん』『ミンキーモモ』『アンパンマン』、その他変身ヒーロー物についていえば、これらはすべて、「課題」→「道具／変身」→「解決」というきわめて単純化された物語構造として記述することが可能であるが、このことが変身ものの作品に共通する本質である、と分析したところで実際には大した発見にもなってはおらず、また個々の作品の分析としてもまったく不足していることは分かるだろう。こうした分析に特有の視座と意義を見出すとすれば、それは『ドラえもん』『ミンキーモモ』『アンパンマン』、その他特撮を含めた変身ヒーロー物が、未就学児から小学校低・中学年あたりの年齢層の子どもを主たる視聴者層としており、本文中での『ドラえもん』と『ミンキーモモ』の比較によって示したように、その受け手において「道具」や「変身」というモティーフがどのように解釈されているかを考察する手がかりとなることである。

(13) 定式としてのプロットの流れ（物語の形態）において、モティーフ・モティーフ素・異モティーフをどのように設定・描写するかという部分が物語全体における「固有性」を形成している例としては、『ポケットモンスター』（1997年〜）『デジモンアドベンチャー』（1999年）『妖怪ウォッチ』（2014年〜）の物語構造を比較・対照してみるといいだろう。「ポケモン」「デジモン」「妖怪」というモティーフ素が、それぞれ人間に付随したキャラクターとして登場しているが、その性質の差異によって物語そのものの個性が生じている。ポケモンがトレーナーとともに経験を積み、自ら成長する仲間であるのに対し、パートナーデジモンの進化はパートナーとなる人間の精神的成長にともなう現象である。また妖怪は人間の悩みの具現化として登場しており、これらは構造的に類似していてもモティーフ素の違いが、物語そのものの性格を変えている例といえる。

(14) ジュネット1985から、高田2010、p.87ならびに土田・青柳・伊藤1996、pp.49-59を参考にまとめ直した。

(15) アニメ作品としては視聴者に「破綻」とも受け止められるものであったが、その後のいわゆる「セカイ系」（個人の自意識を「世界」と結び付けて描写する作品群）へとつながる映像実験であったともいえる。「セカイ系」の詳細については前島2010を参照のこと。

(16) その観点からいえば、文字によるキャプションは、「語り」の表象としてはアニメという表現技法との齟齬を感じさせる。例えば、宮崎駿監督の『風の谷のナウシカ』(1984年)の冒頭では、時代背景を文字によるキャプションで説明しているが、だれの視点から語られているのかは明確ではなく(同じ内容をユパの台詞やナレーションとして語らせることは内容的に困難である)、アニメの「語り」の表象としては稚拙であるともいえる。

(17)『紅の豚』を何度観賞しようが冒頭部のポルコとマンマユート団との対決が、フィオによる回想になることはあり得ない。物語における現在時は、「物語内容の時間」と「物語言説の時間」にともに一致している。そうでなければ、『紅の豚』における航空機の飛行と戦闘はアニメとして見るべきものにはならない。逆にいえば、物語終盤でのフィオのナレーションの「介入」は、『紅の豚』における物語表象がそれまでの飛行のリアルタイムから、一気に何十年もの時間の経過を表象するという、「物語内容の時間」と「物語言説の時間」との不一致と速度の変更に対応する処理であるということが分かる。

(18) 物語内容に関しては、物語構造論の解説において既に述べたので省略する。

(19) ライアン 2006、pp.216-222。

(20) 同書、p.226。

(21) ラマール 2013、pp.30-39。

(22) もちろん3つの様態を分かりやすく示す用語として韻を踏んでいる。

(23)『天空の城ラピュタ』において「バルス!」の呪文が盛り上がりを見せるのも無理はない。「ドラマ」から「シネマ」への瞬時の移行とともに、「アニマ」としての世界が崩壊するのである。

(24)『名探偵コナン』シリーズ(1996年〜)は、テレビアニメでは推理の「ドラマ」がクライマックスとなっているのに対して、劇場版ではその「ドラマ」の前ないしは後にコナン君がスケートボードに乗るかサッカーボールを蹴るかのいずれかの「シネマ」が付随することも指摘できる。また毎週定式化されたパターンを放送するテレビアニメではない作品(例えば『魔法少女まどか☆マギカ』(2011年)や、あるいはスポーツを題材にしたアニメ)においては、放送回ごとに「ドラマ」「アニマ」「シネマ」のどれを主体とするかを制作側で考慮しながら制作することもあり得るだろう。

引用文献・主要参考文献

大泉実成編『庵野秀明 スキゾ・エヴァンゲリオン』太田出版、1997年。

大塚英志『ストーリーメーカー　創作のための物語論』、星海社、2013年。

アルジルダス・ジュリアン・グレマス『構造意味論』田島宏・鳥居正文訳、紀伊國屋書店、1988年（原著1966年）。
小山昌宏・玉川博章・小池隆太編『マンガ研究13講』、水声社、2016年。
ジェラール・ジュネット『物語のディスクール――方法論の試み』、花輪光・和泉涼一訳、水声社、1985年（原著1980年）。
高田明典『物語構造分析の理論と技法―CM・アニメ・コミック分析を例として』、大学教育出版、2010年。
竹内オサム・小山昌宏編著『アニメへの変容 ―原作とアニメとの微妙な関係』、現代書館、2006年。
竹熊健太郎編『庵野秀明 パラノ・エヴァンゲリオン』太田出版、1997年。
アラン・ダンダス『民話の構造〈アメリカ・インディアンの民話の形態論〉』池上嘉彦・池谷清美・田沢千鶴子・友田由美子・日景敏夫・前田和子・山田眞史訳、大修館書店、1980年（原著1964年）。
土田知則・青柳悦子・伊藤直哉『現代文学理論　テクスト・読み・世界』、新曜社、1996年。
前島賢『セカイ系とは何か』、ソフトバンク新書、2010年。
ジェラルド・プリンス『物語論辞典』遠藤健一訳、松柏社、1991年（原著1987年）。
クロード・ブレモン『物語のメッセージ』阪上脩訳、審美社、1975年（原著1966年）。
ウラジミール・プロップ『昔話の形態学』北岡誠司・福田美智代訳、水声社、1987（原著1969年）。
マリー＝ロール・ライアン『可能世界・人工知能・物語理論』、岩松正洋訳、水声社、2006年（原著1992年）。
トーマス・ラマール『アニメ・マシーン』藤木秀朗・大﨑晴美訳、名古屋大学出版会、2013年（原著2009年）。

第10章　マルチモーダル情報論
——アニメ『魔法少女まどか☆マギカ』にみる視聴覚・音楽情報の読解

小山昌宏

1．はじめに

前編著『アニメ研究入門　増補改訂版』の担当章では、情報システムとしてのアニメについて、主にコンテンツとしてのアニメの生体、映像表現における心理的効果、物語形式における映像演出に関する言及をおこなった。それは多分に静的視点から映像を分析し、物語を形式的に解読しようとする試みであった。本章はそれとは逆に、アニメ映像が本来有する構造を動的視点からとらえなおし、静動あわせもつアニメの魅力の一視角を提示すべく試みるものである。それはアニメ本来の「アニミズム」を活性する映像と音声・音楽の相乗効果について論述するものとなる。その枠組みは以下のとおりである。

1．静止画であるアニメ画像が連動することにより映像化するその意味と意義について
2．視覚属性中心のアニメ映像分析に対する音声・音楽が果たす聴覚情報の評価について
3．動画としてのアニメ作品に音声・音楽が付加されることの意味とその効果について

このように本章は、アニメ作品の映像視点からの読解、すなわちキャラクター特性及びキャラクターの間主観的関係性に依拠する物語批評的言説を、アニメ映像そのもののなかに一端還元し、映像作品を「情報システム」として再抽出する企図が含まれるものとなる。

なお、情報システムとしてのアニメは主に、

1. 絵と音(声)の連動により生み出される映像リズムとそれら絵と音(声)を制御するフレームとの相互関係性(映像コード)
2. 作品内外の視点、主体、動作により形成される場、世界の存立可能性（物語コード）
3. 両者を連携する、語り手（ナレーター）と作中人物（キャラクター）による直接話法、間接話法が織りなすシナリオ（言語コード）

から構成されよう。

そして「映像コード」と「言語コード」は「映像文法」をなし、また「物語コード」と「言語コード」は「物語文法」をなすが、それに「文化コード」を加えることで、アニメにおける情報システム（情報文法）の枠組みが再構想されることになる。

本章は、このうち1について基礎的論述をおこなうものとする。また作品としては副題どおり、テレビ放映版「魔法少女まどか☆マギカ」を随時引用しながら解読を試みたい。(注1)

2. 映像の役割と機能――デクパージュによる機能的映像配列

映像の表現技法には主にデクパージュ（Découpage）とモンタージュ（montage）がある。前者はカッテイング、フレーム構成から映像の余剰な時間と空間を縮減することで、連続性を編成する作業を示すが、後者はあらかじめ取捨選択された複数のカットを結合する（積み上げる）ことで、新たに映像を編成する行為をさす。いわばデクパージュは映画の基礎技術であり、モンタージュは応用技術と位置づけることができる。(注2)

デクパージュで重要なことは、各ショットが設定配列、限定配列、連関配列の役割から接合されることにより、はじめて各シーンが連結されシークエンスが意味をもつことである。設定配列とは、映像が有する物語を基礎づけるための付帯状況を示し、限定配列は、登

場人物の心理状態や詳細な事象を意味づける作用があり、連関配列は、設定配列（客観化作用）と限定配列（主観化作用）を接合し、物語を進行させるために不可欠な現実化の働きがある(注3)。

詳細に述べれば、設定配列には、世界や舞台、その背景を説明する映像（場面）に写し出される人物（キャラクター）の相対的サイズ（小・中・大）を基準に、以下3つのショットがある。

(1) 超ロングショット（エスタブリッシングショット：背景・成立状況）
(2) ミディアムロングショット（ミディアムショット：身辺的属性・社会的関係性）
(3) ロングショット（フルショット：身体特性・対人関係性）

また同様に限定配列には、被写体の相対的サイズにより、以下、3つのショットが用いられる。

(1) フルショット（細かな背景描写：もの特性）
(2) ミディアムショット（バストショット・ウェストショット：心理状態）
(3) アップ（クロースアップ：心理特性）

さらに連関配列には、設定配列（大状況）と限定配列（小局面）を結ぶ継続場面を描くために、以下2つのショットが多用される。

(1) フルショット（ニーショット：中継画面：こと特性）
(2) ミディアムショット（対人関係性：行動特性）

以上のことを確認するために、まずここでは映像表現におけるアニメ演出とフィルムコミックにおけるマンガ演出の差異についてふれておこう。

2.1　アニメ「魔法少女まどか☆マギカ」第11話――フィルムコミック・ワンシーンの配列

図1は、テレビアニメ『魔法少女まどか☆マギカ』第11話（Aパー

トからBパートのつなぎシーン）のフィルムコミックの一場面である。(注4)
また表1は図1の配列を整理したものである。

図1　※コマわきの番号は筆者による

表1　フィルムコミックの画像配列と映像特性

コマ	主体	配列	ショット	部位	意味
1	ほむら	限定配列	クロースアップ	顔	緊張
2	ほむら	限定配列	フレーミング	膝下～腰	緊迫
3	まどか	限定配列	クロースアップ	顔	疑惑
4	ほむら	限定配列	クロースアップ	首～顔	切迫
5	ほむら	限定配列	フレーミング	涙	刹那
6	ほむら・まどか	連関配列	ミディアムショット	腰～顔	弛緩
7	まどか	限定配列	フレーミング	眼	驚愕
8	ほむら	限定配列	クロースアップ	顔	切迫
9	まどか	限定配列	超クロースアップ	眼	驚嘆
10	まどか・ほむら	連関配列	ウェストショット	腰～顔	受容
11	まどか	限定配列	クロースアップ	首～顔	緩和
12	まどか・ほむら	連関配列	フルショット	足首～頭	許容
13	ほむら	限定配列	クロースアップ	顔	孤独
14	まどか・ほむら	設定配列	ロングショット	全身	静観

ここではまどかの死を何度も見届けてきたほむらの切ない想い、まどかへの告白シーンが順列されている。まず1コマ目で、画面の左余地の少ないほむらの顔の配置が、行き詰まった未来に対するその切迫感を示し、そのいらだたしさが口の形により表現されている（限定配列：クロースアップ）。続く2コマ目では一気に想いを吐きだすほむらの口惜しい感情が、顔が写しだされないことにより強まっている（限定配列：フレーミング）。そしてその言葉の本意を理解できないまどかが、小首をかしげ怪訝な表情で描きだされる3コマ目（限定配列：クロースアップ）へと続く。4コマ目はその流れを受け、ひた隠しにしてきたほむらの想いが露わになる（限定配列：クロースアップ）。この連続する2コマのほむらとまどかの顔の傾きは、まだ二人の想いが十分通じ合っていない印象を与えている。

さらに5コマ目のこぼれ落ちるほむらの涙（限定配列：フレーミング）をきっかけに、6コマ目では想いを遂げようとするほむらとまどかの距離が一気に縮まる（連関配列：ミディアムショット）。ここでは一連の緊張感をともなった「限定的」な映像リズムが6コマ目から変化していることがわかる。すなわちそれは5コマ目までの緊張感あふれるコマ割りが、6コマ目（まどかに抱き着くほむら）の差し挟みにより緩むことで、7コマ目のまどかの瞳による驚愕表現（限定配列：フレーミング）による緊張関係、すなわちあらたな画像起点を生みだすことに繋がっているのである。まどかの瞳によるフレーミングは、それ以前のほむらによる発話主体性を、ほむらとまどかによる相互関係性へと変化させる起点にもなっている。それは8コマ・9コマ目の発話主体がほむらであるにもかかわらず、9コマ目では受話主体であるまどかがクロースアップされている点にもうかがえる。ここでは話すほむらが映しだされるのではなく、ほむらの視線対象であるまどかに、ほむらの想いが重ねられることにより、相互主体性はより強くなってゆくことがわかる。そして続く10コマ目は前2コマの限定配列が連関配列に移行することで、戸惑いながら、ほむらの想いを精一杯受け止めようとするまどかの気持ちが二人の間に流れる緊迫感を緩やかに変化させることになる。

これらの変化により、それまで受話主体であったまどかが、11コマ目で発話主体に切り替わり、12～13コマで再びほむらが発話主体になっても、画面は二人の緊密な関係性を明示し続けることが可能になる。そして14コマ目は、2ページにわたる一連のシーン（限定配列と連関配列の結合）を閉じるために設定配列に変化している。

この一連の流れはコマの配列リズムの変化によっても説明が可能である。それは5コマ目までのリズムが、ほむら：2、まどか：1なのに対して、6コマ目以降13コマ目までは、ほぼ1：1：1（ほむら／まどか／ほむら・まどか）へと分散されている。このコマ割りのリズムは、そのまま語り続けるほむらの存在そのものをまどかが受容する過程として、すなわちそれはコマ内の発話主体（ほむら）と受話主体（まどか）が相互主体（ほむら・まどか）へと向かう流れに即して、限定配列（緊張）が連関配列（緩和）、そして設定配列（相補）へと応ずる足跡に対応しているのである。このように画像の一連のシーンは、限定配列、連関配列、設定配列の有意な組み合わせによる構造的調和、各主体間の関係性を再構成しているのである。

2.2　アニメ「魔法少女まどか☆マギカ」第11話
――アニメとフィルムコミックの表現の差異

さて、ここまでアニメ映像のフィルムコミック表現についてふれてきたが、アニメ映像をコミック化する際に生じる差異についても記しておこう。アニメとコミックフィルムのコマ割りの違いは表2のとおりである（ここではフィルムコミックでは「コマ」、アニメ映像では「カット」と表現する）。

まず図1のフィルムコミックのコマ割りは、アニメ映像のカットでは1コマ目と2コマ目は順序が逆になっている。つまり、本来の

表２　コミック画像（コマ割り）とアニメ映像（カット割り）

コマ	コミックの画像主体	変換	カット	アニメの映像主体	声
		省略	0	ほむら（振り返り）	
1	ほむら（横顔）		2	ほむら（かたむく）	
2	ほむら（セリフ）	⇐	1	ほむら（横顔）	ほむら
3	まどか（顔） まどか（セリフ）	＝	3	まどか（顔）	まどか
			3	まどか（顔）　　ずり下げ	ほむら
		省略	4	ほむら（シルエット）	
4	ほむら（セリフ）	＝	5	ほむら（振り返り）	ほむら
		省略	6	まどか（身体・正面）ずり上げ	
5	ほむら（落ちる涙）	⇐	7	ほむら（飛び散る涙）	
		省略	8	ほむら・まどか（俯瞰）	
		〃	9	ほむら（なびく髪）	
		〃	10	まどか（顔アップ）	まどか
		〃	11	ほむら（巻きつく腕）	
6	ほむら・まどか（抱擁）１	＝	12	ほむら・まどか（抱擁）１	
		省略	13	ほむら・まどか（抱擁）２	
7	まどか（瞳）	⇐	14	まどか（顔）	まどか
8	ほむら（顔）セリフ	＝	15	ほむら（顔）	
9	まどか（瞳） ほむら（セリフ）	＝	16	まどか（瞳）	まどか
		省略	17	ほむら（顔）	
		〃	18	まどか（瞳）	まどか
		〃	19	まどか・ほむら（俯瞰）	
		〃	20	まどか・ほむら（抱擁）３	
10	まどか・ほむら（抱擁）３ ほむら（セリフ）　一画面		21	まどか・ほむら（抱擁）４ 四画面	ほむら
11	まどか（セリフ）	＝	22		まどか
		省略	23	ほむら（巻きつく腕）	ほむら
12	まどか・ほむら（抱擁）４ ほむら（セリフ）	＝	24	まどか・ほむら（抱擁）４	ほむら
13	ほむら（横顔）セリフ	＝	25	ほむら（横顔）セリフ	
14	ほむら・まどか（設定） ほむら（セリフ）	＝	26	ほむら・まどか（設定）	ほむら

※ここで用いる「カット」とは、シーンを構成する画面の変化に基づく基本フレーム、秒単位で連動する「ショット」の中から抽出した映像の意味を確定する基本画面である。よって実際の「絵コンテ」のカット・ナンバーとは異なるためにショットを単位とする投影時間（秒数）は省略している。

※⇐は画面の置換または分散、＝は同じカット（同一画面）を示す。

アニメ映像はコミックにはない振り返るほむらのカット（0）から２コマ目、そして１コマ目につなげられているのである。コミックの２コマ目のほむらのセリフ「本当の気持ちなんて伝えられるわけないのよ」は、アニメでは１コマ目のほむらの横顔に対応する「カット１」に添えられている。次に３コマ目のまどかのセリフ「ほむらちゃん」は、アニメでは同じ３コマ目に対応するまどかの顔に、ほむらのセリフ「だって……私は」が「ずり上げ」(注5)されている（カット3）。次に一瞬映しだされるほむらのシルエット「カット４」はコミックでは省略され、続くほむらの振り返りながらの４コマ目のセリフ「私は…まどかとは違う時間を生きているんだもの…」がアニメでは「カット５」に対応するが、その一瞬、その言葉を受け入れるまどかの姿「カット６」（ずり下げ）がアニメでは挿入されている。このようにフィルムコミックでは削除されたカットが、当然のことながらアニメ映像には存在し、またコミックでは表現しづらいために省略される「ずり上げ」「ずり下げ」の効果がアニメ本編では二人の心の温度差をより強く対比するために用いられていることがわかる。これは、アニメ表現では効果的な役割を果たす「つなぎ絵」が、コミック表現では過剰表現にあたるため、読みにくさを回避するために省略されていることを意味するものである。そのためフィルムコミックは全体として映像がもつ間合い、余韻が消失する傾向にあり、アニメ作品の単なるメモリとして存在することが理解される。

そしてフィルムコミックの５コマ目のほむらの零(こぼ)れ落ちる涙は、アニメ映像では飛び散る様子が描かれている。アニメ映像のほむらの情動的な激白は、フィルムコミックでは悲恋に近い情緒的なものとして再構成されているのである。この演出の変更によりアニメの細やかな「カット８～11」はコミックでは省略されることになる。またフィルムコミックの６コマ目に対応するアニメ映像では、画角を変えて二度同じ画面が映しだされる（カット13）が、コミックではくどくなるために省略されている。同様の理由からフィルムコミックの7コマ目は、アニメの「カット8〜11」の省略にともなうシーンの軽さを補うために、まどかの顔から瞳をトリミングすることで、読者にインパクトを与えようと試みている。

さらにフィルムコミックの8コマ目、9コマ目のほむらの情緒的なセリフ(「私ね……未来から来たんだよ……」から「あなたが死ぬところを見てきたの……」)のセリフは、アニメ映像ではフィルムコミックの10コマ目(ほむらがまどかに抱きついているカット)に、同じコマのセリフとともに充てられている(カット21)。しかもアニメでは、その画像が、ワンフレームのなかに三面鏡のように並写(実際は右はじが欠けた四面鏡)されている。それは何度繰り返そうとも、ほむらとまどかは同じ運命をたどらざるを得ないことを暗示しているが、このような心理的映像も省略されている。さらに、こうしたアニメ映像に対するコマ割りの定則は、二人の緊張感を再現するアニメ映像「カット17〜20」を冗長なるものとして縮減するために、「カット21」のほむらの長ゼリフを、逆にコミックの「8〜10コマ」に分散する結果をもたらしている。

このようにフィルムコミックでは、実映像の繊細な作り込みが解体され、キャラクターの主観に寄せられわかりやすく再編集されている。全体として表2(p.256)のシーンがアニメの27カットから、コミックでは14コマに、ほぼカット数が半数に縮減されている。

それは映像表現を画像表現に編集する際に発生するメディア特性の違いに基づくものといえるだろう。少々くどくなるが、たとえばそれは次のような例にもうかがうことができる。フィルムコミックの12コマ目のほむらのセリフ「ごめんね……訳わかんないよね……」〜「気持ち悪いよね」までは、本来は11コマと12コマの間にあるアニメ映像の「カット23」(まどかの背中にクロスされたほむらの腕のアップ)において語られているのであるが、コミックではそのカットは省略されている。このようなアニメ映像の「改変」におけるコミック表現の省略にともなう顔（表情）と発話の一致による主体の明示化は、アニメをベースとしたフィルムコミック制作の特性を如実に物語るものとなる。それは声（発話）によりキャラクター認知が可能になる視聴覚映像（アニメ）と活字（発話）が視覚的にキャラクターと結びつく視覚映像（マンガ）の機能の違いから生まれるものといってもよいだろう。

3．アニメにおける音声（あるいは音楽）の映像に果たす役割

映像に付随する音声、音楽は、テレビアニメの到来以降、映像を引き立てる役割をなすものと思われてきた。しかし私たちは直観的にも経験的にも、音声が映像を支えていることをよく知っている。それればかりか音声、音楽は映像に新たな意味を付け加え、新鮮な演出効果を生みだすことが頻繁にある。周知のように人間の感覚世界においては、視覚がその中心的役割を担っていることは否めない。とりわけ映像作品においては、皮膚感覚による生理的影響をのぞけば、視覚と聴覚がほぼ視聴者の全感覚を占めるといってもよいだろう。視覚は空間情報の処理に、聴覚は時間情報の処理にその特性を発揮するが、アニメ映像の解析において、視聴覚間の関係性を明らかにすることは大変重要な意義をもつことになろう。本節では、以下２点について論をすすめてゆく。

(1) 音声の発生源の有無、「オフ」の音声がもたらす物語世界への影響。
(2) 音声（あるいは音楽）と映像の相互作用が視聴にもたらす影響。

これらの音声と物語世界、音声と映像の関係性は、実際のアニメ作品ではどのように表現され、私たちの視聴覚に影響を与えているのだろうか。引き続きＴＶ放映版「魔法少女まどか☆マギカ」を題

材に論述する。

3.1　音声の発生源のオン・オフの違いによる物語世界への影響

ミシェル・シオンは、映像における音声の基本的役割を「フレーム内の音」「フレーム外の音」「オフの音」に分別し、音声は映像に対して自立するものではなく、映像に依存しつつ浸潤し、また映像から横溢（おういつ）するものとした(注6)。シオンはその論考でキューブリックの映画『２００１年宇宙の旅』の音声解析をおこない、無音の宇宙空間に響く音声・音楽の意味、コンピュータＨＡＬ９０００（以下ＨＡＬ）の声の役割について論じている。すなわち音声は「場面内の（物理）音」、「注釈的な（心理）音」の両義性を有することから、映像空間に統一性をもたらすだけでなく、音因なき音声（オフの音）をめぐっては、映像の神秘性、物語の全知的役割を導くことすらあることを示す。

このシオンの論述に沿って考えれば、『魔法少女まどか☆マギカ』を音声的視点から読み解くとき、まず気になるのがインキュベータ（キュゥべえ）の存在である。「まど☆マギ」におけるキュゥべえはある意味で『２００１年宇宙の旅』のＨＡＬの役割を担っているといえるだろう。ＨＡＬは物語世界において、いつでも「どこにでも存在し、すべてを見る、すべてを知り、完全な能力を持っている」が、キュゥべえは、個体でありながら多体（複数体）として全宇宙に偏在し、その死による個体の経験と思考は即座にすべての他体に伝授されている。またＨＡＬはコンピュータとしての実在感よりもはるかに声の存在感が高いが、キュゥべえもまた、そのかわいい姿とは裏腹に、高度な論理性を発揮する知的生命（声明）体として描かれている。ＨＡＬの声は音因不明の男声音であるが、キュゥべえの声も、口が開かずに発声されているためにその発生源がわからない中性的かつ神秘的な音質からなる。さらにＨＡＬのすべてを見通すレッド・アイは、全宇宙の過去から未来を見通すキュゥべえの赤い目に受け継がれている。一点違いを述べれば、ＨＡＬは無機体のためその声はより人間らしく響くが、キュゥべえは有機生命体であるためにその声はより機械的に響くかの違いがある。

このようにＨＡＬとキュゥべえに共通する性格特性は、その声の音源がたとえフレーム内に描かれている映像主体（由来）のものであったとしても「オフ」の音（声）のように機能し、またそうであるがゆえに、その声が新たな謎を提示する、物語のすべてを見通す「全知・全能」的機能を担っているようにみえることである。その声は物語世界を見届けるナレーターであり、物語創造に関わる神的役割を果たしているといってもよいだろう。ここには、シオンの音因不明の音声そのものをさす「アクースマティック」（acousmatic）と、すでに音因を特定し、その発生源の残像をイメージできる「アクスメートル」（acousmêtre）の機能が横断していることがわかる。ＨＡＬにおいては、その「アクースマティック」が、その機能停止（声の消滅）により「アクスメートル」に変わるが、キュゥべえのそれは、「アクスメートル」が、魔女と魔法少女たちを結ぶ物語世界の語り部として、不気味な「アクースマティック」に変わってゆくのである。[注7]

このようにみた場合、『魔法少女まどか☆マギカ』におけるキュゥべえの発声は、その発話内容とともにその声質そのものが重要な意味をなしていることが理解できよう。[注8]

3.2　音声（あるいは音楽）と映像の相互作用が視聴にもたらす劇的効果

音声には映像空間に統一性をもたらす機能がある。それは場面内外の様々な具体音と心理音が「効果音」として織り交ぜられることにより、映像世界に新たな意味を付与し、物語全編に明らかな影響をもたらしている。このような前提にたち、本項ではさらに音声（あるいは音楽）と映像の相互関係性についてみてゆく。それはひとまず以下の指標にまとめることができる。

(1) 声と効果音、音楽の重層性がシーンにもたらす効能について

(2) 音楽と映像のスピード、リズム、テンポ間の位相による構造的調和

(3) 音声と音楽の質と映像の濃淡、肌理がもたらす意味的調和

これら3つの視点からアニメ映像における音声と音楽の役割を意味づけてゆく。

(1) 声と効果音、音楽の重層性がシーンにもたらす効能について

表3は、図1に描かれるアニメのシーン(第11話)を音声視点から再構成した「サウンドマップ」である。

まずは具体音・心理音と声の重なりによる音声の演出とシーンに流れる音楽の重層的関係についてみてゆく。ほむらのまどかに対する秘めた想いが激白されるこの一連のシーンは、ほむらのテーマ曲である『Puella in somnio』(夢の中の少女)、『Inevitabilis』(不可避)が映像とともに並走している(注9)。ホ短調からなる「哀しみ」の円舞ともいえるこの両曲の主旋律は「カット0」から「カット14」、「カット20」から「カット26」にかけて流れ、決して未来を変えることを許されないほむらの寂寥感、永遠のループ地獄から抜けだすことができないその哀しみを鎮魂する意味合いをもつ曲となっている。

A−B−A′の三部形式からなるこの劇伴は「カット0」から「カット14」、「カット20」から「カット26」いずれもAが使われている。Bのメロディアスな展開部分(ト長調:平行調)は、「カット26」以降のほむらの告白シーンに添えられている。前半のシンセサイザー・バージョン『Puella in somnio』は、シーンのミステリー性を演出し、後半のピアノ・バージョン『Inevitabilis』は、ほむらの積み重なる行動の謎が解かれ、まどかにその叶わぬ思いを伝える「悲恋」シーンで使われている。不思議なことに、この楽曲は4分の3拍子のゆっ

表3　サウンドマップ

カット	映像主体	具体音	心理音	声：セリフ	音楽	音響
0	ほむら（振り返り）		ギューン		Puella in somnio（シンセ）	フェイドイン
1	ほむら（かたむく）	カタッ			神秘的イメージ	
2	ほむら（横顔）			ほむら		
3	まどか（顔）			まどか		
3	まどか（顔）ずり上げ			ほむら		
4	ほむら（シルエット）			ほむら		
5	ほむら（振り返り）涙		キューン キラキラ	ほむら		
6	まどか（身体・正面） ずり上げ					
7	ほむら（飛び散る涙）		ギューン キラキラ			
8	ほむら・まどか（俯瞰）					
9	ほむら（なびく髪）					
10	まどか（顔アップ）	ドッ	ドン	うっ（まどか）		
11	ほむら（巻きつく腕）					
12	ほむら·まどか（抱擁）1		キラキラ			
13	ほむら·まどか（抱擁）2		ギラギラ			
14	まどか（顔）		シュッ	ふっ（まどか）	Puella in somnio（シンセ）	カットアウト
15	ほむら（顔）	ズッ				
16	まどか（瞳）			あっ（まどか）		
17	ほむら（顔）	ズッ				
18	まどか（瞳）			あっ（まどか）		
19	まどか・ほむら（俯瞰）	ヴォー ➡	ヴォー			
20	まどか·ほむら（抱擁）3				Inevitabilis（ピアノ）	フェイドイン
21	まどか·ほむら（抱擁）4 四画面			ほむら	感傷的イメージ	
22				まどか		
23	ほむら（巻きつく腕）			ほむら		
24	まどか·ほむら（抱擁）4			ほむら		
25	ほむら（横顔）セリフ					
26	ほむら・まどか（設定）		ヴォー	ほむら		

※表2のカット内容をそのままに、フィルムコミックのコマ番号に対応させるためにカット2と1を入れかえています。

※「映像主体」の名前の順はポジショニングに基づくものではなく、映像における主導主体を示します。一番目（左）が主導し、二番目（右）が受動することを意味します。

※カットごとに秒数を示さない理由は表2に同じ。

たりとしたリズムでありながら、８分音符２つの連続でフレーズを形成する特徴を有するために、映像全体としてゆったりと寄せては返す波のような規則性（落ち着き）をもちながら、かつほむらの胸の高鳴り（鼓動）にともない目まぐるしく変化するカット割りにも対応することを可能にしている。

さて、次は具体音と心理音についてである。まずは「カット０」から「カット13」までをみてゆこう。前者はまどかの言葉に揺らぐほむらが膝を崩して脚をならす「カット１」（カタッ）、感極まったほむらが、駆け寄りまどかを抱きしめる瞬間、身体がふれ合う「カット10」（ドッ）の２か所で使用され、後者はまどかの言葉に反応するほむらの心の衝撃音「カット０」（ギューン）、激白するほむらの純粋性を象徴する金属的な美しい装飾音「カット５」（キューン／キラキラ）・「カット７」（ギューン／キラキラ）、まどかの心の震撼を表す衝撃音「カット10」（ドン）、二人の抱擁の美しさを際立たせる装飾音「カット12」「カット13」（キラキラ／ギラギラ）の６か所で使用されている。重要なのは、単独で使用されていた心理音がセリフと交錯する「カット５」、具体音とともにまどかの心理音、感嘆詞（うっ）をともなった「カット10」である。前者は心理音がほむらのセリフにともなう心の傷みとその解放を、各々「キューン」と「キラキラ」の二重音で表し、後者はほむらとまどかの現実的な「ふれあい」音（ドッ）、まどかの心の衝撃（ドン）を、その身体と心理の二重の衝撃（うっ）として感嘆させている。『Puella in somnio』は、「カット０」から「カット13」までの間、具体音と心理音を阻害することなく、その音声的効果を支えるように静かに流れている。

ここから音と声、音楽の役割、相互関係性（重層的聴取）がある程度見通せることになる。それはまず、具体音と声（あるいは言葉）が現実的世界の基礎をつくり、次に心理音がキャラクターの内面世界として重ねられ、最後に音楽が映像世界と音声世界に統一感をあたえ、シーンそのものの豊かな世界観を形成してゆくのである。

では、次にこの一連のシーンに転換をもたらす「カット14」から「カット18」をみてゆこう。ほむらの鼓動と体温を感じとるまどかの狼狽を表す心理音「シュッ」と感嘆詞「ふっ」とともに始まるこのシーンはとてもナイーブな音のつくり込みがなされている。まどかの肩に顔を埋めるほむらによってもたらされる衣擦れ音「ズッ」と、まどかによって発せられる感嘆の声「あっ」が、二度にわたり反復されることにより、それは視聴者の心に著しい共震をもたらしてゆく。とりわけ「カット15」からは、心理音が重ねられることもなくなり、また音楽が中断（カットアウト）されることにより、ほむらとまどかの身体のふれあいから発する生音が、二人の現実感（官能）をよりいっそう高めることになる。ここで重要なことは、静寂下に流れる音声が、私たちの聴取感覚を鋭敏にする「補充的聴取」作用を最大限に活用していることである。それは二人の心の間に血がかよい始める端緒として鋭く私たちの心に印象づけられるのである。しかし、ここで続く「カット19」から「カット26」にかすかに流れる振り子の反復音「ヴォー」が、視聴者の心情をなおも不安に巻き戻す心理音に変化している。感動的な抱擁シーンに、二人の未来に一抹の不安を与え続ける「警戒音」がなおも響き続けるのである。

(2) 音楽と映像のスピード、リズム、色調間の位相による構造的調和

様々なアニメ楽曲をてがけ、独自の音楽ユニットを育てる梶浦由記の「まどか☆マギカ」の音楽全編は、一般にＢＧＭではなく「ＦＧＭ」（フロント・グラウンド・ミュージック）の代名詞といわれている。単なる映像に添付されるユニゾン、コントラプンクト（対位法）などの方法論を超えて、映像と音楽そのものの相乗効果を、視聴者の心象風景のなかに創造する、それが梶浦の劇伴の神髄である。(注10)

たとえば第11話のシーン（表３）は、前節のとおり全体の映像が４分３拍子の一貫したリズムを保っている。それはほむらのテー

マ曲『Puella in somnio』(夢の中の少女)、『Inevitabilis』(不可避)のリズムに一致するのであるが、シーン全体の流れを統制するほむらの部屋の時間を刻む「振り子」のリズム(心理的時間)とも一致するものである。このリズムは人間の心臓音(4分の3拍子と4分の4拍子の間)とほぼ同じリズムであり、視聴者の心を落ちつかせる力をもっている。それはまた、視聴者の生体のリズム上に「哀しみ」(ホ短調)が奏でられることにより、これから始まるほむらの告白を私たちが自然に受けとめられるよう態勢を整えることになる。またほむらの部屋全体の色彩は無色に近い不透明感で覆われ、その輪郭はゆるやかに設定されている。それはシンセサイザーが奏でる「銀色」音とマッチし、ほむらの心理状態に同期することで、ほむらの声、映像、音楽が類同の位相を保ちつつ、ゆるやかな結合を果たしていることがわかる。

次に例にみるのは第3話で開眼したマミのテーマ曲『Credens justitiam』(正義を信じて)である[(注11)]。4分の4拍子からなるこの楽曲は、A–B–A′–B′–A″のロンド形式からなる。それはアレグロのベースラインを基礎とする軽やかなミニマルミュージック感を下地に、フレーズは原則的に6小節、また第7音である「ソ」を極力使わないことにより異国情緒あふれる民族音楽的な響きを奏でている。またメロディはA展開が上行し、B展開が下行することによりマミの躍動感を表すにふさわしく、四度の上行跳躍進行が用いられることにより強い疾走感を感じさせることができる。調性はA(変イ長調)–B(へ短調)–A′(イ長調)–B′(嬰へ短調)–A″(イ短調)からなり、マミの軽やかでスピード感あふれる変幻自在な戦闘スタイルを物語るかのような華麗な響きをともなっている。第3話の戦闘シーンは、初めてまどかをともなって、魔女と闘うマミの晴ればれしい心持ちを表すA′(イ長調:快活)–B′(嬰へ短調:妖美)の展開部(平行調)を採用している。それは、お菓子の魔女に食べられ命を落とすマミの暗転を予兆し、続くマミのリスクが最高潮に達する楽曲『Venari strigas』（魔女狩り）によって、いよいよその死を明示されることになる。それは同曲がマミのテーマ曲を上回る「トライバルなトランスビート」アレンジの速いテンポ（4分4拍子：マミの鼓動の高まり）であることからもうかがうことができる。ここで気づくことは、ほむら、まどか、さやかのテーマ曲が、いずれも生体のリズムに近い4分の3拍子で奏でられているのに対し、4分の4拍子の「機械」的なリズムを刻むマミのテーマ曲は、その音律が軽快かつ爽快であればあるほど、あたかもそれは彼女の非業の死を暗示しているかのように聴こえてしまうことである。それは血を暗示するかのような滲んだピンク色の背景の中にマミ（イエローカラー）が浮き上がり、ほむらの封印（血色）が解け広がる暗黒色の背景に映像が支配されることにより確実のものとなるのである。(注12)

そして最後の例はまどかのテーマ曲である『Sagiita luminis』（光の矢）である。(注13)この曲は最終12話Aパート前半で「ワルプルギスの夜」に対し、まどかがそのすべての呪いを受けとめ、過去から未来にわたる地球上すべての魔法少女たちの「穢れ（けが）」を浄化し、宇宙に存在するすべての魔女を消し去るシーン、続いてAパート後半、絶望するほむらに優しく応えるまどかの「円環の理」（ことわり）シーンに流れる壮大な劇伴である。音波の速度はモデラート（中庸）からなり、リズムはほむらのテーマ曲と同じく、私たちの心に安穏をもたらす4分の3拍子で奏でられる。そのフレーズは基本的に4小節と6小節で構成されているために、独特の浮遊感をともない、私たちに最大限の心地よさを与える楽曲になっている。それはオーボエ―ストリングス―ストリングス―オーボエとストリングスの四部構成によるオーケストレーションにより展開される。また調性は「確信」と「希望」を意味するイ長調から「華美」で「雄大」な宗教的色彩をともなうニ長調に転じ、「優美」で「安静」なる境地に達するト長調で結ばれている。

この曲が導く一連のシーンは、前半はまどかが魔法少女になることを決意するマミの部屋のシーンから『Sagitta luminis』の音符不在のイントロダクションが涼やかに響くなか、マミの問いに応ずるまどかが口を開くところから始まる。「いいんです。そのつもりです。希望を抱くのが間違いなんて言われたら、わたし、それは違うって……何度でも、そう言い返せます。きっといつまでも言い張れます」と。[(注14)] このとき「希望」という言葉を誘うかのようにオーボエの甘い旋律（ジュピター音型）がイ長調のラインとともにフェイドインし、「ガシゥーン」と響く射手の轟音とともに変身するまどかの目前に広がるワルプルギスの夜の笑い声のなか、オーボエの旋律がストリングスの響きとともに壮大に鳴り響いてゆく。そして緑髪の少女が命尽きるその間際に、朱光の矢となったまどかが降臨し、少女の孵化しかかったグリーフシードを浄化するシーンで、さらに音波はニ長調に劇的に転じる。そしてまどかが茶髪、オレンジ髪の少女、バイキング風の少女、紫髪の少女を次々と浄化し、自らが魔女にならずに済むことを知り、その涙とともに静かに息を引きとるシーンから、戦火におびえるイスラムの少女の嗚咽に至り、音波は徐々に収束に向かう。ここで絞りこまれる音響にそって、まどかの魔法少女たちへのメッセージが天から降り注がれる。「あなたたちは誰も呪わない。祟らない。因果はすべてわたしが受け止める！　だからお願い。最後まで自分を信じて」と。そしてまどかの願いに応えた卑弥呼、クレオパトラ、ジャンヌ・ダルクが、自らの死に際しても「希望」を胸に秘め、生きる意志を強くその瞳に宿してゆく。まさに「ＦＧＭ」が、まどかの「祈り」にこめられた願いとともに「ＢＧＭ」に変化する瞬間、「女神」となったまどかの姿を象徴するかのように舞い降りたミューズが私たちの胸のなかで輝き始めるのである。それは、次目の言説を先取りすれば、まどかの「希望」とその朱光（イメージカラー）を最大限に拡張した音楽と映像の輝きに満ちているのである。[(注15)]

(3) 音声と音楽の質と映像の濃淡、肌理がもたらす意味的調和

本目では、2目までに論述した映像と音声、音楽との関係性を、第1節で述べた映像の応用設計としてのモンタージュの視点にそって検証する。ここでは、エイゼンシュテインのモンタージュの理論から、映像全体のテクスチュア（トーン・モンタージュ：濃淡の連繋）と変動主体のテンポ（リズミック・モンタージュ：被写体の連繋）との関係についてふれておきたい。(注16)

映像の原則では、クロースアップは明確な背景との対比でときに前景でアップされた画像の肌理(きめ)の粗さが目につくことがあるが、一般的には緊張感を醸し、映像全体は固定されているか緩慢に動き、その運動量が少なく、焦点化されている分だけ画像の肌理が細かい傾向がある。それに対し、ミディアムショットは流動性を有し、映像全体はクロースショットよりもスムーズに動き、その運動量は大きい分だけ画像の肌理が粗くなる傾向がある。さらにロングショットは、背景や物語設定とかかわるキャラクターのフルショットが多く、画面の動きは固定的もしくは漸次的運動を擁し、変動主体の運動量が比較的小さいため、映像全体の肌理は粗い傾向にある。このように映像のオプティカルフロー（映像の濃淡の流れ）は映像の配列により変化し、色彩のコントラスト、濃度に加え、輝度により変化する。こうした関係性はキャラクターと背景、音楽との関連において、どのように意味づけられるのだろうか。

それでは前目より続けて、「まど☆マギ」第12話Aパート後半シーンについて、その主なる視点を、音声を機軸に示した表3の解析とは逆に、音楽視点から音声・画像シーンへの影響について論じてゆく。キュゥべえがほむらにまどかの行く末を説明する「虚無の闇」でのシーン（中盤）を挟み、Aパート後半はオーボエとストリングスによるト長調の調べが、まどかの存在意義に絶望するほむらの叫びから、「超越神」となったまどかの慈愛に満ちたほむらへの告白シーン（クライマックスシーン）をとおして広がってゆく。この一

連のシーンと音楽の関係は、映像の意味と音楽のイメージがマッチする究極のユニゾン的関係性が映像世界に浸透してゆくものとなる。

その音楽はほむらの嘆きの言葉「これがまどかの望んだ結末だっていうの？ こんな終わり方であの子は報われるの？ 冗談じゃないわ！ これじゃ死ぬよりももっと酷い！酷い……」に、寄り添うまどかの告白「ううん、違う……違うよ。ほむらちゃん」とともに響き始める。再転する『Sagitta luminis』の調べは、まどかの小さな「祈り」を大きな「希望」に育むべく時空を超越した全宇宙に広がってゆく。「今のわたしにはね、過去と未来のすべてが見えるの。かつてあった宇宙も、いつか有り得るかもしれない宇宙も、みんな」。ここから、まどかが亜空間に消えてゆくAパート最終シーンまでの、まどかとほむらの別離のシーンは神々しい朱の色彩と輝き、そして慈愛に満ち溢れたまどかの語りとほむらの嘆きが、音楽と共鳴しながらクライマックスを形づくってゆく。その特徴は以下のとおりである。

(1) 楽曲のリズム（４分の３拍子）が、まどかとほむらの髪のそよぎ、身体を透過する星々の煌めき、天井の白亜の揺らめきと同期している。

(2) 但し、それぞれ細部の動きは同一ではなく、たとえば髪であれば、顔の近くのなびきと先端の髪の動きは流動的なズレがおきている。しかし左右の髪のゆらぎは同調している。また二人の身体を透過する星々の煌めきは、一つの星がまたたく瞬間、他の星が消え、レンブラント光により浮き上がった白亜の天井の網模様は、一方が収縮すれば他方が拡大する有機性をもつ。

(3) 映像はクライマックスシーンにふさわしい意味的調和の画像（画質）からなる。クロースアップにおいては、まどかとほむらの顔の色相は淡く輝度は低い。代わりにミディアムショットでは、その顔、髪の色彩の濃度は低いが、身体を透過する紫紺の色彩（宇宙）と星々の煌めきは大変濃度が高く輝かしい。ロングショットにおいても、まどか、ほむらの身体は、背景同様映像の肌理が低く、二人の存在が宇宙に同化し、その一員であることを物語っている。

(4) (1)〜(3)により、まどかとほむらの存在（色調）は、楽曲のリズムに呼応する映像宇宙のリズムに同調し、その身体性よりも原基的（精神的）存在として宇宙的色彩に同一化してゆく。その効果は、「優美」で「安静」なる境地を奏でるト長調の響き、4小節と6小節で構成される浮遊感あるフレーズ、その反復進行（ゼクエンツ）による永続感溢れるスケールにおいて、まどかの永遠の「聖なる誓い」を視聴者に約束する力を有してゆく。

このまとめにおいて、12話Aパート後半シーンの映像には、聴覚優位性による映像の優美化、すなわち明るい（暗い）イメージの映像に明るい（暗い）印象の音声が加わると映像の明るさ（暗さ）が増すように感じられる共鳴現象を超えた、映像と音楽の組み合わせによる様々な「美しさ」（通様相性）をみいだすことができる。すなわちこのシーンの大枠では全体的に淡い映像の肌理（コントラスト）に優美な音質からなる楽曲（トーン）の肌理が同調するなか、時に淡くくすむ画面配色に高音質の音楽が沿うことで逆に映像の美しさが引き出される聴覚優位の相補的特性（聴覚的捕獲）がみいだされる。そして細部ではまどかとほむらの言葉の響き（聴覚的ラウドネス）に反応するかのように、二人の身体を透過しながらまたたく星々の美しさ（視覚的ブライトネス）を感受することができるのである。視聴者は、このような映像と音楽と音声の三重構造（同期性と位相性）により、まどかとほむらの言葉の響きのなかに、より高次の「聖性」（視聴覚の競合現象）を感じとることになる。[注17]

ここまでみたように、『魔法少女まどか☆マギカ』における映像のリズムは、映像のテクスチュア（トーン・モンタージュ）と映像主体のテンポ（リズミック・モンタージュ）が相互に関係を結びながら、音楽のリズムに同時に結びつくことで統合されてゆくことがわかった。それは視聴者からすれば、絵色が声色と重なり、相互に音色と響き合うことによる精神的な調和を感得するものとなるだろう。

4. おわりに　残された課題について

本章は、アニメ映像における音声と音楽の役割を意味づけることを試みた。紙幅の関係から、映像全体のテクスチュア（トーン・モンタージュ）と変動主体のテンポ（リズミック・モンタージュ）の相互関係によりもたらされる映像特有のリズム（アクセントの時系列パターン：オーバートーン・モンタージュ）について詳細を語ることができなかった。すなわち映像を固定リズム、変則リズム、多重リズム、自由リズムなどの視点から分析すること、またそれらの分析を映像のリズム（視覚的リズム）と音楽のリズム（聴覚的リズム）とのマッチング視点、すなわち垂直のモンタージュ（音楽と映像の造形的類似性）から把握する課題が残されている。

さらにここでは主に映像と音声、音楽の関係性を「調和」的視点から論じたが、映像のリズムと音楽のリズムの微妙なずれ、すなわち音楽と映像のトーン（音調と画調）の単なる不一致ではなく、音楽のリズムが意図的に映像のリズムとずらされてゆくようなパターン、あるいは音楽と映像の組み合わせによる異化効果（リズムの不一致による緊張の発生）について論じることも積み残しされた。

それらを解明することにより、さらに映像と音声の記号的結びつきから生まれる「知的オーバートーン・モンタージュ」、すなわち象徴的イメージが私たちの視聴に与える影響についても、いずれ論じることができるだろう。それはまた別稿に譲りたい。

注

(1) 本章の映像分析については、ＴＶ放映版に忠実なニコニコ動画ダウンロード版を参照している。ＤＶＤ『魔法少女まどか☆マギカ』完全生産限定盤第６巻は､特に第12話Ａパート後半シーン（虚無の闇におけるまどかとほむら）の背景処理の変更が際立つ。まどかとほむらの肉体は肌色に彩色され、宇宙が二人の身体を透過していないためにシーンの神秘性が低下している。その代わり、画面全体の明度がより高く、まどかとほむらの身体は終始神々しい光に包まれるとともに、オーボエの旋律にのって「魔女文字」が軽やかに昇天していることもあり、希望を強くイメージさせるファンタジー色の強い映像に仕上がっている。二人の声に同機し、光が明滅する映像効果はＴＶ放映版と同様であるが、それは作品の解釈に深く関わる映像変更と考えることができる（詳細は注17にて）。

(2) 映像制作の基礎には、マッチカット（被写体の位置の一致、動きの一致、視線の一致)、カットアウェイ、イマジナリーライン原則を踏まえることが前提であるが、本章では古典的解釈に則り、デクパージュは、マスターショット（ワンショット）による複数のカットとクロースアップ（ショット）による心理描写を組み合わせる基礎技術、モンタージュは、一つだけでは意味をなさない複数の映像の断片を組み合わせて刺激的かつ異化効力的な一連のシーンをつくる応用技術とする。

(3) 遠藤大輔『ドキュメンタリーの語り方　ボトムアップの映像論』勁草書房、2013年、55-59頁。

(4) Magica Quartet 原作／まんがタイムきらら編『魔法少女まどか☆マギカ film Memories』（まんがタイム KR コミックスフォワードシリーズ）芳文社、2012年、408-409頁。

(5)「ずり上げ」とは、次のカットの頭の会話（音声）が今のカットの終わりに入ることである。それとは逆に「ずり下げ」は、今のカットの会話（音声）が次のカットの頭に入ることである。

(6) Chion, Michel.「Le son au cinéma」1985／ミシェル･シオン､川竹英克, ジョジアーヌ・ピノン訳『映画にとって音とはなにか』勁草書房、1993年、33頁。

(7) 映画『2001年宇宙の旅』のコンピュータ HAL9000 の「アクースマティック」「アクスメートル」に関する考察は、越智朝芳「ミシェル・シオンによる映画の音声／声をめぐる概念の再考　—映画『二〇〇一年宇宙の旅』の分析を通して—」『Core Ehics : コア・エシックス』Vol.11　立命館大学大学院先端総合学術研究科　2015年3月　に詳しい。

(8) キュウベえ役の声優、加藤英美里は演じた気持ちを次のように語っている。「キュゥべえは感情をセリフに乗せられないから、どのセリフも「説明」みたいな雰囲気が出るように意識しているところはあるかな。でも、実はあんまり考えてやってないかも」「セリフをしゃべっているときはずっと「なんでわかんないの？」とか、「え、こんなの当たり前でしょ？」みたいな気分を頭の片隅においていた感じはありますね」「演じているときはホントにあまり役のことを考えていない。無意識…だと思います」。またまどか役の悠木碧は、キュゥべえの印象について「感情はないんだけど可愛くて、正しくて」「究極のところを突いてくる」「立ててくるリズムで聞くといつのまにか洗脳されちゃう」「すごくこう、機械的なような、それでいて有機的な、人間とはちょっと違うセリフのバランス」と述べている（『劇場版 魔法少女まどか☆マギカ［新編］叛逆の物語 公式ガイドブック』芳文社、2014　98-99頁 参照）

(9) サウンドトラック『魔法少女まどか☆マギカ MUSIC COLLECTION』アニプレックス、2013年、ディスク1 所収。以下分析はすべてこのアルバムの楽曲を対象にしている。

(10)『ユリイカ　特集 梶浦由記』青土社、2015年11月号、57頁 参照。

(11) サウンドトラック『魔法少女まどか☆マギカ MUSIC COLLECTION』アニプレックス、2013年、ディスク1 所収。

(12) 独自の空間デザイン、コラージュ法による結界、魔女のデザイン、登場シーンの背景は「劇団イヌカレー」の手によるが、それは第3話のピンクの魔女空間に限らず、色彩設定、撮影、3D、編集担当とのタッグにより生まれている。（『オトナアニメ　魔法少女まどか☆マギカ＆魔法少女クロニカル』vol.20、洋泉社、2011年、28頁 参照

(13) サウンドトラック『魔法少女まどか☆マギカ MUSIC COLLECTION』アニプレックス、2013年、ディスク2 所収。

(14)『魔法少女まどか☆マギカ』では虚淵玄のシナリオが前もって完成されていたため、音楽はすべて各話ごと具体シーンに合わせる形で曲のイメージが構成されている。第12話Aパート前半、後半の『Sagitta luminis』の曲の尺が、シーンのカット割り（映像の長さ）に見事に対応していることも、また、まどかの発する「希望」の言葉に応ずるかのように音楽が始まることも、音声（言葉）と音楽の見事な連携がおこなわれている証拠となっている。（『リスアニ！　特集　Fate/Zero』vol.07　ソニー・マガジンズ、2011年、15-16頁 参照）

なお、以降のほむらとまどかのセリフは、基本的に、原作・Magica Quartet／シナリオ・虚淵玄（ニトロプラス）／編・ニュータイプ編集部『魔法少女まどか☆マギカ　The Beginning Story』角川書店　2011年からの引用である（わずかであるが、シナリオと実映像のセリフに違いがみられるため実映像に合わせて修正している）。

(15) 楽曲分析にあたり、音源の試聴とともになされた譜読みは『ピアノ・ソロ　梶浦由記 作品集』シンコーミュージック・エンタテイメント他、インターネット・ダウンロード（通販版）を参照した。また筑紫女学園大学の今釜亮氏に支援、御指導をいただいた。ここに感謝を申し上げる。

(16) セルゲイ・エイゼンシュテイン『エイゼンシュテイン全集 6』キネマ旬報社、1980年、318、378頁 参照。

セルゲイ・エイゼンシュテイン『エイゼンシュテイン全集 7』キネマ旬報社、1981年、148頁 参照。

(17) DVD『魔法少女まどか☆マギカ』完全生産限定盤第6巻におけるこのシーン（第12話Aパート後半）は、明度の高い背景色に輝度の強い光の明滅が多用されており、優美な音楽は白抜きの「魔女文字」の昇天と視聴覚的同調を果たし、さらに映像全体の輝きを印象づける強い共鳴現象をおこしている。またまどかとほむらの声は、またたく星々の光の明滅と動機する点において、その効果はTV放映版と変わらないが、まどかとほむらの身体がより実在的に描かれていることから、暗黒宇宙にまたたく一瞬の光としての人類のはかなさ（TV放映版）と暗黒宇宙を照らし一切の魔女を天理に導く女神の慈愛（DVD完全生産限定盤）の相違がより明確になっている。

参考文献（注に記していないもの）

ピーター・ラディフォギッド／竹林滋・牧野武彦 訳『音声学概説』大修館書店、1999年。

R. マリー・シェーファー／鳥越けい子 訳『世界の調律 サウンドスケープとはなにか』平凡社、2006年。

岩宮眞一郎『音楽と映像のマルチモーダル・コミュニケーション 改訂版』九州大学出版会、2011年。

デイヴィッド・ゾンネンシャイン／シカ・マッケンジー 訳『Sound Design 映画を響かせる「音」のつくり方』フィルムアート社、2015年。

大石雅彦『エイゼンシュテイン・メソッド　イメージの工学』平凡社、2015年。

補　説　海外アニメーションと日本アニメ
――表現技法の多様性と異文化受容

中垣恒太郎

アニメーションの語源がラテン語で「霊魂」を意味する「アニマ」に由来し、動かないものに生命の息吹を注ぎ込むことを原義としていることに立ち返り、現在なおもその可能性を様々な技法により探究し続けている世界のアニメーションの多様なあり方に目を向けてみよう。表現技法の革新と伝統の継承、アニメーション文化のみならず文学・映画・絵画など様々なメディアからの影響、吹き替えによる異文化受容を通して浮かび上がる比較文化など、海外アニメーションを参照することで見えてくる側面は数多い。

本稿では主に「米国のアニメーション文化史」、「日本アニメ文化の海外受容」、「米国以外の海外アニメーションの多様性」の観点から、海外アニメーションを比較考察する可能性を展望する。

1．米国のアニメーション文化史

1.1　米国アニメーションの先駆者ウィンザー・マッケイ

アニメーション文化に対して強い影響力を持ち続けている米国のアニメーション文化の歴史的展開について概観しておこう。

米国におけるアニメーション黎明期の作品として、ウィンザー・マッケイ（1867-1934）の新聞連載漫画『眠りの国のリトル・ニモ』（1905-11）のアニメーション映画版『リトル・ニモ』（1911）をまず挙げることができる。マッケイはアメリカの新聞漫画およびアニメーションの発展を牽引した人物であり、『リトル・ニモ』は彼の代表作であるが、アニメーション版はわずか２分ほどの実験的な作品にすぎなかった。しかし、その後、背景を含め一枚ずつ描く「ペーパー・アニメーション」の手法を用いて制作された『恐竜ガーティ』(1914)、大正時代に日本でも公開されていたドキュメンタリー・アニメーション『ルシタニア号の沈没』(1918)、セルに移行して制作された『チーズトーストの悪夢』(1921)などは、それぞれ10分程度の短編ではあるが、アニメーションの可能性を飛躍的に高めた作品であり、マッケイこそが米国アニメーション映画の創始者と称されるゆえんともなった。

マッケイはアメリカン・コミックス誕生以前の米国コミックス文化を代表する存在でもあるばかりか、マッケイのコミックス『レアビット狂の夢』はアメリカ初期映画を牽引したエドウィン・S・ポーター(1870-1941)によって実写映画化(1906)されていることから、マッケイが20世紀の新しい視覚メディア表現文化を繋ぐ役割をはたしている。

代表作となる『恐竜ガーティ』はまだセルが発明されていなかった時期であり(1915年にセルが発明される)、技術的に背景とキャラクターを同じ一枚の紙に描かなければならなかった。この作品は「実写」と「アニメーション」の2つのパートに大別されており、まずマッケイ自身が実写で登場する。博物館で恐竜の化石の展示を前にして、恐竜を動かすことはできないだろうと友人に挑発されたマッケイは、恐竜を現代に甦らせてみせようと宣言する。そこから半年もの間、動画を描き続け、ついにはその制作過程をも描き込んでいる。満を持して友人の家で開かれたパーティにて、マッケイは皆の前で「出てこい、ガーティ」と呼びかけ、作品を得意げに披露するところからアニメーション・パートに接続される。『恐竜ガーディ』は19世紀から続く見世物文化の延長として、恐竜という絶滅した存在に生命の息吹を注ぎ込むというアニメーションの原義を体現する作品になっている。また、その制作過程をも映し込む、いわば、メタフィクションの構造になっていること、さらに、女の子の恐竜という愛嬌あるキャラクターを創造しえたことも、アニメーション文化史上、特筆に値する。

ファンタジーの趣が強い『恐竜ガーディ』に対して、同じマッケイによる『ルシタニア号の沈没』は、1915年に起こった沈没事件に触発され、3年もの歳月を費やし、生存者への取材をもとに制作されたドキュメンタリー・アニメーション作品である。第一次世界大戦中、イギリスの豪華客船ルシタニア号がドイツ軍の攻撃を受け、1198名の乗客が死亡する事件が起こり、その犠牲者に128名ものアメリカ人が含まれていたことから、米国内で参戦の世論が沸き起こる契機となった。この『ルシタニア号の沈没』もまた、米国の参戦を鼓舞する狙いが込められていたが、実際には長い制作期間がかかったために完成した際にはすでに世界大戦は終わっていた。アニメーションの表現史において注目すべきなのは、風、波、煙、爆発などを視覚的に動画しえた、その写実的な描写のあり様である。

1.2　アニメーション映画の黄金時代——ディズニー、フライシャー兄弟

米国アニメーション映画文化史上の大きな転換点となるのは、ウォルト・ディズニー(1901-66)の登場であり、1928年の『蒸気船ウィリー』は、前年に登場したばかりのトーキー導入を踏まえた、世界初の音入りアニメーション映画となった。ディズニーは三次元的な奥行を表現する効果を生み出す手法であるマルチプレーン・カメラを導入した『風車小屋のシンフォニー』(1937)にて第10回アカデミー賞短編アニメーション部門・技術アニメーション部門賞を受賞するなど技術面における革新を追求し、名声を高めていく。さらに、史上初のカラー長編アニメーション映画『白雪姫』(1937)において芸術としてのアニメーション映画の評価を決定づけた。

1930年代はディズニーが圧倒的に成功をおさめていたが、他の製作者も果敢に新しいアニメーション映画の技法を考案していた。初期ウォルト・ディズニー・カンパニーのもっとも重要な競争相手

がフライシャー・スタジオのフライシャー兄弟（マックス1883-1972、デイブ1894-1979）であろう。『花形ベティ』（1932）のベティ・ブープや『ポパイ』は1930年代前半を代表するキャラクターとして人気を集めた。また、アメリカン・コミックスのスーパーヒーローを題材にした高品質な連作短編『スーパーマン』（1941-43）を送り出した功績でも知られる。フライシャー・スタジオは、ディズニーのカラー映画よりも早く、1936年には『ポパイ』のテクニカラー短編、『船乗りシンドバッドの冒険』を製作しており、その後にも『ポパイの魔法のランプ』（1939）、『ガリバー旅行記』（1939）、『バッタ君町へ行く』（1941）などを立て続けに発表する。

『バッタ君町へ行く』は、後年に再評価され、キャラクターの人気も根強く、フライシャー兄弟は「アニメーション産業の先駆者」と称されるようになるが、公開当時は観客に受け入れられず興業的に失敗し、フライシャー兄弟は自身のスタジオから解雇され、現場からの撤退を余儀なくされる。

しかし、人間の動きを映しとる「ロトスコープ」の手法や、三次元の奥行きや立体感を表現するための趣向。さらにテクニカラーによる鮮やかな色彩に、ミュージカル・コメディと銘打たれて宣伝がなされていることなど、後のミュージック・クリップの先駆に位置づけられるような音楽の効果的な用い方は後年、高く評価されている。

再びディズニー・カンパニーに目を転じるならば、1950年代にかけて、『わんわん物語』、『ピーター・パン』、『101匹わんちゃん』、『シンデレラ』、『眠れる森の美女』など児童文学のアニメーション化を推し進め、「第一次黄金期」として安定した人気を誇る。その一方で、膨張する制作費などの問題からディズニー以外の製作会社はアニメーション映画部門の縮小、撤退を余儀なくされる。1950年代後半以降はさらにテレビの普及により、米国のアニメーション映画の黄金時代は終焉を迎え、アニメーションの中心はテレビに移行していく。

1966年にウォルト・ディズニーが亡くなって以後、スタジオは長期にわたり低迷するが、1989年の『リトル・マーメイド』以降、『美女と野獣』(1991)、『アラジン』(1992)、『ライオン・キング』(1994)といった作品を成功させ、「ディズニー・ルネサンス」(1988~99年とされる)と称される「第二次黄金期」を迎える。有名な物語を題材に新しい時代の表現技法と解釈を駆使した作品によりディズニーのブランド名が再び高まっていく。その一方で同時代の多文化主義の流れを受けて、『ポカホンタス』(1995)、『ムーラン』(1998)に代表されるように、ネイティブ・アメリカンの神話や中国の伝承をアメリカの物語に変容させてしまう傾向は賛否両論の議論を招く。

ディズニーにまつわる研究は盛んになされており、ウォルト・ディズニー自身に対する評伝研究、アニメーション史における作品の位置づけ、そして現在なおも世界的な規模で作品を制作し、流通させ続けているディズニー・カンパニーの経営戦略に対する「文化のグローバル化」をめぐる文化研究などその領域は多岐にわたる。

2．越境する日本アニメ

日本でもテレビの登場以降、「テレビ漫画」と称されていたテレビアニメが人気を博し、発展を遂げていくことになるが、本項では日本のアニメ文化をめぐる海外流通の観点から概観する。

1960年代に制作された日本のテレビアニメシリーズは、ほぼ同時代に米国でも放映がなされている。米国の三大ネットワーク局に位置づけられるNBCなどにより『鉄腕アトム』(1963-66)は『Astro Boy』として、『鉄人28号』(1963-66)は『Gigantor』として、『マッハGoGoGo』(1967-68)は『Speed Racer』として、それぞれタイトルのみならず、登場人物の名前が変更されたり、暴力的な描写が和らげられたりするなどの改変がなされながら流通していた。同時代の主に子どもの視聴者は、吹き替え版の特性からも日本の文化としての認識を抱くことなしに受容していたと見込まれる。テレビの海外流通をめぐる実態はたどりにくいものであるが、マスメディアであり、子どもの視聴者に対する影響力をめぐる上で興味深い論点を多くもたらしてくれるものである。

社会現象を沸き起こしたテレビアニメの金字塔、『宇宙戦艦ヤマト』（1974-76）は米国では1977年に再編集された劇場版『Space Cruiser Yamato』として公開され、1979年からは『Star Blazers』という題名で都市部を中心にテレビ放映がなされている。宇宙戦艦ヤマトの艦名はギリシア神話に登場する「アルゴー船」に変更され、登場人物もアメリカ人になじみやすい名前に変更されている。米国全土での人気を得るまでには至らず、東海岸を中心に視聴地域も限定されていたが、その後、『超時空要塞マクロス』（1982- ）に代表されるロボットアニメ・ブームに継承される。緻密な「メカ」設定と描写、成熟した人間ドラマの物語に対するファンの関心が高まり、後に日本アニメが海外で人気を得る下地を形成する。

分岐点となるのが、1990年前後にジブリのアニメ映画や『AKIRA』（1988）などを通して、米国の文化と異なる日本文化に特別な要素を期待して受容する層が登場する時代であろう。さらにその後、インターネットやグローバルなメディア環境の変化に伴い、1990年代末にはアニメーションのテレビ専門チャンネル「カートゥーン・ネットワーク」などにより、「スーパーヒーローもの」や「懐かしいアニメーション作品」に特化した専門チャンネルが整備され、日本のアニメを含む海外アニメーション作品の放送も積極的に展開される。『ポケモン』、『ドラゴンボール』、『セーラームーン』などを皮切りに、『犬夜叉』、『鋼の錬金術師』、『BLEACH』、『NARUTO』などの作品をほぼリアルタイムで大量に受容することが可能となり身近な文化として定着していった。吹き替えによる受容が一般的であることからも、日本アニメを特別な異文化と認識することなく、グローバル化、無国籍化がもっとも進んでいる領域である。同時に、アニメを契機として日本語や日本文化への関心を抱く層ももたらされている。

2010年代を超え、多様化をきわめる日本のテレビアニメ文化に対してもインターネットや多チャンネル化を媒介に、リアルタイムでの配信がますます発展を遂げると同時に、好みの細分化も進んできている。めずらしい例として、アニメ版『ドラえもん』(1979-)は1980年代からアジアやヨーロッパで人気を博し、90年代初頭からはさらにイスラム圏や中南米も含めたほぼ全世界で放映されているにもかかわらず、米国では長年にわたり放映されることがなかった。のび太の依存体質で怠惰な性格、ジャイアンによるいじめ、しずかちゃんのステレオタイプな女性像、学校教師やお母さんの抑圧的な叱り方などが米国社会では受け入れられにくいとみなされていたことによる。ケーブル・チャンネル「Disney XD」にてようやく2014年から放映が開始されたが(2015年に第2シーズン放映)、アメリカの子どもたちに親しみやすいように登場人物の名前の変更がなされ(のび太はノビー)、ピザを食べる食卓の光景などに改変された。

3．米国アニメーションの現在——CGの技法と多国籍展開

21世紀の米国アニメーションを取り巻く状況を展望してみよう。ピクサー・アニメーション・スタジオや、ドリームワークス・アニメーションの台頭により、CGを駆使したコンピューター・アニメーションをめぐる技術革新との競争を余儀なくされ、ディズニー・カンパニーはまたも停滞するも、2006年にディズニー・カンパニーはピクサーを買収し、子会社化する。ピクサーとディズニー・アニメーション双方で監督を担うエドウィン・キャットマル(1945-)とCGアニメーター、ジョン・ラセター(1957-)により再興をはたし、初めて3Dで描かれるプリンセス・ストーリーとなった『塔の上のラプンツェル』(2010)、『アナと雪の女王』(2013)をもたら

した。さらに、『ベイマックス』(2014)は、男の子のファン拡張をもくろむディズニー・カンパニーが2009年にアメリカン・コミックスの老舗会社マーヴェルを買収して以降、そのキャラクターを用いて制作された最初の作品となった。

3.1 ピクサーおよびCGアニメーションの台頭

CG(コンピューター・グラフィックス)を用いた手法を得意とするピクサー・アニメーション・スタジオは2006年以降、ウォルト・ディズニー・カンパニーの傘下に組み入れられた。代表作となる『トイ・ストーリー』(1995)は、フルCGアニメーションとしての最初の長編映画となった。CGによりアニメーションを制作する研究開発は長い歴史を有するものであり、ウォルト・ディズニー・ピクチャーズによる『リトル・マーメイド』、『美女と野獣』などでCGが用いられているが、作中の一部のみに留まっていた。『トイ・ストーリー』制作時にはまだピクサーはハードウェア販売を主に扱う赤字企業であり、アニメーション映画制作は技術的にも時期早尚とみなされていた。実際に、CEOをつとめていたアップル・コンピュータの創始者スティーブ・ジョブズ(1955-2011)による巨額の投資がなければ制作は成り立たず、ジョブズも乗り気ではなかったという。結果的に卓越した作品として仕上がり、興行的にも大成功をおさめたことにより、ディズニー・カンパニー傘下にあったピクサーがCGアニメーションのブームを牽引することになるのだが、ディズニー・カンパニーのアニメーター、ジョン・ラセターと組み、赤字企業を大転換させたビジネスの成功談としても名高い。

ピクサーに続くスタジオとして特筆すべきドリームワークス・アニメーションは、1994年にディズニーを退社したジェフリー・カッツェンバーグがスティーヴン・スピルバーグらと設立した背景を持ち、2001年にフルCGアニメーション映画『シュレック』にて、創設されたばかりのアカデミー賞長編アニメーション映画部門を受賞するなど成功をおさめた。

ほか、3DCGアニメーション制作会社として、『怪盗グルーの月泥棒3D』（2010）、『怪盗グルーのミニオン危機一発』（2013）などのヒット作で知られるイルミネーション・エンターテインメントなどもある。ユニバーサル・スタジオの子会社であることからも、テーマパークとの連携も強い。

テレビアニメーションにも目を向けておくならば、アメリカの一般的な中産階級をパロディとして描く『ザ・シンプソンズ』（1989-）は、アメリカのアニメーション史上最長寿番組として継続している。また、『サウスパーク』（1997-）は、ストップモーションを使った切り絵を思わせるかわいらしく素朴な絵柄と裏腹に、政治社会諷刺やブラック・ジョーク、パロディをふんだんに盛り込んだ異色作ながら根強い人気を誇る。

4．世界のアニメーション文化——多様な技法と文化的背景

アニメーションは現在なおもその技法は様々に探究されている領域であり、デジタル化が進むにつれて、かえってデジタルでは表現しえないアナログな要素に対する関心も高まっている。世界の多様なアニメーション文化に視野を広げることでそれぞれの手法の特徴も浮き彫りになるだろう。

1985年から隔年で開催されている「広島国際アニメーションフェスティバル」はすでに定評を得ており、世界のアニメーションの古典的作家・作品の特集上映から、最新の動向までを概観することができる。海外アニメーションの表現者たちが実際に来日し、上映後の質疑応答やインタビューなども見どころとなっている。

また、世界のアニメーションを幅広く紹介する上で重要な役割をはたしているのが、三鷹の森ジブリ美術館ライブラリーである。2007年以降、高畑勲、宮崎駿が愛好してきた海外アニメーションの紹介事業として、劇場公開およびDVD（ブルーレイ）販売を積極

的に行っている。

4.1　チェコスロヴァキアのアニメーション

世界の多様なアニメーションの中でも、チェコのアニメーションは独特の手法と世界観とで人気を誇り、とりわけ「人形アニメーション」の伝統は現在まで継承されている。

カレル・ゼマン（1910-89）は現在のチェコ西部・中部に位置するボヘミアの生まれで、第二次世界大戦以前はデザイナー業、広報映画制作に従事していた。戦後、人形アニメーションのスタジオに所属し、アニメーション制作に携わる。ゼマンは「幻想の魔術師」とも呼ばれるように、切り絵、銅版画、実写、特撮などその表現手法は多岐にわたり、アニメーションのみならず映画監督ティム・バートン（1958- ）ら後世の映像作家でゼマンの影響を挙げる者は多い。特に得意とするのは、「切り紙（切り絵）アニメーション」と呼ばれる手法で、「カットアウトアニメーション」とも呼ばれる。ジュール・ヴェルヌ作品を映像化した『悪魔の発明』（1958）、『盗まれた飛行船』（1967、『十五少年漂流記』の映像化）や、『ほら男爵の冒険』（1961）などの冒険活劇が代表作となる。

ヤン・シュヴァンクマイエル（1934- ）はプラハ生まれでチェコ国立劇場アカデミー演劇学部人形劇科出身であるが、アニメーション作家の枠組みを超えて、コラージュ、触角オブジェなど芸術家として扱われることが多い。自らを「戦闘的シュールレアリスト」とみなし、共産党政権下、社会主義や商業主義に対する政治的な発言を積極的に行いつつ、食べることや性的なモチーフを映像化する表現活動を展開している。造形作品集として、『シュヴァンクマイエルの世界』（赤塚若樹編訳、国書刊行会、1999年）、『シュヴァンクマイエルの博物館　触覚芸術・オブジェ・コラージュ集』（国書刊行会、2001年）、『不思議の国のアリス』（国書刊行会、2011年）などが刊行されており、アニメーションに留まらない受容のされ方も独特である。古典文学作品を独自の解釈で再構築した作品がいくつかあり、中でもイギリスのファンタジー物語の古典『不思議の国のアリス』を下敷きにした映画『アリス』(1988) は、アニメーションと実写を組み合わせ、陰鬱な雰囲気のファンタジーに創り替えている。

4.2 ロシアのアニメーション

ユーリ・ノルシュテイン (1941-) もまたセルロイドに緻密に描き込まれた「切り絵アニメーション」を得意とする。映画理論史上、「モンタージュ理論」を提唱した映画監督セルゲイ・エイゼンシュタイン (1898-1948) から多大な影響を受けたと公言しているように、アニメーションの技法・理論に自覚的であり、「アニメーションの神様」「映像詩人」とも称される。代表作となる『霧につつまれたハリネズミ』(1975) はわずか10分ほどの作品でありながら、アニメーションの歴史上最高峰の呼び声も高いもので、ハリネズミの顔の細かな表情の変化を表すために顔の細部を何百もの小さな紙片に分割し、切り絵をマルチプレーンと呼ばれる何層ものガラス面に配置してコマ撮りで撮影されている。霧を表現する際にくもりガラスを用い、湖を表現する際に実際に水を使うなど実験性に富んでいる。また、記憶の断片をモチーフにした『話の話』(1979) は、戦争や人生における喪失と回想を映像詩のように表現している。

映画学校にてユーリシュテインに学んだアレクサンドル・ペドロフ (1957-) は、油絵アニメーションの手法に基づき、独自の世界を切り拓いている。「ガラスペインティング」とも呼ばれるこの手法は、実際にはガラスのように割れずに透明度の高い「アクリル板」に油彩具を指につけ描くもので、特に水や海の描写、独特の色彩感覚に定評がある。油絵アニメーションという手法からも、ペドロフは光と影の明暗を明確にした技法で知られる画家のレンブラント (1606-69) など絵画からの影響が色濃い。アカデミー賞 (短編アニメーション部門) 受賞作『老人と海』(1999) はアメリカの小説家アーネスト・ヘミングウェイ（1899-1961）の文学作品をモチーフにしたもので、視点が自在に動きまわり、空を飛ぶ海鳥の視点から海面に飛び込み水中で魚をくわえ再び空へと舞い上がる場面はひときわ評価が高い。

さらに遡り、ノルシュタインが師事したロマン・カチャーノフ（1921-93）が携わった『チェブラーシカ』（1969-83）は、ロシアの人形アニメーションを代表する作品であり、コマ撮りを駆使して繊細な情感を表している。

4.3　フランス圏・ヨーロッパのアニメーション

コミックスの領域でもバンド・デシネと称する独自の文化を持つフランスはアニメーションにおいても独自の伝統を有しており、ディズニーに代表されるアメリカのアニメーションともまったく異なる地平で1950年代に大人向けの文化として確立していた。

フランス最初のカラー長編アニメーション作品とされるポール・グリモー（1905-94）『やぶにらみの暴君』（1953）は、作り手の意図と異なる形で発表されたということで、後に『王と鳥』（1979）として再構成している。アンデルセンの童話を原作としているが、羊飼いの少女と煙突掃除の少年というキャラクターの設定を踏まえている程度で、実際には監督と脚本家ジャック・プレヴェールによるオリジナル作品と言える。

現代のフランスにおけるアニメーション作家としては、シルヴァン・ショメ（1963- ）の名前を挙げることができる。代表作『ベルヴィル・ランデブー』（2002）は、戦後まもないフランスを舞台に、自転車レーサーの孫をマフィアに誘拐された祖母が決死の救出劇をコミカルかつグロテスクに描く。巨大な頭の老女、脚の筋肉だけが異常に発達した青年、ビア樽のように太った犬などそれぞれの身体的特徴が極端にデフォルメされて描かれる独特のアニメーション表現に特色がある。

ミッシェル・オスロ（1943-）は、フランス出身ではなくコート・ダジュール生まれで、幼少時代をアフリカで過ごしている。代表作となる『キリクと魔女』（1998）は西アフリカを民話に基づく長編アニメーション作品。影絵の手法で描き、その光と影のコントラスト、色彩感覚に定評がある。日本文化への造詣も深く、葛飾北斎の版画の影響を公言している。

フレデリック・バック（1924-2013）はフランスの国境（現在はドイツのザールブリュッケンに生まれ、アルザス地方に育ち、カナダのモントリオールを拠点に活動した。アセテートの上に画材（色鉛筆、フェルトペン）で描く手法による短編作品『木を植えた男』（1987）などの代表作がある。荒れはてた大地に一人で30年もの間、木を植え続ける男を描くフランスの小説を原作とし、繊細な描線で自然の美しさが崇高に描かれ、エコロジーの志向性が強い作品として評価が高い。高畑勲にとって思い入れの強いアニメーション作家の一人であり、バックによる絵、インタビューを収録した書籍『「木を植えた男」を読む』（徳間書店、1990）を刊行し、DVD『フレデリック・バック作品集』の監修もつとめている。

4.4　イギリスのアニメーション

イギリスのアニメーションを代表するアードマンアニメーションズは、クレイアニメーションを得意とするスタジオであり、監督ニック・パーク（1958-）による世界的大ヒット作『ウォレスとグルミット』（1985-）で知られる。プラスティシーンという特殊粘土を素材に、人形モデルを少しずつ動かしたコマ撮り撮影により制作されており、この素材は照明のライトを当てると熱で柔らかくなってしまうために人形の中に金属の骨格をワイヤーで入れるなどの工夫が凝らされている。『ウォレスとグルミット、危機一髪』（1995）に登場する羊を主人公としたスピンオフ作品『ひつじのショーン』（2007-）は動物の視点から描かれる。

ほかにも、1940年にロンドンにて設立されたハラス&バチュラー・カートゥーン・フィルムズは映画、広告映像を製作し、1970年代半ばまでイギリスで最大かつもっとも影響力のあるアニメーションスタジオであった。当スタジオ制作によるイギリス初の長編アニメーション映画『動物農場』(1954)は当時、世界的にも珍しかった大人向けの社会派作品であり、イギリスの作家、ジョージ・オーウェルの政治諷刺小説を原作とする。

結. 越境するアニメーション
——歴史・技法・テーマの多様性とグローバルな文化流通

現在なおも、アニメーションの表現技法はCGをはじめとするデジタル化が進むとともに、逆にアナログによる表現への回帰も起こっており、技法のあり方もますます多様化が進んでいる。また、日本アニメの海外受容史をはじめとするアニメーション文化のグローバル流通に目を向けるならば、メディア環境および異文化受容の変化など多くの論点が浮かび上がってくる。

さらに今日では、広島国際アニメーションフェスティバル、三鷹の森ジブリ美術館ライブラリーによる海外アニメーションの紹介事業をはじめ、上映会やDVD(ブルーレイ)発売、オンライン配信なども含めて、アニメーション文化における古典的作品から多様な世界のアニメーションに至るまで、代表作を鑑賞する環境がようやく整ってきている。世界のアニメーション文化に触れることで、アニメ文化をより深く捉えることができるにちがいない。

【参考文献】

赤塚若樹『シュヴァンクマイエルとチェコ・アート』未知谷、2008年。
小野耕世『ドナルド・ダックの世界像——ディズニーにみるアメリカの夢(復刻版)』中公新書、1999年。
————『世界のアニメーション作家たち』人文書院、2006年。

高畑勲『漫画映画の志――「やぶにらみの暴君」と「王と鳥」』岩波書店、2007年。
土居伸彰『個人的なハーモニー――ノルシュテインと現代アニメーション論』フィルムアート社、2016年。
細馬宏通『ミッキーはなぜ口笛を吹くのか――アニメーションの表現史』新潮社、2013年。
森卓也『定本アニメーションのギャグ世界』アスペクト、2009年。
デイヴィッド・A・プライス『ピクサー　早すぎた天才たちの大逆転劇』櫻井祐子訳、早川書房、2015年。
レナード・マルティン『マウス・アンド・マジック――アメリカアニメーション全史（上・下)』権藤俊司・出口丈人・清水知子・須川亜紀子・土居伸彰訳、楽工社、2010年。

あとがき

2013年に『アニメ研究入門―アニメを究める9つのツボ』が刊行されてから、5年が経った。その間充実したアニメ関係の研究書も国内外で増え、もはやアニメが学術的アジェンダとして妥当か否かという議論をしなくとも、研究を進めることができるようになったように見える。大学でアニメに関する卒業論文を執筆する学部生、さらに大学院でアニメ研究を志望する学生が、国内海外を問わず増加している。今の若者にとって、アニメは生まれた時から多様な表現で存在するもので、アニメを消費、受容、利用するという一連の行為は、コアなファンだけの特権ではないのである。

しかし、アニメのテキスト分析や、アニメをめぐる様々な事象の研究が進むにつれ、様々な課題も同時に析出している。ここでは1）文化論、2）メディア論、3）ファン研究の三点に注目して概観してみよう。

まず、**文化論的考察**である。アニメは日本独自の発展をした文化とみなされ、やもすると日本特殊論、本質主義的文化論という穽陥へとつながりがちである。さらに、海外の論者によるこうした日本特殊論としての比較研究は、自覚的であるか否かに関わらず、自国文化の批評装置として機能してしまうこともある。つまり、自国文化への批判、または再評価として、日本の「特殊性」が強調されるのである。こうした様々な問題を踏まえつつ、単純な「クールジャパン」の楽観的な受容や、それを通じて生成されるナショナルプライドやブランディングに対し、冷静な目を向けなければならないだろう。特に、2020年の東京オリンピック・パラリンピックへ向けて、「日本らしさ」がひたすら構築されるここ数年の社会、経済、政治的文脈において、どのようなアニメ作品が制作・製作され、だれがどのような文脈で批評しているかを注視する必要がある。

次に**メディア論的考察**である。アニメ視聴のファーストウィンドウが、映画、テレビ、PC、タブレット、スマホというように、多様になってきた昨今、アニメの作り方（たとえば、A/B パートの線の引き方、CM との連続性）、配信の仕方、そしてファンによる消費・受容と創作・発信も多様の一途を辿っている。また、テレビシリーズの継続としての劇場版（映画）、またはその逆のパターンなど、異なるメディアによるアニメコンテンツの演出方法も研究対象として重要である。さらに、メディアミックスの常態化が進む中、アニメ周辺の領域（例えば、実写映画化、舞台化、娯楽施設化（遊園地、パチンコ、期間限定イベントなど）、グッズ展開）など、コンテンツがメディアを横断した際の考察も必要となってきている。

最後に、**ファン研究**をめぐる問いである。アニメファン研究は、「オタク」研究として語られることが多く、しかもオタク当事者による研究が主流になっている。いちはやくテレビ番組（SF 作品）の二次創作やデジタル時代の若者のコミュニケーションなどを研究対象として確立させた H. ジェンキンスや M. ヒルズも、研究者／ファンとしての立ち位置を明確にして論を進めている。興味をもつ研究者がたまたまオタクだった、オタクが研究者になった、という段階から、オタク以外のパースペクティブを持った研究者も共存するという段階に、ファン研究も移行する時期にきている。そして、あらためてファンとは誰なのか、ファンたちの利用、行動が、人的交流や産業、そして地政学的にどのような影響をもたらすのか、という点を再考することも必要になってくるだろう。

こうした問題群をさらに発展させつつ、アニメ研究は構築、脱構築を繰り返していくだろうし、そうすべきである。一過性の研究として終わらせず、サステイナブルな研究領域として確立するために、この本を手にとってくださった多くの方が、様々な視点からアニメ研究を継続していくことを切望している。

編者

[編著者紹介]

小山昌宏（こやま・まさひろ）
情報セキュリティ大学院大学 情報セキュリティ研究科博士後期課程修了 博士（情報学）。筑紫女学園大学現代社会学部教授、自然医科学研究所研究員、一般社団法人 国際クラウドファンディング運用教育研究協会理事、専門は情報社会学、メディア論、マンガ・アニメーション研究。著書に『宮崎駿マンガ論』『戦後「日本マンガ」論争史』（ともに現代書館）、『情報セキュリティの思想』（勁草書房）、編著『マンガ研究13講』（水声社）、『アニメへの変容』（現代書館）など。

須川亜紀子（すがわ・あきこ）
ウォーリック大学大学院映画テレビ学部博士課程修了 Ph.D.（人文学博士）。現在は横浜国立大学都市イノベーション研究院教授。専門はポピュラー文化研究。単著に『少女と魔法―ガールヒーローはいかに受容されたのか』（NTT 出版）＊2014年日本アニメーション学会賞受賞。共著に *Japanese Animation: East Asian Perspectives*（ミシシッピ大学出版）、『アニメーションの事典』（朝倉書店）、『このアニメ映画はおもしろい』（青弓社）、『コンテンツツーリズム研究』（福村出版）『ポスト〈カワイイ〉の文化社会学』ミネルヴァ書房など。

[著者紹介]

横田正夫（よこた・まさお）
日本大学大学院文学研究科博士後期課程満期退学 医学博士、博士（心理学）。現在は日本大学文理学部心理学科教授、公益社団法人日本心理学会理事長、一般社団法人日本心理学諸学会連合理事長、日本アニメーション学会理事、専門は臨床心理学、映像心理学。著書に『アニメーションの臨床心理学』（誠信書房）、『アニメーションとライフサイクルの心理学』（臨川書店）、『大ヒットアニメで語る心理学』（新曜社）など、編著書に『アニメーションの事典』（朝倉書店）など。

渡部英雄（わたなべ・ひでお）
日本大学芸術学部映画学科卒業。日本大学大学院総合社会情報研究科文化情報専攻博士前期課程修了。日本大学大学院芸術研究科芸術専攻博士後期課程単位取得満期退学。現在は湘南工科大学コンピュータ応用学科専任講師。アニメ演出家、アニメーター。主な作品に演出、絵コンテでは「北斗の拳２」（東映動画）「機動戦士Ｚガンダム」（日本サンライズ）。立体視 VHD アニメ監督「スクーパーズ」（日本ビクター）。原画マンとして「新世紀エヴァンゲリオン」など他多数の作品に携わった。

石田美紀（いしだ・みのり）
京都大学大学院人間・環境学研究科博士後期課程修了 博士（人間・環境学）。
現在は新潟大学人文学部准教授。専門は映像文化論。著書に『密やかな教育 〈やおい・ボーイズラブ〉前史』（洛北出版、2008年）、「声の突出―デジタル技術時代の俳優身体」（『あいだ / 生成』Vol. 6）、「ずれる声―90年代アニメにおける女性キャラクター表象とフェミニスト批評」（『アニメーション研究』第17巻第2号）、「娯楽と教育、そして絵―挿絵画家・高畠華宵」（『感性学』東北大学出版会、2014年）

藤津亮太（ふじつ・りょうた）

名古屋大学理学部分子生物学科卒。静岡新聞社、週刊 SPA！編集を経て 2000 年よりフリー。アニメ評論家として雑誌、WEB などで執筆を行う。現在は東京工芸大学芸術学部アニメーション学科で非常勤講師も務める。著書に『「アニメ評論家」宣言』（扶桑社）、『チャンネルはいつもアニメ――ゼロ年代アニメ時評』（NTT 出版）、『声優語　～アニメに命を吹き込むプロフェッショナル～』（一迅社）がある。

玉川博章（たまがわ・ひろあき）

九州大学大学院比較社会文化学府博士後期課程単位取得退学。日本大学等非常勤講師。専門はメディア論、文化研究。編著に『マンガ研究 13 講』（水声社）。分担執筆論文として「トキワ荘にみるマンガ産業の勃興と生産者の適応」『メディア・コンテンツ産業のコミュニケーション研究－同業者間の情報共有のために』（ミネルヴァ書房）、「コミックマーケット オタク文化の表現空間」『オタク的想像力のリミット』（筑摩書房）など。

須藤遙子（すどう・のりこ）

横浜市立大学 国際総合科学研究科博士後期課程修了 博士（学術）。
筑紫女学園大学現代社会学部教授。専門は文化政治学、メディア論。著書『自衛隊協力映画――『今日もわれ大空にあり』から『名探偵コナン』まで』（大月書店）、編著『コンテンツ化する東アジア』（青弓社）、『東アジアのクリエイティヴ産業』（森話社）、共著『大衆文化とナショナリズム』（森話社）など。

木村智哉（きむら・ともや）

千葉大学大学院社会文化科学研究科修了 博士（文学）。
明治学院大学文学部ほか非常勤講師。専門はアニメーション史、映像産業史。論文に「商業アニメーション制作における「創造」と「労働」―東映動画株式会社の 労使紛争から―」（『社会文化研究』第 18 号）など。また近著に「五九年世代と「演出中心主義」――高畑勲と東映動画の＜長い六〇年代＞」（『ユリイカ　詩と批評（総特集　高畑勲の世界）』第 50 巻 10 号）。

小池隆太（こいけ・りゅうた）

大阪大学大学院言語文化研究科博士後期課程単位取得満期退学 修士（言語文化学）。
山形県立米沢女子短期大学社会情報学科教授、日本記号学会理事・編集委員、専門は記号学、メディア論、サブカルチャー研究、情報デザイン。編著に『マンガ研究 13 講』（水声社）、『写真、その語りにくさを超えて』（慶應義塾大学出版会）、共著に『「美少女」の記号論』『ポケモン GO からの問い』『ゲーム化する世界』（以上、新曜社）、『写真空間 2』（青弓社）など。

中垣恒太郎（なかがき・こうたろう）

現在は専修大学文学部教授、専門はアメリカ文学・比較メディア文化研究。著書に、『マーク・トウェインと近代国家アメリカ』（音羽書房鶴見書店）、共編著書に『アメリカン・ロードの物語学』（金星堂）、『読者ネットワークの拡大と文学環境の変化』（音羽書房鶴見書店）、共著書（分担執筆）として『映画とテクノロジー』（ミネルヴァ書房）、『アニメ研究入門』（現代書館）、論文として "Expanding Female Manga Market: Shungiku Uchida and the Emergence of the Autobiographical Essay." *International Journal of Comic Art*. Vol. 14-2 (2012) など。

アニメ研究入門[応用編]――アニメを究める11のコツ

2018年11月25日　第1版第1刷発行

編著者	小山昌宏
	須川亜紀子
発行者	菊地泰博
組版	具羅夢
印刷	平河工業社（本文）
	東光印刷所（カバー）
製本	積信堂
装幀	伊藤滋章
写真	maimu / PIXTA（ピクスタ）

発行所 株式会社 現代書館
〒102-0072 東京都千代田区飯田橋3-2-5
電話 03(3221)1321 FAX 03(3262)5906
振替 00120-3-83725 http://www.gendaishokan.co.jp/

編集協力・毛利マスミ／校正協力・高梨恵一
© 2018 KOYAMA Masahiro, SUGAWA-SHIMADA Akiko, Printed in Japan ISBN978-4-7684-5840-2
定価はカバーに表示してあります。乱丁・落丁本はおとりかえいたします。

本書の一部あるいは全部を無断で利用（コピー等）することは、著作権法上の例外を除き禁じられています。但し、視覚障害その他の理由で活字のままでこの本を利用できない人のために、営利を目的とする場合を除き、「録音図書」「点字図書」「拡大写本」の製作を認めます。その際は事前に当社までご連絡ください。

現代書館

小山昌宏 著
宮崎駿マンガ論
『風の谷のナウシカ』精読

コミュニズムからエコロジーへ。漫画版は重厚な哲学的世界観のもと、人間の未来について苦悩し自然との共存のあり方を掘り下げ、アニメ版は簡略化されている「風の谷のナウシカ」。未来における、自然との共生のテーマの「核心」に迫る。
1800円+税

小山昌宏 著
戦後「日本マンガ」論争史

マンガ文化繁栄の陰にマンガ論争あり。2003年、文科省から「排除すべき文化」から「芸術」として「認可」されたマンガ。その評価の変遷を論争で見る。マンガ好きには黙殺できない忘れられた論争から現在進行中の論争まで網羅した。
1800円+税

八尋茂樹 著
テレビゲーム解釈論序説／アッサンブラージュ

テレビゲームは悪か？ ゲーム悪影響論の大半は、そういった作品を未経験のオトナによって推測で組み立てられてきた。今こそ若者はゲーム学を確立し、大人のゲーマーはゲーム論を構築し、印象論のみのゲーム批判／擁護に決別すべき時だ。
3200円+税

清水 正 著
つげ義春を読む〈増補版〉

つげ漫画の『ねじ式』『峠の犬』『沼』『山椒魚』『チーコ』『やなぎや主人』『無能の人』他6本の漫画作品を1コマ1コマ解読しながら、全体を作品論、作家論にまで高め、つげ義春の全体像に迫る比類なき漫画論。「終章 つげ義春さんとお会いして」を追加。
2800円+税

清水 正 著
つげ義春を解く

つげ義春ファンの間で話題を呼んだ『つげ義春を読む』の姉妹編。『四つの犯罪』『海辺の叙景』『紅い花』『おばけ煙突』『腹話術師』『やもり』『海へ』『別離』『大場電鍍金工業所』『少年』のコマ絵の解読と作品論。いつもつげ義春は色っぽい。
2800円+税

小山昌宏・須川亜紀子 編著
アニメ研究入門［増補改訂版］
アニメを究める9つのツボ

メディア芸術として海外戦略も行われる日本の〝アニメ〟。そのアニメを学術的に研究する道筋をつけるため、映像・音声・歴史・流通・視聴者・ジェンダーなど様々な視点から読み解く方法を指南する。批評と研究、海外アニメを論じた補章を追加。
2300円+税

定価は二〇一八年十一月一日現在のものです。